Wolfgang Klages

Der sensible Mensch

Psychologie, Psychopathologie, Therapie

Ferdinand Enke Verlag Stuttgart 1978

Prof. Dr. *Wolfgang Klages*
Vorstand der Abt. Psychiatrie
der Medizinischen Fakultät an der
Technischen Hochschule Aachen

CIP-Kurztitelaufnahme der Deutschen Bibliothek

Klages, Wolfgang:
Der sensible Mensch : Psychologie, Psychopathologie,
Therapie. – 1. Aufl. – Stuttgart : Enke, 1978.
    ISBN 3-432-89871-1

Dieses Buch trägt – mit Einverständnis
des Georg Thieme Verlages, Stuttgart –
die Kennzeichnung

flexibles Taschenbuch

© 1978 Ferdinand Enke Verlag, POB 1304, 7000 Stuttgart 1
Printed in Germany

Druck: Druckhaus Dörr, Inhaber Adam Götz, Ludwigsburg

Für Doris

Vorwort

Die Beschäftigung mit den Problemen des sensiblen Menschen in Forschung, Lehre und Praxis wird umso dringlicher, je stimulationsreicher im Zuge der zeitgeschichtlichen Entwicklung die technisch geprägte Welt wird. Früher noch gut kompensierte sensible Menschen zeigen in zunehmendem Maße ins Psychopathologische gehende Verhaltensweisen. Vielleicht ist es daher kein Zufall, daß dieses Thema auf dem Erfahrungsgut von zwei Jahrzehnten basierend in den letzten 10 Jahren gedanklich heranreifte. Ermutigend und belebend waren viele Gespräche mit meinen Mitarbeitern, insbesondere mit meiner Oberärztin Frau Dr. A. Czernik. Ihnen gilt mein Dank. Frau H. Krutt danke ich für die schriftlichen Arbeiten. Für die sorgsame Betreuung des Buches bin ich dem Enke-Verlag, insbesondere Frau Dr. M. Kuhlmann, zu Dank verbunden.

W. Klages

Inhalt

1.	Einleitung	1
2.	Methodologische Probleme	3
3.	Konstitutionsbiologische Grundlagen	7
4.	Prolog zum Abnormen und zur Terminologie	15
5.	Psychologie	18
5.1.	Die sensiblen Afferenzen	18
5.1.1.	Der Geruchssinn	19
5.1.2.	Die Geschmacksempfindung	29
5.1.3.	Der Gehörsinn	32
5.1.4.	Der Gesichtssinn	35
5.1.5.	Der Tastsinn	39
5.1.6.	Synästhesien	42
5.1.7.	Pathologischer Schreckreflex	46
5.2.	Die Persönlichkeitsstruktur	47
5.3.	Entwicklungsbiologische Faktoren	60
5.4.	Kasuistik	81
6.	Psychopathologie	88
6.1.	Das Prinzip der Maske	89
6.2.	Die Flucht in Phantasiewelten	94
6.3.	Die innere Emigration	108
6.4.	Das neurasthenische Erschöpfungssyndrom	111
7.	Hochsensible Formen, insbesondere bei Künstlern und Intellektuellen	114
8.	Überlegungen zu ätiologischen Problemen unter besonderer Berücksichtigung der Thalamusschwäche	133
9.	Diagnose und Differentialdiagnose	139
10.	Therapie	145
10.1.	Psychopharmakologie	146
10.2.	Psychotherapie	147
10.3.	Bibliotherapie	154
11.	Sozialmedizinische Aspekte	168

12.   Ergebnisse und Probleme 173

Literatur 176

Sachregister 183

Immer noch führt
einer der wichtigsten
Wege zur Erkenntnis
der menschlichen Seele
über die Psychopathologie.
E. Bleuler

1. Einleitung

Mit sensiblen Menschen wird man im Alltagsleben wie in Klinik und Praxis immer wieder konfrontiert. Diese Gruppe von Menschen leidet oft unter ihrer Mentalität sehr und sucht aus dieser für sie selbst belastenden Eigenart oft ausgefallene Fluchtformen.

Diese sensiblen Persönlichkeiten fühlen sich häufig von ihrer Mitwelt auch unverstanden und in der Tat führen sie auch unter dem ärztlichen Aspekt, wenn man es so sagen darf, ein etwas vernachlässigtes Eigenleben zwischen dem Bereich der Normalpsychologie und dem Bereich der Psychopathologie. Denn ihre Verhaltensweisen überschreiten auf der einen Seite häufig den Rahmen des psychologisch Verstehbaren, auf der anderen Seite erreichen sie noch nicht die volle „Würde" einer psychiatrischen Etikettierung; sie sind daher zu Recht oft etwas steuerlos und hilflos und suchen nach Verständnis, nach Erklärbarkeit und letztlich auch nach therapeutischen Ratschlägen.

Angesichts der langen Erfahrung gerade mit diesem Personenkreis erscheint eine *sorgfältige Zeichnung des sensiblen Persönlichkeitstyps* gerechtfertigt und es gilt, den in der Fachliteratur wie in der außerfachlichen Literatur pauschal oft etwas wertend abgetanen sensiblen Typ auf exakte Beine zu stellen und wertfrei, und damit auch vergleichbar mit anderen Persönlichkeitsstrukturen, darzustellen.

Eine solche möglichst präzise Zeichnung rückt natürlich den sensiblen Menschen etwas in die Nähe eines Konstitutionstyps.

Diesen Anspruch aber, einen neuen Konstitutionstyp aufzustellen, erhebt die vorliegende Studie nicht; denn es fehlen die sorgfältigen morphologischen Korrelate, die ja *Kretschmer* z. B. bei seinen Konstitutionstypen (vgl. später) aufgestellt hat. Wohl aber werden Überlegungen angestellt werden müssen, inwieweit doch gewisse hirnphysiologische Besonderheiten an der Entfaltung gerade eines solchen sensiblen Persönlichkeitstyps beteiligt sind. Es wird also der Frage nachgegangen werden müssen, inwieweit auch genetisch akzentuierte cerebrale Verhaltensmuster bei einer Persönlichkeitsstruktur mitspielen, bei der sich die „Empfindlichkeiten" nicht nur im somatischen Bereich, z. B. bei der Überempfindlichkeit gegenüber jeglichen Sinneseindrücken, auskristallisieren.

Wenn also auch hier keinerlei Konstitutionstyp geschaffen wird, so stehen doch die Überlegungen konstitutionsbiologischen Ansätzen sehr nahe, und wenn auch das Wort „Typ" etwas kritisch aufgenommen werden wird, so ist doch bei aller Anerkennung der persönlichen Individualität eines Einzelnen unbestreitbar, daß bestimmte Eigenarten und charakterologische Linien sowie auch hirnphysiologische Verhaltensweisen sich bei einer bestimmten Gruppe von Menschen eben in sehr dichter und ausgeprägter Form finden. Hier wird man einfach ohne Heranziehung typologischer Begriffe kaum auskommen können, wenn man eine überindividuelle Charakterisierung schaffen muß, die verständlich und auch wissenschaftlich vergleichbar ist. Es wird sich dann zeigen, daß − ähnlich wie bei den klassisch konstitutionsbiologischen Typen − auch der sensible Mensch eigentlich seine Mentalität wie eine unmerkliche Visitenkarte, wie einen Steckbrief, mit sich trägt, einen Steckbrief, der ihm selbst häufig verborgen bleibt.

Da die Arbeit auf der Basis jahrzehntelangen ärztlichen Umganges mit Sensiblen, aber auch mit Hochsensiblen (Künstlern, Hochintellektuellen) entstanden ist, wird verständlicherweise neben allen wissenschaftstheoretischen Ansätzen und Überlegungen auch den therapeutischen Möglichkeiten ein breiter Raum gegeben werden. Es soll somit versucht werden, dieser Menschengruppe, die mit sich und der Welt oft tief unglücklich ist, zu helfen und durch gutsitzende Regieanweisungen auch den Umgang mit sich selbst leichter werden zu lassen.

2. Methodologische Probleme

Wie in allen Wissenschaftsbereichen ist es immer zweckmäßig, einige grundsätzliche Gedanken über methodische Probleme, insbesondere im Hinblick auf die jeweils vorliegende Arbeit zu artikulieren. Die Philosophen sprechen in diesem Sinn von der „Ortsbestimmung", und wenn man die umfangreiche Literatur über methodologische Probleme in der Psychiatrie überblickt (*Hofer, Müller-Suur, Witter, Zeh* u. a.), dann leuchtet ein, daß neben einer sorgfältigen präzisen Terminologie die Methodik darzustellen unerläßlich ist.

Die Ausführungen stützen sich auf das Untersuchungs- und Erfahrungsgut von 500 Patienten. Aber es handelt sich nicht um eine statistische Arbeit, die alle Feinheiten in der Zeichnung der diffizilen Struktur Sensibler verwischen würde. Hier sind der Statistik einfach Grenzen gesetzt.

Sondern in der vorliegenden Arbeit wird der Akzent zunächst in einer sehr sorgfältigen Beschreibung der einzelnen Persönlichkeitstypen mit allen ihren Facetten liegen. Die Persönlichkeitsstrukturen werden unter entwicklungsbiologischen und lebensgeschichtlichen Aspekten, unter einer sorgfältigen Analyse im Gesamtverhalten des normalen Tagesablaufs und im Gesamtverhalten ihrem „Umweltgerüst" gegenüber dargestellt. Besonders gründlich werden die ins Psychopathologische hinüberreichenden verschiedenen Fluchtformen, sozusagen die verzweifelten Abwehrrituale gegen die selbst hart empfundene Sensibilität besprochen werden.

Das würde also bedeuten, daß der Akzent dieser Studie in einer sorgfältigen *phänomenologischen deskriptiven Form* liegt und daß anhand analytischer und synthetischer Deskriptionen des seelischen Bereiches der „in seiner individuellen Einmaligkeit unfaßbare Einzelfall in eine allgemeingültige vereinfachende Systematik eingeordnet wird" *(Witter)*. Das entspricht letztlich auch den Ansätzen der neuesten Studie von *Glatzel* über das psychisch Abnorme, in der immer wieder betont wird, daß eine subtile Analyse des Einzelfalls, die die Abwandlung des individuellen Daseinsvollzugs in das Abnorme zu veranschaulichen vermag, für die klinische Psychiatrie nur fruchtbar bleiben kann, wenn man zur Formulierung überindividuell gültiger Feststellungen gelangt. Die sorgfältige Analyse des Einzelfalles beinhaltet auch gleichsam, daß es nicht das Anliegen des Autors ist, mit einer Massenstatistik signifikante Korrelationen zu erheben. Hier wird in Anlehnung eines Wortes von *Kretschmer* (1959) davon ausgegangen, daß „bei 20 gründlichst untersuchten Patienten, bei denen Grundgesichtspunkte herausgestellt wurden, auch bei Auffüllen durch größeres Material diese Grundgesichtspunkte fast immer unverändert blieben. Wesentlich neue Dinge kamen meist nicht hinzu". Das entspricht auch den eigenen Erfahrungen, die sich im Rahmen früherer Untersuchungen zu verschiedenen Problemen bestätigten.

Ganz sicherlich gehört etwas Mut heutzutage dazu, eine Arbeit ohne das häufig übergewichtige statistische und durch höhere Mathematik dem Leser nicht mehr ganz verständliche Beiwerk zu schreiben. Aber man kann hier mit einem Satz von *Witter,* einem Kenner methodologischer Probleme in der Psychiatrie, abschließen, der formulierte, daß „Tiefenpsychologie, Anthropologie, Gestaltanalyse (es könnte hinzugefügt werden Statistik) der Psychiatrie zwar mancherlei Bereicherungen und Erweiterungen gebracht haben, daß aber das psychopathologische Erfahrungsgut und die methodologischen Ordnungsprinzipien der traditionellen Psychiatrie unser entscheidender Wissensstand bleiben".

Da diese Erkenntnis geschrieben wurde auf dem Hintergrund der geschichtlichen Entwicklung der Methodik der Psychiatrie von 1811 an (Besetzung des ersten deutschen Psychiatrischen Universitätslehrstuhls durch *Heinroth*), so darf diesem Satz sicher ein besonderes Gewicht beigemessen werden.

Neben der phänomenologischen Seite einer sehr sorgsamen, bis ins Detail gehenden Deskription wird als zweiter methodologischer Gesichtspunkt der *Analogie* eine große Aufmerksamkeit zugewandt. Im Rahmen früherer Studien (vgl. Analogien zwischen schizophrener und hirnorganischer Symptomatik) hat sich diese Technik außerordentlich bewährt. Allerdings muß sie unter den klaren, präzisen Spielregeln verlaufen, wie sie in den mathematisch und philosophisch abgesicherten Arbeiten von *Juhos* und *Wohlfahrt* enthalten sind. Denn die gemeinsame Voraussetzung der Analogieschlüsse, wie wir sie im Alltag oder oft auch in der Wissenschaft anwenden, besteht in der Annahme einer mehr oder weniger weitgehenden Ähnlichkeit der verglichenen „Objektbereiche". Hat man eine gewisse Übereinstimmung in einigen Zügen festgestellt, dann macht man die Hypothese, daß auch weitere Übereinstimmungen sich feststellen lassen. Dabei aber gilt immer die Voraussetzung, daß aus den schon bekannten Übereinstimmungen auf keine Weise logisch abgeleitet werden kann, welche weiteren Übereinstimmungen noch bestehen bzw. sich werden feststellen lassen. Diesbezüglich werden stets nur Hypothesen gemacht, die logisch nicht begründet werden können, und ausnahmslos alle Analogieschlüsse stützen sich auf solche Hypothesen oder werden auch in Form solcher Hypothesen ausgesprochen.

Diese Umstände lassen uns erkennen, zu welchem Zweck immer wieder Ähnlichkeiten (Analogien) aufgesucht und Analogieschlüsse angewendet werden. Festgestellte Übereinstimmung zwischen Objektbereichen geben Anlaß zu Hypothesen, in denen noch weitreichendere Übereinstimmungen (Analogien) zwischen den betreffenden Bereichen angenommen werden. Diese Schlüsse können logisch nicht gerechtfertigt werden, wohl aber können sie nach den per analogiam angenommenen Übereinstimmungen zu forschen veranlassen und haben so einen bedeutenden „heuristischen" Wert. Die wissenschaftliche Forschung hat sich der Analogieschlüsse seit jeher bedient, es seien nur die Bereiche der Physik, der Anatomie und auch die Bereiche der Verhaltensbiologie angedeutet. Diese Gedanken zur mathematisch-logischen Analyse der Analogie sollen hier in unserem Falle nicht den methodologischen Ansatz, der ja selbst gewählt wurde, schmälern, wohl aber sollen sie zeigen, daß Schlüsse und Deutungen mit größter Zurückhaltung gezogen werden, zumal wir immer das Wort von *Max Planck* vor Augen haben: „Die schärfste Logik und die genaueste mathematische Rechnung können kein einziges fruchtbares Ergebnis zeitigen, wenn es an einer sicher zutreffenden Voraussetzung fehlt."

Da hier aber, wie in der Einleitung schon hervorgehoben, ein Persönlichkeitstyp mit seinen ganz individuellen Zügen herausgearbeitet werden soll, wird man nicht umhin kommen, doch noch einige Worte zu dem *Prinzip des Typus* als solchem zu sagen. Dem Typenproblem als solchem haben schon Kongresse und lebhafte Auseinandersetzungen in Handbüchern und Zeitschriften gegolten. Wir wollen diese nicht vermehren. Da das Typenproblem aber weit über die Medizin hinaus auch den Pädagogen, den Psychologen, ja auch den Soziologen und den Kriminologen interessiert (eine ganze kriminalbiologische Tagung hatte das Typenproblem zum Thema[1]), sei doch einmal eine Passage aus dem Buch von *Kretschmer* „Körperbau und Charakter" wörtlich zitiert. Dieses etwas ausführlichere Zitat, was der Leser verzeihen möge, soll so genau wiedergegeben

[1] VIII. Tag. der kriminalbiologischen Gesellschaft, Graz 1954.

werden, weil es sicher kaum einen anderen Forscher gibt, der sich auch mit einer Heerschar von Kritikern (*v. Zerssen* u. a.) fast lebenslänglich auseinandersetzen mußte. Es heißt bei *Kretschmer:* „Ist es überhaupt nötig, Typen aufzustellen? Braucht man den Typenbegriff forschungstechnisch in der modernen Konstitutionsbiologie? Dazu ist zunächst zu sagen: wenn wir durch sorgfältige empirische Forschungsarbeit festgestellt haben, daß an einem bestimmten Punkt unseres Materials eine Reihe wichtiger Korrelationen zusammentreffen, so müssen wir diesem Punkt schließlich eine Bezeichnung geben. Man kann für jeden solchen Punkt einen anschaulichen Namen wählen, der charakteristische Merkmale ausdrückt. – So sind wir bis jetzt vorgegangen. Man könnte ihn zur Beruhigung typenscheuer Theoretiker auch nur einer Chiffre oder einem Buchstaben bezeichnen. Es wäre aber nach unserem heutigen Forschungsstand auch möglich, ihn mit einer kurzen mathematischen Formel zu bezeichnen, die einige der stärksten und wichtigsten Korrelationen in Indexwerten einer genau festzulegenden Spielbreite zusammenfaßt: Die beispielsweise bestimmte Indizes von der Körperbauseite her mit bestimmten, damit korrelierenden repräsentativen Werten aus der physiologischen und experimentalpsychologischen Funktionsprüfung verrechnet, etwa den Pignet-Index und Brust-Schulter-Index mit den konstitutionstypischen Zahlenwerten der Farbformempfindlichkeit, der Psychomotorik in der Schriftwaagenkurve usw. Wir werden zur Erleichterung der Konstitutionsdiagnostik, die immerhin einige Übung verlangt, versuchen, solche repräsentativen kombinierten Indexformeln herauszuarbeiten. Dies wäre ein grundsätzlich ähnliches Vorgehen, wie man in der Chemie einen Stoff entweder mit einem anschaulichen Ausdruck, z. B. Weingeist oder mit einer mathematischen Formel (C_2H_5OH) ausdrücken kann. Nennen Sie das nun Typus, oder Korrelationsformel, oder wie Sie wollen. Solche müßigen Nomenklaturstreitigkeiten wollen wir den Theoretikern überlassen. Was uns interessiert, ist der reiche Ertrag an empirischem Wissen über grundlegende biologische Zusammenhänge unseres psychophysischen Organismus, den uns die Konstitutionsforschung schon jetzt gebracht hat und in Zukunft weiter bringen wird."

Auch wir sind der Auffassung, daß der Typenbegriff ein unersetzliches Denkmodell zur Bearbeitung und Ordnung empirischer Tatbestände ist.

3. Konstitutionsbiologische Grundlagen

Wenn auch — wie in der Einleitung erklärt — *der sensible Persönlichkeitstypus* natürlich keine verbindlichen morphologischen Korrelate, besonders in der äußeren Körperform, hat, sondern eigentlich, wie wir später erfahren werden, *in jeder Konstitution wohnen* kann, so ist doch bei den vielen Parallelen, die sich zum konstitutionsbiologischen Moment andeuten, eine knappe Darstellung des konstitutionsbiologischen Erfahrungsgutes zweckmäßig. Im späteren Text wird immer wieder auf einzelne Temperaments- und Wesenszüge, z. B. die der Schizoiden zurückgegriffen. Hier wird sicher für den Leser das Verständnis erleichtert, wenn er noch einmal die charakteristischen von *Kretschmer* aufgestellten Kriterien der vielfachen Konstitutionstypen vor Augen hat.

Denn wir verdanken ja *Kretschmer* nicht nur die in jedem Lexikon nachlesbaren klassischen 3 Konstitutionstypen des Leptosomen, des Athletikers und des Pyknikers in ihren charakterologischen Ausprägungen, sondern auch die sorgfältige Untersuchung und Entwicklung der Reifungsgestörten, der endokrinen Abortivformen und der Varianten der Sexualkonstitution. Alle Formen sollen hier noch einmal nach dem Stande der heutigen Erkenntnisse und auch im Hinblick auf den praktischen Stellenwert, der sich nach vielen Jahren des Umgangs mit diesen Konstitutionsformen abzeichnet, als kleiner Vorspann dargelegt werden.

Der *leptosome Typ* ist zunächst einmal vom Morphologischen her gekennzeichnet durch eine magere, schmal aufgeschossene Körperform, schmale Schultern, muskeldünne Arme, langen, schmalen, flachen Brustkorb, dünnen, fettlosen Bauch; das Körpergewicht bleibt meist gegenüber der Körperlänge zurück; das Gesicht zeigt gelegentlich ein Mißverhältnis zwischen gesteigerter Nasenlänge und Hypoplasie des Unterkiefers. Die Kopfform ist meist ein Hochkopf. Dieser morphologischen Seite kann ein *„schizothymes"* Temperament entsprechen. Der leptosome Typ ist häufig zurückhaltend, gelegentlich etwas gehemmt, sehr empfindlich, ja überempfindlich und gleichzeitig kühl. Diese „psychaesthetische Proportion" findet sich sehr häufig, wie überhaupt die Diskrepanz zwischen „außen und innen", zwischen Oberfläche und Tiefe, immer deutlich ist. „Tatenarm und gedankenvoll" *(Hölderlin)* können sich die Leptosomen verhalten und sich grüblerisch „in die Seide der eigenen Seele einspinnen" *(Strindberg),* nach außen kontaktschwach bei

sehr starkem Innenleben. *Kretschmer* hat sie einmal mit römischen
Villen verglichen, die nach außen kühl und durch heruntergezogene
Jalousien auffallen, während intern sich durchaus einiges abspielen
kann. Die Leptosomen und in ihrer charakterologischen Art Schizothymen haben eine Vorliebe für ein bestimmtes soziales Milieu. Sie
sind nicht von einer poltrigen und unbekümmerten Freundlichkeit
gegenüber jedermann, sondern wählen ihre Partner sehr überlegt
und überlegen aus. Sie schätzen die scharf ausgewählte Einzelfreund-
schaft und die Geselligkeit im kleinen exklusiven Zirkel („*Rilke*
bei Kerzenlicht") oder aber sie sublimieren ihre Wesensart in Sek-
ten und können sich dann altruistisch aufopfern für ganz allgemeine
und unpersönliche Ideale. Im Denken liegt ihnen das Analytische;
wenn sie sonderlingshafte Züge zeigen, so brüten sie gerne in abge-
sperrter Klause über Eigenideen, neigen zu hypochondrischen Ge-
sundheitsübungen und grübeln über technische Erfindungen und
metaphysische Denksysteme. Im experimentalpsychologischen Versuch prävalieren die Tendenzen zum abstrakten Denken, zu einer
sehr ausgeprägten analytischen Auffassungsweise. Sie haben ein
großes Beharrungsvermögen und auch eine größere Vigilität und
Tenazität des Aufmerksamkeitstyps. Die Ablenkbarkeit ist gering.
Für Formen besteht eine größere Empfindlichkeit als für Farben.

Nehmen wir als nächsten Typ den konträren, nämlich den
Pykniker, so zeigt dieser im Morphologischen eine große Umfangs-
entwicklung der Eingeweidehöhlen (Kopf, Brust, Bauch), eine Neigung zum Fettansatz am Stamm bei graziler Ausbildung des Be-
wegungsapparates (Schulter, Gürtel und Extremitäten), eine gedrun-
gene, mittelgroße Figur, weiches, breites Gesicht auf gedrungenem
Hals sitzend. Der Kopf ist rund, die Stirn groß, das Haar häufig
dünn bis zur Glatzenbildung.

Dieser Morphologie kann eine *zyklothyme* Mentalität entsprechen. Diese Persönlichkeiten sind meist realistisch gestimmt, gehen
natürlich in den gegebenen Menschen und Verhältnissen auf, haben
nichts Moralisierendes, sondern ein warmes Verstehen fremder Eigenart, sind keine Menschen starrer Konsequenz und des durch-
dachten Systems, sondern haben eine flüssige, praktische Energie.
Sie sind kontaktfreudig, bauen schnell Beziehungen auf, aber nicht
immer dauerhaft.

Ihnen liegt mehr das Synthetische im Denken, das kommt auch
deutlich bei experimentalpsychologischen Untersuchungen zum
Ausdruck, in denen die synthetische Auffassungsweise stark über-

wiegt. Sie können mehrere Dinge gleichzeitig im Experiment erfassen, sind aber ablenkbar und bei der Farbformempfindlichkeit steht die Affinität zur Farbe im Vordergrund.

Der dritte klassische Konstitutionstyp ist — wie bekannt — der *Athletiker,* der morphologisch sich durch breit ausladende Schultern, einen breiten Brustkorb, eine Rumpfform, die sich eher nach unten verjüngt, einen hypertrophischen Schultergürtel, ein überhaupt deutliches und ausgeprägtes Muskel- und Knochenrelief auszeichnet. Das letztere ist besonders im Gesicht, im Bereich der Hand- und Fußgelenke derb, die Mittelgesichtshöhe hat häufig erstaunliche Werte (bis 9 cm), das Kinn ist zapfenförmig, der Hochkopf ist meist derb, die Handumfänge können 23 cm überschreiten.

In der Mentalität, die man mit *viskös-enechetisch* umschreiben könnte, machen sich immer wieder Züge des Gewissenhaften, Genauen, Pedantischen, sehr Zuverlässigen bemerkbar; das Temperament ist ruhig, gelassen, ausgeglichen, manchmal etwas langsam und zähflüssig, daher die Bezeichnung „viskös". Manchmal auch etwas haftend und nachtragend, daher die Bezeichnung „enechetisch". Erlebnisse werden intrapsychisch etwas schwerfällig verarbeitet und im Rahmen eines solchen katathymen Verarbeitens kann es durchaus einmal bei einer Affektansammlung ganz überraschend zu verbalen oder darüber hinausgehenden spontanen Aggressionen kommen.

Im experimentalpsychologischen Versuch überwiegt ein sorgfältiges durchdachtes und präzises Vorgehen bei geringer Störbarkeit und großer Ausdauer. Gerade das Durchhaltevermögen bedarf der besonderen Erwähnung. Dabei trägt das Durchhaltevermögen nicht die „Rekordmacherhaltung" der Schizothymen.

Inzwischen weiß man aus vielen Beobachtungen, daß diese charakteristischen drei Konstitutionstypen in allen ihren Reaktionen gegenüber der Umwelt ihre sozusagen persönliche Note tragen. Es ist hinreichend erforscht, daß in der wissenschaftlichen Graphologie die einzelnen Konstitutionstypen gut erkennbar sind; wir werden später hören, daß in den natürlichen menschlichen Äußerungen wie im Bereich des Humors und des Witzes jeder Typ wieder seine besondere Note hat, und wir wissen aus hochinteressanten Studien über die Kreativität dieser Konstitutionen im Bereich des wissenschaftlichen, des allgemein geistigen Bereiches und des künstlerischen, daß auch hier die Konstitution stark prägende und verhaltensbestimmende Akzente setzen kann. Nicht zu Unrecht hat der

Humangenetiker *v. Verschuer* belegen können, daß die Grundkon-
stitution im ganzen Leben gleich bleibt und daß sie uns verfolgt
„vom Embryostadium bis zum Greisenalter". Die vorwiegende Erb-
bedingtheit und die erstaunliche Konstanz der einmal geprägten
Körperform und auch die Konstanz temperamentsmäßiger Eigenheiten konnten immer wieder bestätigt werden.

Nun ist es ja nicht nur das Verdienst *Kretschmers*, diese drei
klassischen und, wie schon betont, in allen Lexika zu findenden
Konstitutionsformen aufgestellt zu haben, sondern er hat nach
diesem großen Wurf (1924) ja weitere Formen entwickelt, die
gründlich durchgearbeitet sind, wie im Falle der Varianten des Reifungsgrades und des Reifungstempos, der endokrinen Varianten
und der Varianten der Sexualkonstitution und ihrer Wesenseigenheiten. Diese zeitlich gesehen relativ späten Ansätze konnte *Kretschmer* im höheren Lebensalter nicht mehr bis in alle Verzweigungen
verfolgen. Hier laufen z. Zt. eingehende weiterführende Studien
(Deckert).

Bei den *Varianten* des *Reifungsgrades und* des *Reifungstempos*
unterscheidet *Kretschmer* die einfachen Verzögerungen im Sinne
einer Vollretardierung und die Beschleunigung im Sinne einer Ak-
zelerierung. Häufiger sind Teilretardierungen und Teilakzelerierun-
gen, d. h. asynchrone Reifungsverläufe. Am geläufigsten in dieser
Form ist uns allen der *infantil-retardierte Typ* mit Kleinwüchsigkeit,
dem kleinen Mittelgesicht und der hypoplastischen Nase einerseits
und dem Hineinragen infantiler Verhaltensweisen in das Erwachsenenalter andererseits. Gerade diese infantil Retardierten, die uns
immer wieder im Rahmen der Neurosenlehre und der klinischen
Psychopathologie beschäftigen, zeichnen sich in charakterologischer
Sicht durch eine Instinktunsicherheit aus, die häufig ihr ganzes
Leben begleitet. So erleben wir, wenn man die Biographie eines
infantil retardierten Menschen einmal unter dem Blickwinkel lebens-
geschichtlicher Krisenpunkte betrachtet, daß zunächst schon bei
der Pubertät der normale puberale Instinktwandel, d. h. die natürliche Ablösung von den Eltern, die zu einer Distanzierung führt,
nicht gelingt. Entweder kommt es zu einer sehr engen, übertriebe-
nen Mutter- oder Vaterbindung (persistierende Elternbindung) oder
es kommt zu harten, uneinfühlbaren und bis ins Karikaturhafte
verzerrten Protestreaktionen. Da die Ablösung von den Eltern mit
dem langsam erwachenden Sexualtrieb zusammenfällt und beide
Entwicklungsvorgänge eng ineinandergreifen, ist es leicht verständ-

lich, daß eine Entwicklungsverzögerung auch in diesem entscheidenden Lebensabschnitt für die gesamten späteren zwischenmenschlichen und Umweltbeziehungen von maßgeblicher Bedeutung ist. Bleibt z. B. die Instinktbindung an die Eltern bis ins Erwachsenenalter hinein erhalten, so kann dies insbesondere bei der späteren Partnerwahl zu erheblichen Konflikten führen. Instinktunsicherheit und ambivalente Haltungen erschweren eine dauerhafte Bindung. Die Situation solcher Frauen in der Ehe, ihre unausgereiften Mutterinstinkte zu den Kindern, ihre Panikstimmung vor den Wechseljahren, ihre Unfähigkeit, im Alter neidlos in den Hintergrund zu treten — dies alles sind nur Variationen desselben Grundthemas, der gehäuften Konfliktneigung beim Aufbau einer jeweils neuen, zum Lebensalter abgestimmten Persönlichkeitsstruktur.

Ebenso kann sich das Steckenbleiben in der puberalen Protestphase bis ins Erwachsenenalter hinein auswirken. Eine persistierende Auflehnung gegenüber allem Autoritativem und Ehrfurchtsgebietendem verhindert nun die erforderliche Einsicht in die objektiven Normen der Ethik, in die berechtigten Belange der Gemeinschaft, in die tieferen Zusammenhänge soziologischer und kultureller Strukturen, in die Grundlagen der menschlichen Existenz schlechthin.

Überdauert die geistige und gefühlhafte Welt der Kinderträume und Pubertätsideale ihr normales Maß, so muß dies im Erwachsenenalter unweigerlich zu Diskrepanzen mit der Wirklichkeit führen. Übersteigerte Ansprüche gegenüber dem Beruf und den anderen Menschen bergen fortlaufend die Gefahr von Enttäuschungen in sich. Während der Erwachsene normalerweise die ihm durch die Realität gesetzte Begrenzung anerkennt und versucht, den ihm gegebenen Rahmen bestmöglich auszufüllen, während er sich mit der Tatsache der Unvollkommenheit alles Irdischen im Positiven auseinandersetzt und abfindet — glückt dem Retardierten diese Versachlichung und Bescheidung kaum. Die hieraus sich ableitenden aktuellen Schwierigkeiten sind dann aber nicht einem früheren Einzelerlebnis zur Last zu legen, sondern finden ihre Ursache in dem teilweisen Fortbestehen in einer kindlichen Instinkt- und Wunschwelt mit dem dieser lebenszeitlichen Schicht zugehörenden Erlebnismaterial.

Bei den *endokrinen Varianten* meint *Kretschmer* grundsätzlich, daß hier konstitutionell festgelegte Entgleisungslinien vorgebahnt sind, die einmal in einer kompensierten Variante, z. B. beim Basedowoid, beim Akromegaloid und beim Enuchoid vorliegen, die aber zum anderen auch deutlich dekompensieren können, z. B. als dysplastische Fettsucht und Magersuchtsformen. Gerade mit den Magersuchtsformen und ihren Entgleisungslinien bis zur echten Puberaldystrophie hat sich *Kretschmer* eingehend befaßt. Er hat den puberaldystrophischen Typ hier sorgsam beschrieben, wobei er unter den somatischen und psychischen Kriterien dieses Typs z. B. die „Rührlöffelärmchen", die Lanugopersistenz mit Pelzmützenhaar und die hochaufgestockte Neurose als etwas Charakteristisches herausstellte. Man weiß, daß *Kretschmer* – und warum sollte man nicht auch ein persönliches Wort hier einlegen – eine ganz besondere Begabung zu einer bildhaften anschaulichen Sprache hatte. Mit dem Wort „Rührlöffelärmchen" bei magersüchtigen endokrinen Varianten wird ausgedrückt, daß das Fettgewebe fehlt, die Haut, besonders die Arme, trocken und dünn bis zur Ichthyosis ist, die Muskulatur strangartig dünn, ohne Relief und Volumen. Diese Schilderung erinnert an eine ausgezeichnete Stelle, bei der *Sartre* eine klassische Magersüchtige beschreibt mit den Worten: „Ihre Hände waren immer etwas gerötet, weil sie eine schlechte Blutzirkulation hatte. Im allgemeinen hielt sie sie hoch und bewegte sie etwas, damit sie blasser würden. Sie dienten ihr kaum zum Greifen. Sie hingen an ihren Armen, wie zwei kleine verwitterte Ölgötzen; sie streiften die Dinge leicht mit zarten angedeuteten Gebärden und schienen sie weniger zu fassen, als nachzuformen."

Schließlich sei auf die Gruppe der *Varianten der Sexualkonstitution* kurz eingegangen. Wir wissen, daß die maskulinen und femininen Teilkomponenten hier nicht glatt zu einem harmonischen Charakterbild verschmelzen. Es entstehen innere Spannungen zwischen den widerstreitenden Konstitutionskomponenten, die zu Ambivalenzen sowohl im triebhaften Bereich wie auf der höheren psychischen Ebene führen und kein rein gestimmtes Lebensgefühl aufkommen lassen. In einfachen Fällen kommt es zu chronischen Unzuträglichkeiten und Reibungen mit der Umwelt mit entsprechenden Charakterverbiegungen und Ressentiments, in schweren Fällen aber auch zu Neurosen. Im Symptomenaufbau mancher Schizophrenien können sich diese intersexen Ambivalenzen ebenso wie die Retardierungsprobleme symbolhaft ausformen. Wir finden bei den intersexen Konstitutionsvarianten rein körpermorphologisch Störungen in den Skelettproportionen, z. B. Mißverhältnisse von Brustumfang und Hüftumfang, von Beinlänge und Körperlänge, lokale Fettansätze, Veränderungen des Behaarungsbildes, Veränderungen an den Mamillen und Brustdrüsen sowie an Kehlkopf und Stimme. In psychischer Hinsicht korreliert damit eine bei maskulinen Frauen häufig burschikose, prüde, ehrgeizige und instinktunsichere Verhaltensweise, bei den femininen Männern aber eine schwunglose, antriebsschwache, indolente, leicht beeinflußbare, häufig etwas süßlich verschrobene Attitüde. Untersuchungen über die Verfeinerungen dieser charakterologischen Bilder laufen z. Zt., wie schon oben angedeutet.

Die Schilderung dieser Konstitutionstypen mit ihren charakterologischen Linien würde hier nicht so ausführlich dargestellt sein, wenn sich nicht erwiesen hätte, daß der im Sinne des Wortes „handliche Umgang" mit diesen Erkenntnissen dem Arzt außerordentlich nützt. Wir wissen, daß bestimmte *Konstitutionsformen* eine *Tendenz zu bestimmten Erkrankungen* haben, die im internistischen und chirurgischen Rahmen liegen. So ist bekannt, daß die Leptosomen störanfälliger gegen Tuberkulose, gegen Asthma und Magenulkus sind, die Athletiker durchblutungsgefährdeter und die Pykniker zu Hochdruck- und Stoffwechselerkrankungen leichter tendieren. Wichtiger ist aber im Hinblick auf unser Fachgebiet verständlicherweise, daß wir bei der Kenntnis einer bestimmten charakterologischen Struktur im ärztlichen Handeln Wesentliches aussagen können über den zu erwartenden Schweregrad oder auch über die *Prognose einer Erkrankung.* So hilft uns die Konstitution bei unklaren, sogen. atypischen Psychosen, den eigentlichen Akzent der Diagnose zu setzen. Bekannt sind die schizophrenen Patienten, die oft in ihrer Temperamentslage erstaunlich zyklothym reagieren. Die Erfassung der richtigen Diagnose fällt bei weitem leichter, wenn man in solchen Fällen vom Konstitutionsbiologischen her, z. B. den ausgesprochen pyknischen Patienten mit seiner zyklothymen Teilanlage sieht, und dann eben einfach weiß, daß dieser Patient selbst dann, wenn er einen schizophrenen Defekt hat, mehr depressiv reagiert. Wir sprechen hier im klinischen Hausgebrauch geradezu von „depressivem Syndrom in der Defekthöhle". Umgekehrt sind uns chronische über Jahre und Jahrzehnte hin fast ohne Phasen verlaufende Depressionen bekannt, die sich durch Einförmigkeit und Starrheit in der Symptomatik auszeichnen. Hier finden wir — wie wir auf dem Neurologen- und Psychiaterkongreß 1966 ausführen konnten[1] in einem Drittel der Fälle nicht nur schizoide

[1] Problematik, Therapie und Rehabilitation der chronischen endogenen Psychosen. Forum Psychiatrie, Heft 19, Enke, Stuttgart 1967.

Primärpersönlichkeiten, sondern häufig auch eine Heredität in dieser Richtung. Wir konnten damals entwickeln, daß diese schizoide Teilanlage zumindest einen wesentlichen Faktor zur Chronifizierung der Depressionen darstellt. Weiter sei auf die klassischen infantil Retardierten verwiesen, von denen wir oben sprachen, die oft gar nicht zur Vollblüte einer echten schizophrenen Psychose gelangen. *Kretschmer* pflegte zu sagen, daß sie nicht einmal eine volle Psychose zustandebringen. Hier wissen wir vom konstitutionsbiologischen Aspekt her, daß es sich trotzdem um eine echte schizophrene Psychose handeln kann, auch wenn die Symptome ersten Ranges sich nicht in allen Fällen entfalten. Genauso wissen wir, daß die Tendenz zu einer konstitutionell vorgeprägten dysplastischen Verfettung eine Ungunst der Prognose bei Schizophrenen bedeutet, genauso wie wir wissen, daß ein extrem Leptosomer mit ausgeprägter Pelzmützenbehaarung häufiger zum chronischen, schleppenden schizophrenen Verlauf neigt. Man könnte diese durch die Empirie gefestigten Fakten ins Unermeßliche ausführen, so wissen wir, daß die pyknische Konstitution geradezu eine „Schizophreniebremse" sein kann bei einer bestehenden Heredität, daß es also zu Spätmanifestationen kommt mit günstigem Verlauf und nicht zu den gefährlichen Frühmanifestationen. Schließlich haben wir – um den Gesamtbogen wieder zur Allgemeinmedizin zurückzuführen – in langjähriger Zusammenarbeit mit einer Chirurgischen Universitätsklinik durch sorgfältige konstitutionsbiologische Untersuchungen extrem Gefährdete vor cerebralen oder exogen psychotischen Folgeerkrankungen nach Herzlungenmaschineneingriffen mit vielstündigen extrakorporalem Kreislauf eliminieren können.

Diese aus Forschung, Klinik und Praxis erwachsenen Fakten so ausführlich darzustellen, bedeutet nicht, die Konstitutionsbiologie erneut auf einen Thron zu heben oder sie in den Blickpunkt zu rücken. Wohl aber sollte hier erkennbar gemacht werden, daß es sich lohnt, typologischen Problemen nachzugehen, und es sollte deutlich werden, daß das Aufstellen eines Persönlichkeitstypus keine realitäts- und praxisferne Theorie ist.

4. Prolog zum Abnormen und zur Terminologie

Wenn wir uns nunmehr nach den konstitutionsbiologischen Präliminarien langsam dem Bereich des Sensiblen nähern, so ist vorher ein kurzer Prolog über *das Abnorme* erforderlich, weil die Heraushebung eines Typs — gleich wenn er nur zwischen Psychologie und Psychopathologie verankert ist — ja doch die Probleme der Norm stark berührt. Nimmt man die wesentlichen Aussagen der Autoren, die sich in den letzten Jahrzehnten mit dem Begriff der Norm eingehend befaßt haben, zusammen *(Müller-Suur, K. Schneider, H. Binder, Glatzel)*, so könnte man sagen, daß man von Abnormalität im menschlichen Bereich dann sprechen kann, wenn eine uns vorschwebende Durchschnittsbreite von Persönlichkeiten, also eine Durchschnittsnorm, zugrundegelegt ist, nicht etwa eine Wertnorm. Bei den „Abnormitäten", mit denen wir uns beschäftigen, handelt es sich im Sinne funktioneller Abnormitäten *(H. Binder)* nur um extreme Varianten menschlichen Daseins *(Jaspers),* die dem Gesunden oder Normalen stets ähnlich bleiben und ihm daher durchwegs näher liegen als die Krankheiten. Das werden wir in vielen Passagen bei den einzelnen Darstellungen der sensiblen Grundpersönlichkeit empfinden, da bis in viele Ausläufer des Verhaltens doch immer eine Verstehbarkeit erhalten bleibt und damit auch ein verstehend-psychologisches Aufarbeiten möglich ist.

Aus dieser Formulierung der Verstehbarkeit bis ins letzte wird man auch aufgeschlossen für den Satz von *Glatzel,* daß abweichendes Verhalten ja zunächst einmal mit psychischer Abnormität überhaupt nichts zu tun hat. Es kann lediglich insofern Indiz für eine solche sein, als sich in der besonderen Weise des Umgangs mit der eigenen Abweichung, in deren Management also, psychische Abnormität auszusprechen vermag. Erst hier setzt nach *Glatzel* demnach die Aufgabe der Psychopathologie ein, hier muß sie sich um begriffliche Festlegungen und wohl auch um Kriterien, Rangfolge und Gruppierung bemühen. „Auf eine kurze Formel gebracht: Das Kollektiv und die mit ihm gegebenen Normen bestimmen nicht die psychische Abnormität, sie sind aber geeignet, psychische Abnormität zu demaskieren bzw. in Erscheinung treten zu lassen." Wir sind weiter mit *Glatzel* der Auffassung, daß in der Tat die klinische Psychiatrie manchmal die Neigung hat, sich eine generelle Zuständigkeit für jedwede Disharmonie und Inkompatibilität im zwischenmenschlichen Bereich anzumaßen und therapeutische Konzepte anzubieten. Doch glauben wir nicht, daß wir hier diesen „Holzweg" im Sinne der *Heidegger*schen Formulierung gehen.

Was nun die *Terminologie* und die spezielle Definition unseres Leitthemas betrifft, so muß zunächst ganz schlicht davon ausgegangen werden, daß „sensibilis" vom Lateinischen kommend „mit den Sinnen wahrnehmbar" heißt und „Sensus" auf das Körperliche wie auf das Geistige bezogen „Empfindung, Gefühl" bedeutet. Mit dem Wort „der sensible Mensch" ist also schon vom rein Sprachlichen her formuliert, daß es sich hier um eine Persönlichkeitsstruktur handelt, bei der die besondere Art der Aufnahme und Verarbeitung von Empfindungen, Wahrnehmungen und Gefühlen eine starke Rolle spielen wird. Was die Ansiedlung im Rahmen anderer typologischer Gruppen betrifft, so wird sich noch im einzelnen herausstellen, daß die Annäherung an schizoide Grundpersönlichkeiten und hier besonders an die hyperästhetischen Temperamente von *Kretschmer* gegeben ist. Wir denken hier an den von *Kretschmer* beschriebenen „empfindsam-affektlahmen Typus". Aus der betont unsystematischen Typenlehre von *K. Schneider* wird man vielleicht manche Annäherungen an den „asthenisch" beschriebenen Psychopathen erkennen können.

Was die Annäherung an krankhafte Zustände betrifft, so ist es immer wieder erstaunlich — und wir werden manche Stelle vergleichend zitieren müssen —, in welch ausgeprägten Einzelheiten der sensible Mensch dem vom Altmeister der Psychiatrie *Kraepelin* beschriebenen Krankheitsbegriff der „Nervosität" nahekommt. Die hohe Empfindlichkeit, die gesteigerte Ermüdbarkeit, Störung des Wirklichkeitsbewußtseins, Gefühle des Fremdseins, das oft Glücklose der Biographie, der — wie wir heute sagen — Zumutungscharakter, den die Umwelt für die Patienten hat, die Tendenz zum Ästhetisieren, die oft ausgeprägten sprachlichen, dichterischen, schriftstellerischen und überhaupt künstlerischen Veranlagungen, alle diese Momente sind im Zusammenhang mit dem sensiblen Persönlichkeitstypus des Nachdenkens und des Vergleichens wert. Wir werden immer wieder auf diese jetzt schon fast medizin-historischen Passagen von *Kraepelin* zurückkommen. Natürlich gibt es nicht nur Gemeinsamkeiten dieser Begriffe des sensiblen und des nervösen Menschen. Weitere Abgrenzungen gegenüber den Begriffen des gehemmten Menschen und des emotional-hyperästhetischen Schwächezustandes u. a. werden im Abschnitt über die Differentialdiagnose (9) folgen müssen.

Sucht man in den einschlägigen Enzyklopädien, Handbüchern und Wörterbüchern unseres Faches oder benachbarter Fächer, so finden sich außer der meist nur sprachlichen Erklärung keine für uns bedeutsamen Hinweise. Die Ausbeute ist hier gering und ermutigt umsomehr, sich des Themas anzunehmen.

Interessanterweise ist auch in Literatur und Kunst das Thema des sensiblen und sehr empfindsamen Menschen kaum aufgegriffen worden. Wenn man in der zusammenfassenden Darstellung von *Irle* über den psychiatrischen Roman nachliest, so sind viele eindringliche — und meist durch die Symptomatik brillierende — psychopathologische Zustandsbilder beschrieben, so bei *Kafka, G. Benn, Georg Heym,* bei *Virginia Woolf,* bei *Faulkner* und bei *Musil.* Der literarisch natürlich nicht so bestechend darstellbare Typ des sensiblen Menschen in seiner letztlich ja mehr verhaltenen und sehr stillen Mentalität ist offensichtlich kein so ergiebiges Objekt. Dasselbe gilt auch für die Kunst bis in die modernste Zeit. Lediglich *Barlach* hat sich in dem „Fries der Lauschenden" eines solchen Menschen angenommen und hat die Holzstatue „Der Empfindsame" geschaffen, eine Plastik, die einen mit weitem Mantel und Stiefel gegen die Umwelt sich schützenden Mann darstellt, mit vor der Brust verschränkten Armen gleichsam die Welt abwehrend.

5. Psychologie

5.1. Die sensiblen Afferenzen

Nach den unerläßlichen Vorkapiteln, in denen konstitutionsbiologische Fakten, Bemerkungen zu einer Typologie, Abgrenzungen gegenüber Norm und Präzision der Terminologie unvermeidlich erfolgen mußten, werden nunmehr die Charakteristika des Sensiblen selbst eingekreist.

Ohne einer psychologischen oder philosophischen Schichtenlehre zu huldigen und ohne auch ein gewisses Ordnungsprinzip zu übertreiben, so ist es doch sicherlich zweckmäßig, wenn man von den Befunden ausgeht, die den Sensiblen auch den Namen gaben, nämlich von der Überempfindlichkeit gegenüber äußeren Sinnesreizen. Es soll hier in diesem Kapitel eine sehr nüchterne Bestandsaufnahme *(Bollnow)* erfolgen, die immer am Anfang aller medizinischen, psychologischen und philosophischen Aussagen stehen muß. Sie wird die Basis sein für die späteren Überlegungen, und in diesem Kapitel wird die sorgfältige Auflistung klarer Fakten im Vordergrund stehen: Andeutungen und Deutungen mit hypothetischem oder theoretischem Hintergrund werden vermieden und späteren Kapiteln überlassen. Da die von den Sensiblen immer wieder eindringlich geschilderten Überempfindlichkeiten gegenüber den sinnlichen Außenreizen so prävalieren, wird es nicht ausbleiben, daß auch über die Sinnesreize selbst einiges gesagt wird. Die Einzelbefunde werden dann besser verständlich und sind nicht in eine trockene Landschaft eingebettet.

Die Befragung der sensiblen Persönlichkeiten ging jeweils so vor sich, daß alle Sinnesgruppen von der Geruchswahrnehmung bis zur Geschmackswahrnehmung, von den optischen bis zu den akustischen und taktilen Sinnesreizen abgefragt wurden. Dazu wurde in Anlehnung an frühere Untersuchungen (Prüfung der Vorstellungsfähigkeit bei Stirnhirnkranken) unter Heranziehung der Prüfung der Vorstellungsfähigkeit nach *Zucker* und in leichter Variation derselben jeweils auf die sinnliche Vorstellungsfähigkeit hin geprüft. So wurde z. B. zur Prüfung der olfaktorischen Vorstellungsfähigkeit gefragt, ob sich bestimmte Gerüche oder Geschmacksqualitäten vorstellen lassen, bei der Prüfung der optischen Vorstellungsfähigkeit wurde eruiert, ob die Versuchsperson oder Patient z. B. einen auf dem

Tisch liegenden gedachten Apfel sich plastisch lebendig, evtl. farblich vorstellen kann oder (unter Ausnutzung des Bewegungsfaktors) ob es ihm leichter ist, sich etwas Bewegendes vorzustellen, z. B. daß in seiner Straße gerade ein blauer Milchwagen um die Ecke fährt oder daß in den Raum ein Pferd eintritt. Die akustische Vorstellungsfähigkeit wurde durch Fragen geprüft, die versuchen sollten, sich das Geräusch z. B. eines Weckers oder eines schrillen Lokomotivpfiffes zu vergegenwärtigen. Die taktile Merkfähigkeit wurde untersucht mit der Frage, ob es möglich sei, sich z. B. die Berührung mit einem heißen Bügeleisen auf dem rechten Oberschenkel vorzustellen. Diese für jeden recht gut eingänglich und auch immer komplikationslos angenommenen Fragen wurden gern und schnell beantwortet und es folgten meistens spontan von der Versuchsperson aus weitere Gespräche über die intensiv, häufig bis ins Lästige empfundenen Vorstellungen und Erinnerungen bei solchen Aufgaben.

Mustern wir nun die verschiedenen Gruppen der Sinnesreize durch, so beginnen wir mit dem Geruchssinn. Er steht in seiner Empfindlichkeit bei allen Sensiblen an erster Stelle. Daher erfolgt der Beginn gerade mit diesem Sinn nicht ohne Grund. Dazu kommt, daß wir der Spur des Gewichtes und des Stellenwertes des Geruchssinnes im gesunden und kranken Erleben schon seit Jahren nachgegangen sind *(W. Klages, I. Klages)*. Gerade in diesem ersten Abschnitt über die Geruchsempfindungen wird neben den Schilderungen der Sensiblen auch die Häufigkeit dichterischer Aussagen zum Geruchsempfinden evident. Auch bei nüchternster Betrachtung lassen diese Fakten schon etwas erahnen, was wir später bei der Betrachtung der hochsensiblen Künstlerpersönlichkeiten noch herausarbeiten werden und was dann schließlich in die Überlegungen über die erhöhte thalamische Affizierbarkeit (Kapitel 8) eingehen wird.

5.1.1. Der Geruchssinn

In der medizinischen und psychologischen Fachliteratur wird immer wieder die Auffassung vertreten, daß dem menschlichen Geruchssinn nur eine untergeordnete Bedeutung zukomme. Diese Ansicht trifft dann zu, wenn man davon ausgeht, welches Gewicht einem Sinn für die Erfassung und Analyse der Außenwelt für das Zustandekommen des „Weltbildes" zukommt; unter diesem Aspekt

kann der Geruchssinn des Menschen, eines Mikrosmatikers, nicht
mit dem Gesichts- und Gehörssinn und auch nicht mit dem Hautsinn konkurrieren. Andererseits spricht aber das menschliche Geruchsorgan auf so
feine Reize an, wie kaum ein anderes Sinnesorgan *(Glees, Gottschick)*, und Geruchsempfindungen spielen im menschlichen Alltagsleben eine nicht zu vernachlässigende Rolle. Insbesondere jedoch
ist das Erleben des Geruchs nicht zuletzt infolge seiner engen Kop-
pelung an Affekt und Erinnerung ein so wesentlicher Bestandteil
der Mensch-Umwelt-Beziehungen, daß es gerechtfertigt erscheint,
den *Stellenwert des menschlichen Geruchssinnes* und speziell des
Geruchserlebens wieder etwas ins rechte Licht zu rücken. Dazu
kommt, daß auch im psychopathologischen Bereich jüngste Untersuchungen den Geruchssinn mehr in den Blickpunkt des Interesses
gerückt haben *(W. Klages, I. Klages)*. Wenn man sich dann vergegenwärtigt, daß so subtile Beiträge über die Sinnesqualitäten, wie die
von *V. v. Weizsäcker* und von *E. Strauss* den Geruchssinn entweder
mit wenigen Sätzen streifen oder gar nicht erwähnen, ja in einer
Monographie über den „Sinn der Sinne" *(Strauss)* das Wort Geruch
nicht einmal im Sachverzeichnis erscheint, so mag es begründet sein,
wenn man sich dieser Thematik annimmt und sich darauf besinnt,
daß die Menschen nicht nur „Sehende, Hörende und Fühlende"
sind, sondern auch „Riechende".

Normalpsychologisches Verhalten

Die menschliche Geruchsempfindlichkeit ist, obwohl der Mensch
Mikrosmatiker ist, immer noch sehr groß. Stoffe wie Moschus,
Mercaptan, Schwefel-Wasserstoff und Indol sind noch in homöo-
pathischen Verdünnungen wirksam. Ungeheuer ist die Fülle von
olfaktorischen Reizqualitäten, die bis heute trotz mancher Versuche
nicht systematisch zu ordnen und nicht auf einige wenige Elemen-
tarempfindungen zurückzuführen sind. Da es somit auch nicht möglich ist, die Vielfalt an Gerüchen hinreichend zu beschreiben, be-
gnügt sich die Sprache häufig damit, auf Situationen und Gelegen-
heiten hinzuweisen, anläßlich derer jedermann solche Gerüche erfahren und kennenlernen kann. Hieraus ergeben sich dann die geläufigen Redewendungen: „Es riecht nach . . . (frischer Wäsche,
Krankenhaus, Apotheke usw.)."

Die in Verbindung mit Geruchsqualität gebrauchten Adjektive wie brenzlig, faulig, blumig, fruchtig, widerlich, ekelhaft zeigen ferner bereits vom Sprachlichen her, daß wir den Gerüchen nicht völlig neutral und mit nüchterner Sachlichkeit, sondern meist mit einer gewissen Bewertung und affektiven Beteiligung gegenüberstehen. Vielleicht gilt deshalb auch der Geruchssinn für den Menschen noch als „niedriger" oder weniger edel, weil er für ihn zu unabtrennbar mit Affekten verknüpft bleibt. An diesen Affekt, diese gefühlsmäßige Beimischung, ist nun aber ein weiteres Phänomen eng gekoppelt, und zwar die elementare und fast schlagartige Vergegenwärtigung eines früheren Erlebnisses, einer Erinnerung an den Geruch. Durch kaum einen Sinnesreiz anderer Art kann in so rascher Folge ohne gedankliche Zwischenschaltung eine *Erinnerung,* eine Vision „der lebendige Augenblick, in dem Ding und Ort und Stunde sich spontan zusammenfinden" *(Burkhardt)* so deutlich ekphoriert werden wie gerade *bei* dem Anklingen einer *bestimmten Geruchswahrnehmung (Burkhardt, Strauss). Poetzl* hat von einer „blitzartig raschen Visualisierung" gesprochen, die im Erlebnis weitgehend identisch sei mit dem tachystoskopischen Effekt bunter, figurenreicher Bilder in 1/100 sec. Gerade diese enge Verbindung von Empfindung, Affektivität und Erinnerung gibt dem Geruchssinn sein spezifisches Gewicht.

Angefangen von den Verbindungen des Geruchs mit dem Paarungsverhalten bei Tieren, den Riechfühlern der Ameisen, mit denen sie Staatsfremde und Staatszugehörige unterscheiden, über die Riechverständigung der Bienen, die bei der Rückkehr in den Stock die z. Zt. blühende und honigspendende Pflanzenart und zugleich durch ihre Tänze auch deren Richtung und Entfernung anzeigen *(v. Frisch),* bis zu der spezifisch eingestellten Riechempfindlichkeit der Nachtfalter, die auf Kilometer Entfernung vom Geruch des Weibchens angezogen werden, kann die tierische Verhaltensforschung zahlreiche interessante Ergebnisse zum Thema des Geruchs beitragen. Dagegen finden sich beim Menschen nur noch Rudimente dieser *an den Geruch gekoppelten instinktiven Verhaltensweisen,* wie z. B. die den Nahrungstrieb anregenden oder bremsenden Gerüche. Auch manche kosmetische Substanzen machen von diesen alten Instinktformeln noch Gebrauch, indem sie über den Geruch den Sexualtrieb zu stimulieren versuchen. So werden beispielsweise auch in der modernen Parfümerie bei der Komposition von Duftwässern Stoffe wie Ambra, Moschus oder Zibet zugesetzt, die als „erotisch wirkende Komponenten" gelten. Schließlich sind in diesem Zusammenhang auch noch werbepsychologische Versuche aus jüngster Zeit zu erwähnen, etwa durch die Beimischung von Duftstoffen, die Wahl einer bestimmten Ware zu fördern oder auch allein durch die einprägsame Assoziation von Duft und sphärischen Wunschvorstellungen („Duft der guten alten Zeit", „Duft der großen weiten Welt") die Kauflust zu animieren. Über den Einfluß der Sinneseindrücke, insbesondere des Geruchssinnes, auf Affektivität und Stimmung hat mein Mitarbeiter *Hacke* umfassend berichtet.

Nicht zuletzt finden wir aber in Sprache und Dichtung eine Fülle von Formulierungen, die immer wieder deutlich machen, daß auch auf der menschlichen Entwicklungsstufe das Geruchserleben noch ein fester integrierter Bestandteil der Welt- und Umwelterfassung ist.

Das Geruchserleben in Sprache und Literatur

Zunächst gibt es im Volksmund eine Reihe von Formulierungen, die gewissermaßen noch als phylogenetisch alte Residuen, in übertragenem Sinn, in der Sprache erhalten geblieben sind, wie z. B. „eine Nase, einen Riecher für etwas haben", „einen Braten riechen", „das stinkt zum Himmel", „in schlechten Geruch kommen", „jemanden nicht riechen können", „das ist mir zu brenzlig", „er muß das gerochen haben".

Weiter sind im Rahmen einer solchen Bestandsaufnahme charakteristische Gerüche zu erwähnen, mit denen praktisch jeder sofort eine bestimmte konkrete Vorstellung verbindet, die aber, wie schon erwähnt, als Gerüche nicht in Kategorien einzureihen sind, sondern nur aus der Situation heraus beschrieben werden können: Geruch des frisch geschlagenen Holzes, süßlich-fauler Geruch des Fallobstes im Spätsommer, Holzfeuergeruch im Herbst, Geruch der Erde nach dem Regen, Geruch von Kiefern in der Sonne, Holzteergeruch an sonnenbeschienenen Schiffslandeplätzen, Geruch in alten Kirchen, Geruch nach Moder und verstaubten Bücherkisten auf selten betretenen Dachböden.

Diese situationsgebundenen Geruchsempfindungen und Erinnerungen ließen wir auch stets bei unseren Patienten ekphorieren, da die hier beschriebenen Geruchsassoziationen eigentlich vom Erwachsenen meistens in irgendeiner Form einmal empfunden wurden und somit auch aus dem persönlichen Erfahrungsgut als bekannt und gut vorstellbar vorausgesetzt werden konnten.

Diese wenigen Beispiele, die sich beliebig erweitern lassen würden, verdeutlichen auch, wie häufig wir mit Gerüchen ganz bestimmte sphärischen Stimmungen verbinden. So gibt es auch zweifelsfrei feste Zuordnungen von Geruchsempfindungen und bestimmten Eigenschaften (wie z. B. Wachsgeruch/Sauberkeit), Schablonen gewissermaßen, von denen nicht zuletzt auch die moderne Werbepsychologie Gebrauch macht.

Diese engen Verknüpfungen von *Geruch* und *Stimmungslage* wie von Geruch und *Erinnerung* finden wir häufig in der Literatur, und zwar sowohl in der Lyrik wie auch in der beschreibenden Prosa; gerade infolge der sprachlichen Verdichtung wird der starke gefühlsmäßige Gehalt des Geruchserlebens in diesen dichterischen Aussagen besonders evident.

Das wehmütige Anklingen von Kindheitserinnerungen schildert *Owglass* in seinem Gedicht „In der Dämmerung": „ . . . O, Duft aus Kindertagen, da ich durch Vaters Garten lief". Dasselbe Erleben, unabhängig von Raum und Zeit, spricht aus den Zeilen eines japanischen Dichters (*Ki No Tsurayui,* 860—945): „Die Gedanken der Menschen in meinem Heimatdorf sind mir nicht mehr vertraut, aber die Blumen duften noch wie damals, als ich ein Kind war". *Proust* — auf den wir im einzelnen ja später noch gründlich werden eingehen müssen — beschreibt diesen Vorgang der Erinnerung an glückliche Kindertage in seinem autobiographischen Roman „*Jean Sauteuil":* „Vielleicht half ihm diese Ähnlichkeit, den Rotdorn zu bemerken und zu lieben, und bettete seinen Duft in eine unvergängliche Erinnerung an Genießertum, heiße Tage und ungebrochene Gesundheit ein". Das Festhaltenwollen einer solchen Erinnerung beschreibt *Hermann Hesse* in seinem Gedicht (Gute Stunde): „ . . . Benommen bleib ich stehen und wage keinen Schritt, daß nicht die Düfte verwehen und meine gute Stunde mit".

Bergengruen schreibt einmal: „Auch die bloß erinnerten Gerüche haben die gleiche Kraft des Aufrufens von Erinnerungen wie die leibhaftig Daherwölkenden. Jetzt ist kein Halten mehr, es springt eine Türe nach der anderen auf, wie ein nächtlicher Bauernhof nach dem anderen sich plötzlich mit dem Anschlag der Hunde füllt, die ganze dunkle Dorfstraße entlang". Denselben Vorgang des spontanen Erinnerns, ausgeklinkt durch eine Geruchsempfindung, schildert *Carson Mc Cullers,* nur wieder mit anderen Worten: „Oft zog er (der Witwer) den Stöpsel aus der Parfümflasche. Der Duft verschmolz in den allmählich auftauchenden Erinnerungen. Die Vergangenheit wurde immer stärker in ihm. Mit geradezu architektonischer Ordnung fügten sich die Erinnerungen von selber zueinander".

Bergengruen sagt einmal, daß jeder Geruch die Überschrift eines Lebenskapitels sei. Dieses erinnernde Umfassen nicht nur einzelner Situationen, sondern ganzer Zeitabschnitte, gelingt selten so intensiv wie gerade über das Geruchsempfinden, das oft fast schlagartig ein Stück Vergangenheit in die Gegenwart hereinzuholen vermag.

Beispiele, die das Zusammenspiel von Geruchserleben und Gestimmtsein anklingen lassen und darüber hinaus aufzeigen, wie wir mit bestimmten Gerüchen auch ganz bestimmte Formen des ästhetischen Welt- und Welterlebens verbinden, finden sich gerade in der modernen Literatur häufig. Es sei hier u. a. nur auf *H. Domin, Borchert, Cendrars, Faulkner, Hansen, Hausmann, Hesse, N. Mailer, Rehmann, Giono* und *J. Cayrol* hingewiesen, wobei gerade der letztgenannte Autor — unter Einblendung des Geruchserlebens — manchmal an Synästhesien erinnernde Bilder zu zeichnen versteht. Ein paar Beispiele mögen, wenn auch aus dem Zusammenhang herausgegriffen, dies belegen: „Das Hotel mit dem auffälligen Geruch nach staubigen Teppichen und Chlorophyll, den Topfpflanzen und den gleichgültigen Angestellten, die vor lauter Müdigkeit übel riechen." — „Ein unbestimmter Geruch nach geronnenem Blut und feuchten Kleidern schwelte im Zimmer, Geruch eines Tages — ein trauriger, trostloser Geruch." — „Mit ihrem knickrigen Geruch nach Rauch und feuchtem Leder brach die Nacht herein." Ähnlich bei *Borchert* in einer Kurzgeschichte über das Gewitter: „Und es roch nach Angst . . . Die engen, endlosen Straßen rochen nach Menschen, Topfblumen und offenen Schlafzimmerfenstern . . ." (nach dem Gewitter): „ . . . Es roch fruchtbar nach Milch und Erde".

Die Abhängigkeit einer Stimmungslage vom Geruchserleben schildert *R. M. Rilke* in einem Brief an L. Andreas-Salomé: „Die Hand meines Friseurs, mit ihrer jeden Morgen anders zusammengesetzten Geruchsmischung, kann mich so beeindrucken, daß ich ganz anders gestimmt von ihm fortgehe." Die zwingende Eindringlichkeit eines Geruchs, nämlich der Zitrone, schildert *Rilke* an einer anderen Stelle in wohl kaum zu übertreffender Weise: „Ihr Duft übrigens, der Duft dieser Frucht, hat für mich eine so unbeschreibliche Eindringlichkeit; ich habe immer den Winter über, wo den Sinnen soviel Einflüsse von außen abgehen, eine Glasschale mit Zitronen im Arbeitszimmer. Ihre Bitterkeit, so zusammenziehend sie im Geschmack sich geltend macht, als Duft eingeatmet, gibt sie mir eine Sensation von reiner Weite und Offenheit —; wie oft habe ich bedauert, daß wir allen derartigen Erfahrungen gegenüber so endgültig verstummt, so sprachlos bleiben. Wie erlebe ich ihn, diesen Zitronengeruch, weiß Gott, was ich ihm zu Zeiten verdanke . . ."

Gerade hier wird u. a. auch deutlich, wie es selbst dem Dichter an sprachlicher Ausdrucksmöglichkeit gebricht, einen Geruch in Worte zu präzisieren, wie auch er vielmehr nur das — nachempfindbare — Erleben zu umreißen vermag.

Neben der sicherlich vorhandenen Warnfunktion des Geruchssinnes wird die *Gewichtigkeit des Geruchserlebens* besonders dann deutlich, wenn durch eine hirnorganische Störung diese in Verlust gerät. So seien hierzu einmal 2 Fälle zitiert:

Fall 1

Frau C. R., 35 Jahre. Normale Kindheits- und Jugendentwicklung, nie ernste Erkrankungen oder Unfälle, Besuch der Volksschule, der Handelsschule, der Berufsschule, Abschluß der Gärtner- und Blumenbindelehre, 1950 Heirat, 5 Kinder.

1958 Motorradunfall: Contusio cerebri mit neurologischen Ausfallserscheinungen sowie Ausfall des Geruchs- und Geschmackssinnes. Völlig unneurotisch. Sie sagte: „Die vielen Gerüche des Haushaltes, ganz abgesehen vom Kochen, die mir sonst die Arbeit erleichtern, fehlen nun ganz. Ich kann dafür ein praktisches Beispiel geben. Ich bin von Haus aus sauber und gewissenhaft und pflege die Kleidung und Wäsche der Familie stets gut. Das ist auch bei einer großen Familie von 7 Köpfen erforderlich. Seit ich aber nicht mehr den Geruch habe, wasche ich doppelt soviel und werfe viel mehr in die Waschmaschine als sonst, weil ich aus dem Unvermögen zu erkennen, ob etwas dreckig riecht oder nicht, nunmehr zuviel säubere. In meinem früheren Beruf als Gärtnerin war ich ganz auf die Geruchsempfindungen aus der Natur eingestellt, jetzt lasse ich mir häufig von meinen Kindern verschiedenfarbige Blumen zusammenstellen, damit ich über das Sehen Freude an meinem Garten habe. Ich merke jetzt erst, wieviel der Geruch darstellt, nicht etwa das Kochen macht mir Schwierigkeiten, wie man annehmen könnte, das sind die kleineren Dinge, aber ein Teil meines Erlebens fehlt mir."

Ein zweiter Fall soll zeigen, wie der Geruchssinn kompensierend eintreten kann, wenn ein anderer Sinn ausfällt und auch hier das positive Erleben des Geruchssinns intensiv empfunden wird.

Fall 2

Herr M. K., 54 Jahre, Landwirt. Normale Kindheits- und Jugendentwicklung, 1945 infolge einer Minenexplosion beim Säubern seines Landgutes Verlust des rechten Auges, Herabsetzung der Sehschärfe des linken Auges auf 1/8 der Norm. Keine Hirnverletzung. Völlig unneurotisches Verhalten. Sachlich; guter, kritischer Beobachter.

Der Patient berichtet: „Es mag sein, daß andere spät Erblindete manches durch das Hörorgan kompensieren können, aber da meine Hörfähigkeit auch nicht sonderlich gut ist, fällt mir auf, daß meine Geruchsempfindung ganz stark geworden ist. Während ich früher schon als Landmann immer ein gutes Geruchsorgan gehabt habe, dies aber nie besonders zu werten wußte, kann ich mich jetzt über den Geruchssinn außerordentlich gut orientieren, besonders bei Spaziergängen im Walde. Ich habe mich dann teilweise auch in fremder Umgebung, durch den Geruch von Holz, von bestimmtem Laub, von Wildgeruch, zwar nicht immer ganz richtig orientieren können, aber ich habe mich doch in meinem inneren Erleben ganz bereichert gefühlt. Auch meiner Frau ist schon aufgefallen, daß ich jetzt ein ganz besonders gutes Geruchsempfinden entwickelt habe."

Geruchsempfindung bei den Sensiblen

Im Rahmen der *Prüfung sinnlicher Vorstellungsgruppen* (vgl. oben), die locker in die jeweilige allgemeine Erhebung der Vorgeschichte oder Exploration eingebaut wurde, berichteten fast alle sensiblen Menschen sehr spontan über ihre enge Beziehung zu Gerüchen und insbesondere über ihre *Überempfindlichkeit Gerüchen gegenüber:* „Wenn ich nur an einer Tankstelle vorbeikomme mit Benzin- und Petroleumgeruch, wird mir schlecht, ich bekomme Kopfschmerzen." — „Wenn ich meine Tante besuche, die in einem alten Haus wohnt, schlägt mir der kühle, feuchte, modrige Geruch des Hauses entgegen. Ich kann kaum mehr die Treppen hochgehen, so geschafft bin ich von diesem Geruch, allen anderen macht der Geruch gar nichts."

„Ich gehe nicht mehr in meine Kirche, weil es dort so ungenehm kühl riecht. Ein starker Geruch kann alles an Gefühl in mir abtöten."

„Wenn ich nur über den Marktplatz gehe und in der Nähe des Fischstandes vorbeikomme, den ich schon meistens mit weitem Bogen umgehe, dann verfolgt mich dieser Fischgeruch den ganzen Tag, und ich bin den ganzen Tag über restlos kaputt. Ich kann den Fischgeruch nicht vergessen. Wenn ich dann einmal meine Menstruation habe, werde ich wieder an den Fisch erinnert. Wenn irgendwelche

Eiweißprodukte wie Milch oder Fleisch etwas schlecht sind, kann ich den Geruch tagelang nicht mehr vergessen."

„Es riecht im Garten immer so etwas nach Urin. Es mag sein, daß es nur die Katze unseres Nachbarn ist. Der Uringeruch hält mich direkt davon ab, in den Garten zu gehen. Ich mußte einmal im Krankenhaus arbeiten und habe diese Arbeit wieder aufgegeben, weil ich den warmen Uringeruch nicht ertragen konnte. Ich bilde mir das sicher nicht ein und bin ja sonst auch eine ganz realistische Person. Aber Gerüche können mich bis in den Traum hinein verfolgen. So habe ich im Zusammenhang mit dem Uringeruch einmal geträumt, daß Ärzte mir zum Schabernack den sogen. 24-Stunden-Urin, den man bei bestimmten Kranken ja sammelt, vor meinem Fenster auskippten, dann alles wie Benzin — ich sage ja, es war ein Traum — anzündeten, so daß nur noch das Urinsediment übrigblieb. Als ich aufwachte, guckte ich sofort aus dem Fenster, weil der Traum so realistisch war, daß ich einen Teil noch mit in mein Wacherleben mitnahm."

„Der Geruch von Gras, der andere vielleicht im Sommer beim Grasschnitt erfreut, ist für mich so unerträglich, daß ich dann auf irgendeine Insel fahre, wo es wenig Gras gibt. Ich möchte betonen, daß ich also keinen Heuschnupfen o. ä. habe, sondern der Geruch von Gras einfach und des gemähten Grases mich fast betriebsunfähig macht."

Zum Eigengeruchsempfinden

„Morgens, wenn ich aufwache, stört mich schon mein unangenehmer Körpergeruch. Trotz aller hygienischer Maßnahmen verliert sich dieser nicht so schnell. Ich fühle mich dann, auch wenn ich in meine Dienststelle gehe, zunächst noch unsicher und meine, ich müßte jedem, so wie wenn man eine Dunstglocke um sich hätte, 1 bis 1 1/2 m vom Leibe bleiben. Ich mag noch keinem morgens die Hand geben. Das verliert sich dann im Laufe des Tages."

„Ich bin meinem Eigengeruch gegenüber ganz besonders empfindlich und kontrolliere mich ständig. Sonst bin ich durchaus nicht etwa zwanghaft veranlagt, habe auch keinen Waschzwang, aber ich gehe großzügig mit desodorierenden Mitteln um. Es ist nicht nur so, daß ich mich selbst sehr stark rieche, sondern daß ich auch jeden Menschen rieche und fast — wie man im Tierreich von einem Duftmuster spricht — könnte ich wie ein Hund die Spur eines jeden aufnehmen, wenn ich es einmal etwas übertrieben sagen darf."

Seltener wird von Sensiblen das intensiv ausgeprägte Geruchsempfinden als angenehm geschildert. Hier gab es nur sehr spärliche Fälle:

„Den Geruch von einer Pampelmuse nehme ich gierig auf, wenn eine Pampelmuse in meinem Zimmer liegt, dann erfreue ich mich nicht nur an der Optik, wobei das helle Gelb eine ganz besondere intensive Wirkung auf mich hat, sondern ich schneide die Grapefruit sofort durch, um den Geruch intensiver werden zu lassen. Dann bin ich ganz glücklich, bin in einer guten Arbeitsstimmung."

Nur eine einzige Versuchsperson gab den Eigengeruch als positiv an: „Ich genieße geradezu, wenn ich morgens aufwache und mich rieche. Ich merke dann, daß ich wieder da bin. Ich darf sagen, daß ich auch unter Tage immer einmal wieder Proben von meinem Eigengeruch entnehme. Es ist zwar peinlich, aber Ihnen als Arzt darf ich es ja sagen. Ich fasse immer einmal in die Afteröffnung, wenn ich unbemerkt bin, und habe — auch wenn es mir peinlich ist, das zu sagen — eine starke Geruchsbeziehung zu meinem Ohrenschmalz. Hier entnehme ich oft eine Probe und rieche daran mit einem sicherlich — wenn mich jemand beobachten könnte — zufriedenen Gesichtsausdruck."

Zusammenfassend läßt sich also sagen, daß der Geruchssinn bei den Sensiblen durch eine große Intensität der Empfindung ausgeprägt ist, daß Fremd- wie Eigengerüche stark und teilweise schon sogar mit lästigen Mißempfindungen registriert werden, und daß schließlich die Vorstellungsfähigkeit von Gerüchen auffallend gut ist. Daß die Vorstellung von Gerüchen häufig sogleich mit Erinnerungen kombiniert ist, erwähnten wir schon. Auf die Frage „an welchen Geruch in Ihrer Kindheit können Sie sich als erstes erinnern?" wurde bei Sensiblen eigentlich schnell und fast ohne Zögern ein besonderes Erlebnis angegeben: „Wir hatten in unserem Hause einen alten Schrank aus irgendeiner Koniferen-Holzart. Jedenfalls war er sehr astreich und offensichtlich auch wohl sehr harzreich. Jedenfalls roch er stark und mein Vater legte in diesem Schrank immer Bücher ab. Sowie ich einen harzreichen Geruch von Koniferen-Holz rieche, sehe ich diesen Schrank vor mir und die gebückte Haltung meines Vaters, der hier Bücher aufschichtete."

Fälle dieser Art ließen sich natürlich in ihren Darstellungen ins Unermeßliche vermehren, zumal es sich ja auch um durchaus normalpsychologische Erinnerungsvorgänge handelt, die über eine Geruchsassoziation in Gang gesetzt werden. Doch vergeht bei einer gesunden Versuchsperson oder auch anders gearteten Patienten immer viel Zeit, bis eine Erinnerung auftaucht oder eine solche kommt erst gar nicht zustande.

5.1.2. Die Geschmacksempfindung

Der Geschmack einer Speise oder eines Getränkes ist das Ergebnis des Zusammenwirkens verschiedener Sinnessysteme. Die eigentlichen Geschmacksrezeptoren sind lediglich in der Lage, die 4 Geschmacksgrundempfindungen süß, sauer, salzig und bitter zu identifizieren und Mischungen aus diesen Grundqualitäten zu bilden. Im Grunde — und es wird offensichtlich, wenn aus irgendwelchen Ursachen die Nasenwege nicht durchgängig sind — spielt die Geruchsempfindung stark in die Geschmacksempfindung hinein. Die feine Ausdifferenzierung eines Geschmacks ist ja nur durch das ständige „Befächeln mit Luft", also im Grunde durch die Mitarbeit des Riechens möglich. Das feine Aroma, die feine Nuance einer Speise werden aufgedeckt. *Tellenbach* hat in seinem großangelegten Konzept „Geschmack und Atmosphäre" (1968) interessante Untersuchungsergebnisse aus dem psychologischen und psychopathologischen Bereich zum Problem des Geschmacks vorgelegt und zu einer großen Sicht erweitert. Es wird ganz sicherlich dadurch ein Bereich des Geschmacks im höheren Sinne aufgeschlossen, wenn *Tellenbach* sagt: „Die mit oralsinnlichen Erfahrungen verknüpften Urteile werden entscheidend überformt von der atmosphärischen Bestimmung einer Situation und vom Geschmack." Diesen bestechenden Gedankengängen nachzugehen, ist zwar verlockend, würde uns aber vom Wege abführen.

Bei unseren Untersuchungen, Geschmacksempfindungen über die Vorstellungsfähigkeit wieder zu beleben, zeigte sich, daß Geschmacksvorstellungen kaum realisiert werden können. Die sensiblen Patienten, die sonst wortreich und in oft sehr eindringlich anschaulichen Bildern Geruchsempfindungen wiedererwecken konnten in ihrer Erinnerung, hatten Schwierigkeiten bei der Nachempfindung einer Geschmackssensation. Man weiß, daß „Schmeckendes" sich kaum willkürlich ins Gedächtnis zurückrufen läßt und *Henning* hat einmal gesagt, daß im Felde der niederen Sinnlichkeit keine so anschaulichen Erinnerungs- und Vorstellungsbilder existieren, sondern nur ästhetische Erlebnisse. Daß dieses nicht ganz zutrifft, haben die Aussagen unserer Sensiblen im Rahmen der Untersuchungen zur Geruchsempfindung gezeigt. Die in der Literatur wohl eindringlichste Darstellung eines Geschmacksempfindens — auch wieder in Zusammenhang mit Erinnerungsbildern — findet sich ganz sicherlich bei *M. Proust*. Diese Darstellung ist unbestreitbar so diffizil in ihrer Präzision, daß sie hier in einer Vorwegnahme auf das Kapitel über *M. Proust* zitiert werden muß, weil sie in den Zusammenhang paßt.

Der Dichter erzählt aus seinen Erinnerungen (Auf der Suche nach der verlorenen Zeit), daß seine Mutter, als er an einem Wintertage durchfroren nach Hause kam, ihm vorschlug, er solle eine Tasse Tee zu sich nehmen. Sie ließ darauf eines jener dicken, ovalen Sandtörtchen holen, die man „Madeleine" nennt und die aussehen, als habe man als Form dafür die gefächerte Schale einer St. Jacobs-Muschel benutzt. Es heißt dann: „Gleich darauf führte ich, bedrückt durch den trüben Tag und die Aussicht auf den traurigen folgenden, einen Löffel Tee mit dem aufgeweichten kleinen Stück Madeleine darin an die Lippen. In der Sekunde nun, als dieser mit dem Kuchengeschmack gemischte Schluck Tee meinen Gaumen berührte, zuckte ich zusammen und war wie gebannt durch etwas Ungewöhnliches, das sich in mir vollzog. Ein unerhörtes Glücksgefühl, das ganz für sich allein bestand und dessen Grund mir unbekannt blieb, hatte mich durchströmt. Mit einem Schlage waren mir die Wechselfälle des Lebens gleichgültig, seine Katastrophen zu harmlosen Mißgeschicken, seine Kürze zu einem bloßen Trug unserer Sinne geworden; es vollzog sich damit in mir, was sonst die Liebe vermag, gleichzeitig aber fühlte ich mich von einer köstlichen Substanz erfüllt: oder diese Substanz war vielmehr nicht in mir, sondern ich war sie selbst. Ich hatte aufgehört, mich mittelmäßig, zufallsbedingt sterblich zu fühlen. Woher strömte diese mächtige Freude mir zu? Ich fühlte, daß sie mit dem Geschmack des Tees und des Kuchens in Verbindung stand, aber darüber hinaus ging und von ganz anderer Wesensart war. Woher kam sie mir? Was bedeutete sie? Wo konnte ich sie fassen? Ich trinke einen zweiten Schluck und finde nichts anderes darin als im ersten, dann einen dritten, der mir sogar etwas weniger davon schenkt als der vorige. Ich muß aufhören, denn die geheime Kraft des Trankes scheint nachzulassen. Es ist ganz offenbar, daß die Wahrheit, die ich suche, nicht in ihm ist, sondern in mir." Es heißt dann weiter, nachdem er sich seinen Gedanken über das Warum dieses Glückszustandes hingegeben hatte: „Und dann mit einem Male war die Erinnerung da. Der Geschmack war der jener Madeleine, die mir am Sonntagmorgen in Combray (weil ich an diesem Tage vor dem Hochamt nicht aus dem Hause ging), sobald ich ihr in ihrem Zimmer guten Morgen sagte, meine Tante Léonie anbot, nachdem sie sie in ihren schwarzen oder Lindenblütentee getaucht hatte. Der Anblick jener Madeleine hatte mir nichts gesagt, bevor ich davon gekostet hatte." Der Dichter schildert dann eindringlich, wie nunmehr die Erinnerung plastisch auftaucht: „Sobald ich den Geschmack jener Madeleine wiedererkannt hatte, die meine Tante mir, in Lindenblütentee eingetaucht, zu verabfolgen pflegte, trat das graue Haus mit seiner Straßenfront, an der ihr Zimmer sich befand, wie ein Stück Theaterdekoration zu dem kleinen Pavillon an der Gartenseite hinzu, der für meine Eltern nach hinten heraus angebaut worden war . . . usw."

Bei der *Befragung unserer Patienten* aber ergaben sich doch nach den meist als Fehlanzeige auslaufenden Angaben über die Reproduzierbarkeit des Geschmackssinnes eine Reihe von spontanen Darlegungen, die auf die große *Empfindlichkeit beim Schmekken* und auch beim „Abschmecken" hinwiesen. Hierfür einige Beispiele:

„Ich bin außerordentlich empfindlich gegen scharfe Gewürze. Gott sei Dank habe ich die Regie in der Küche und kann alles nur ganz schwach würzen. Zwar beklagen sich mein Mann und meine Kinder darüber, aber ich setze mich durch. Mein Mann sagt immer, wir kriegen hier offensichtlich Krankenhauskost wie bei einer guten Nierendiät."

„Den süßen, fast bitteren Geschmack von Honig vertrage ich nicht. Er lähmt geradezu meine Zunge und ich empfinde diesen Geschmack so intensiv, daß es mich quält. In der Schule hat man mich schon oft geärgert und unter Marmelade etwas Honig gemischt. Ich habe das sofort gemerkt."

„Den Geschmack von Erdbeeren finde ich so umwerfend schön, daß ich von morgens bis abends Erdbeeren essen könnte. Dieser Geschmack ist so intensiv. Es ist eine eigentümliche Art von Süße, die ich mir auch sofort ganz lebendig vorstellen kann. Dann tritt die Erinnerung von unbeschwerten Tagen im Sommer in unserem großen Garten für mich auf. Ich merke dann auch, daß ich fast den Geruch der Erdbeeren wahrnehme, die unter leichter Holzwolle abgedeckt vor der Sonne geschützt waren und immer so eigentümlich warm rochen."

„Ich kann nur bei mir zu Hause essen. Sämtliche Speisen, die mir in Restaurants angeboten werden, sind für mich zu intensiv. Sie schmecken alle so scharf. Wenn ich unbedingt einmal irgendwo eingeladen bin oder ausgehen muß, so bestelle ich meist einen Kinderteller, weil dieser weniger gesalzen ist."

5.1.3. Der Gehörssinn

Nach der Behandlung des rezeptiven Oralsinns in den letzten beiden Kapiteln überprüfen wir jetzt den Gehörssinn in seinen Empfindungswerten bei Sensiblen. Über die Bedeutung des Hörens für die Entwicklung des menschlichen Wesens haben *Tellenbach, Burckhardt* und *Strauss* Entscheidendes ausgesagt. Das Hörende muß erst erlernt werden, und das Kind empfindet erstaunlich schnell die feinen Nuancen im Ausdruck des Erwachsenen, die Nuancen des Drohenden oder Begütigenden. Das Kind spielt sich selbst schnell auf alle feineren Tönungen ein, und Gehör und Sprache sind, wie *Tellenbach* sagt, Sinne der Nähe und des Intimen, denen das Kind auch traut. Töne als solche nahen rasch, erreichen und erfassen uns, füllen den Raum und sind schon entschwebt. Sie haben, wie *Strauss* sagt, etwas Plötzliches. Das Gehör ist ein Aktualorgan, der Laut ist da mit der Gewalt des „Jetzt", die Lokalisierung ist von sekundärer Bedeutung, oftmals ist sie schlechthin wesenlos. Als Hörende sind wir immer dem Augenblicklich-Einmaligen, Unwiederholbaren hingegeben.

Die unabdingbaren Verzahnungen von Gehör und Sprache sollen jetzt nicht Inhalt unserer Überlegungen sein. Wenn wir unsere Patienten selbst hören, ob sie sich bestimmte akustische Eindrücke vorstellen können (z. B. Rasseln des Weckers, den schrillen Pfiff einer Lokomotive u. a.), so antworten sie nach wenigen Sekunden des Ekphorierens dieser Vorstellungsgruppen sehr schnell mit Ja und schließen dabei sehr bald eine Reihe von Erinnerungen an lästige oder belästigende Gehörseindrücke an. Fast immer berichten sie mit deutlichen Unlustgefühlen und Unlustbehagen über praktische

Beispiele aus dem Alltag, in denen ein Geräusch — wie eine Patientin sagt — „wie drei Geräusche auf einmal" empfunden wird:

„Wenn es draußen klingelt, wenn das Telefon geht, wenn der Wecker geht oder ein Messer in der Küche zu Boden fällt, schrecke ich zusammen. Das Geräusch ist grausam laut. Ich bin körperlich gepeinigt und ich muß noch einmal sagen, ich schrecke so zusammen, als müßte ich alle Viere an mich ziehen und dem Geräusch gegenüber mich schützen."

„Wenn in unserem großen Haus eine Tür knallt, erschrecke ich bis aufs Mark. Es kommt mir wie ein Donnerschlag vor. Ich habe schon veranlaßt, alle Türen in dem Altbauhause abzudichten, aber es nützt nicht viel. Wenn irgendwie Zugluft entsteht, knallen doch alle Türen zu. Wenn mein Hausmädchen in der Küche ein Messer schärft, durchfährt es mich, als würde man in mich hineinschneiden. Wenn meine Kinder mit einer Blechdose klappern, könnte ich — es ist mir peinlich, es zu sagen — sofort auf sie zuschlagen, weil ich dann so gereizt und gepeinigt bin."

„Wenn Autos an meinem Hause vorbeifahren und — da die Straße etwas ansteigt — in einen anderen Gang einschalten, kracht es häufig, besonders bei Fernlastern und ich erschrecke. Ich habe mich nie daran gewöhnt, obwohl es ein ständig bleibendes Geräusch ist und mich schon Jahre begleitet. Immer fährt es wieder durch mich hindurch. Andere Hausbewohner — und wir sind 12 Parteien — empfinden das gar nicht, sondern lachen über mich. Ob die anderen Mieter wohl gar kein Gehör haben? Wie schrecklich, so empfindlich zu sein."

„Jegliches Geräusch aus meiner Umwelt kommt mir doppelt laut vor. Wenn ich an einem Sägewerk vorbeigehe, wenn ein Dampfer tutet, eine Nebelkrähe plötzlich hochsteigt, immer erschrecke ich. Zu Hause trage ich nur noch Watte oder Wachs in den Ohren. Meine Familie darf nur in Pantoffeln herumlaufen. Allerdings empfindet meine Familie das auch nicht als Schikane, sondern weiß, daß ich so empfindlich bin. Ganz harmlose Dinge, wenn z. B. mein kleiner Junge 2 Streichhölzer aneinanderreibt, kommen mir schon so dröhnend und laut vor, als würde einer ganz stark mit Schmirgelpapier umgehen."

Wir sehen, daß alle *Gehörsempfindungen,* die stark nachempfunden werden, mit dem *Gefühl* des „*Mißtons"* einhergehen, *quälend* und teilweise mit Schreckreflexen empfunden werden.

Man muß also davon ausgehen, daß hochsensible Patienten dieser Art unter einer ständigen „Lärmbelästigung" leben und in der Tat ist es so, daß bei besonders hörempfindlichen sensiblen Persönlichkeiten Unruhe, Gereiztheit, Nachlassen der Aufmerksamkeit, Verminderung der Leistungsfähigkeit, gelegentliche Angstgefühle in der Form beobachtet werden, wie wir es sonst aus den gründlichen Untersuchungen der Arbeitsmedizin und Arbeitspsychologie kennen *(Lehmann)*. Hier wie dort ist es dabei so, daß vor allem hohe Töne als sehr lästig und unangenehm empfunden werden *(Laird* und *Coyce)*. Weiter wird auch bei unseren Patienten, ähnlich wie bei Arbeitspersonen und Versuchspersonen unter experimenteller Geräuschkulisse angegeben, daß Geräusche (Bandenspektren) negativer bewertet werden als Klänge (Linienspektren). Wir sehen ja auch, daß sensible Patienten durchaus ein starkes musisches, positiv gestimmtes Empfinden haben und durchaus einer Harmonie von Klängen gegenüber extrem aufgeschlossen, ja sogar in besonderer Tiefe erlebnisfähig sind.

Dieser *Faktor des* ausgesprochen *Unangenehmen* bei der Überempfindlichkeit des Gehörssinns ist für unsere späteren Überlegungen (thalamische Affizierbarkeit, Entordnung und Hyperästhesie der sensiblen Afferenzen) von Bedeutung.

Deshalb ist es auch wichtig, darauf hinzuweisen, daß Versuchspersonen oder Patienten in einem glücklichen *Rauschzustand* (z. B. Meskalin) ihre jeweils auch vorhandene Überempfindlichkeit im akustischen Bereich als positiv und eben glückhaft empfinden. Aus der Monographie von *Beringer* über den Meskalinrausch sei zitiert: „Die wahrgenommenen Geräusche klingen sehr laut und sehr melodisch. Alle Sinne können und wagen mehr zu genießen, das Gehör, wenn Musik (sogar z. B. von einem Geiger auf der Straße) gehört wird, und sogar der Geschmack ist anders und intensiver als früher." Wir sehen, daß hier also neben einer Überempfindlichkeit gegenüber Geräuschen auch eine allgemeine Steigerung des Vorstellungsvermögens hervorgerufen wird, die eine gewisse Leichtigkeit und glückhafte Verklärung zeigt. Wir werden auf diesen Punkt noch zurückkommen, insbesondere auf die Steigerung in der ästhetischen Genußfähigkeit, wenn wir uns mit dem optischen Sinn beschäftigen.

Eine ähnlich positive und auch bewußtseinserweiternde Einstellung finden wir auch bei Selbstschilderungen von *Blinden*. Besser wohl als jeder Patient dieses zu formulieren vermag, hat *Rilke* in einer präzisen Erfassung des Phänomens des Blindseins dieses ausgesprochen:

„Und mein Gehör war groß und allem offen.
Ich hörte Dinge, die nicht hörbar sind:
Die Zeit, die über meine Haare floß, die Stille, die in
zarten Gläsern klang, und fühlte: nah bei meinen Händen
ging der Atem einer großen weißen Rose."

Diese beiden positiven Beispiele (aus dem Bereich der Rausch-
szene und aus dem Bereich des Funktionswandels eines Sinnes-
organes) sind leider die einzigen, die man aus dem psychologischen
und psychopathologischen Rahmen zitieren kann. Sonst bleibt ein
starkes und lästiges Erleben des Gehörssinns letztlich doch das
Prävalierende.

Ganz allgemein darf davon ausgegangen werden, daß es der
grundsätzlichen Mentalität des Menschen schlechthin entspricht,
relativ geräusch- und lärmempfindlich zu sein. Eine Ausnahme
bilden — wie oben schon erwähnt — harmonische Klänge oder auch
rhythmische Geräusche. Sonst aber gilt — besonders auch für den
denkenden Menschen — der historische Satz von *Schopenhauer,*
daß der Mensch „mit den Augen im ewigen Frieden, mit dem Ohr
im ewigen Krieg" lebt.

5.1.4. Der Gesichtssinn

Der Gesichtssinn, der gesamte optische Bereich, hat fast seit Men-
schengedenken in Wissenschaft, Kunst und Literatur eine so breite
Darstellung erfahren, daß man sich hier einen Epilog jedweder Art
sparen kann. Es sei — um in der Gegenwart zu bleiben — auf die
große Spannbreite der Studien jüngster Zeit verwiesen, die von medizinischer Seite *(Tellenbach, Strauss, Burkhardt),* von medizinisch-
psychologischer Seite *(M. Koch)* und auch von verhaltensbiologi-
scher Seite *(O. König)* festgehalten sind. Besonders der letztgenannte Autor hat in einer ganz souveränen Form und aus einem umfassenden kulturethologischen Aspekt heraus „das Urmotiv Auge"
dargestellt und hierin auch den Schlüssel zum Verständnis vieler
menschlicher Aktionsbereiche gefunden. Der Mensch ist seiner Meinung nach ein „Augentier", in seinem Hang zum optischen Erleben
wie auch in seinen Fähigkeiten zum Gestalten, Interpretieren und
Bewerten. In der Tat ist es so, daß sich dem Gesichtssinn der weite
Horizont der Welt öffnet, der Gesichtssinn hilft aber zugleich wie
kein anderer Sinn, Grenzen und Linien zu finden und die Welt zu

gestalten. Diese Funktion im Dienste der Orientierung und der Objektivierung der Welt ist schon von *I. Kant* angesprochen worden, der ihn sicherlich nicht zu Unrecht den Objektivsten unserer Sinne nennt. Der Mensch beherrscht gemeinhin sein Gesichtsfeld in solcher Weise, daß er sich selbst die tätige Rolle zuspricht: er richtet seinen Blick, er hält ihn fest oder läßt ihn los. In der Tat ist nur so eine Überforderung des gesunden Gehirns durch optische Reize, die ja in einer Überzahl in der Umwelt angesiedelt sind, möglich. Es würde sonst — wie *Ludwig Klages* es einmal gesagt hat — die Klammerkraft der Seele überfordert.

Bevor wir aber zu den Befragungen unseres Patientengutes übergehen, sei doch noch auf den Begriff der *eidetischen Phänomene* hingewiesen (vgl. die Studien von *Ziolko*), jene Fähigkeit, ziemlich mühelos optische Anschauungsbilder wieder an sich vorbeiziehen zu lassen, ja oft jene unglückliche Fähigkeit, diese in einem langen intrapsychischen schleppenden Verfahren wieder als „Nachbilder" sehr eindringlich und störend vor sich zu sehen. Diese eidetische Fähigkeit kommt bevorzugt in der Kindheit vor und nimmt dann etwa vom 6. Lebensjahr wieder ab, um kurz vor der Pubertätszeit noch einmal eine Häufigkeitsakme zu erreichen. Sie verliert sich dann, persistiert aber bei manchen Personen und kann unter verschiedenen Bedingungen erneut manifest werden.

Eidetische Bilder werden häufig mit einer großen Exaktheit wiedergegeben, gelegentlich nur formal in der Größe quantitativ verändert. *Darwin* hat solche optischen Anschauungsbilder bei einem Freund beobachtet: „Einer meiner Freunde hatte eines Tages sehr aufmerksam einen kleinen Stich, die Madonna mit dem Jesuskind darstellend, betrachtet. Indem er sich aufrichtete, sah er zu seinem Erstaunen am Ende des Zimmers die Gestalt einer Frau in natürlicher Größe mit einem Kind auf dem Arm. Die Figur glich genau der im Bilde." Die eigentlichen eidetischen Phänomene sind aber dadurch gekennzeichnet, daß ein vorgestelltes oder wahrgenommenes Objekt ohne dessen Vorliegen in sinnlicher Deutlichkeit reproduziert werden kann. Es sind sogen. subjektive Anschauungsbilder mit dem Charakter realer Wahrnehmungen, ohne daß ihnen reale Sinneseindrücke zugrunde liegen. Diese kleine Einlassung in das Prinzip der Tendenz zu eidetischen Phänomenen ist sinnvoll, weil wir bei unseren gleich näher zu beschreibenden Patienten in einem hohen Prozentsatz eine besonders exakte Tendenz zum optischen, eindringlichen, sehr realistischen Nachempfinden von Bildern meist auch in Farbe fanden.

Bei der Bitte an unsere Patienten, sich bestimmte Dinge *optisch vorzustellen,* gelang es mühelos und eindringlich, z. B. einen auf dem Tisch liegenden gedachten Apfel in der Vorstellungswelt zu realisieren. Er wurde meist auch mit sachlichem Kommentar, fast protokollartig nüchtern beschreibend erklärt („Ich sehe den Apfel liegen, überwiegend grün, aber mit einer roten Backe, der Stiel, leicht nach rechts gebogen, sieht heraus. Der Apfel ist knackig, frisch"). Genauso plastisch und farbig konnte die Vorstellung realisiert werden, es würde z. B. ein blauer Milchwagen um die Straßenecke der Straße kommen, an der der Patient jeweils im Dorf oder in der Stadt wohnte. Die Patienten schilderten auch hier eigentlich sehr resolut plastisch und immer ganz undramatisch, also nicht mit übertrieben darstellenden Nuancen ihre „Geschichte": „Ich sehe die Dorfstraße vor mir, das Kopfsteinpflaster; ein ziemlich alter Milchwagen mit blauer Farbe mit klappernden Milchkannen fährt langsam um die Ecke. Er fährt, langsam größer werdend, an mir vorbei und verschwindet, von mir aus links gesehen, wieder in einer Nebenstraße."

Auch etwas unrealistische Empfehlungen zu einer optischen Vorstellung, z. B. daß ein Pferd in die geöffnete Tür des Untersuchungszimmers hineintreten würde, werden mühelos angenommen und auch optisch schnell nachempfunden. Vorstellungen kinästhetischen Inhaltes werden grundsätzlich schneller realisiert.

Aber auch sehr ähnlich wie bei den anderen Untersuchungen zur Vorstellungsfähigkeit Sensibler erfolgt meist spontan ein Gespräch darüber, daß eine Überempfindlichkeit gegenüber bestimmten Farbeindrücken besteht.

„Ich habe eine große Aversion gegen gelbe Gegenstände, wenn ich z. B. ein Buch mit knallgelbem Umschlag (ich denke an das Witzbuch über Vater und Sohn) im Zimmer sehe, muß ich es sofort wegräumen oder abdecken. Die grelle Farbe stößt mich ab, zwingt mich dann aber auch immer wieder hinzusehen. Ich könnte nie in einer Wohnung sein mit grellgelben Vorgängen. Fernsehreklamen mit starkem Gelb stoßen mich ab."

„Würden Sie bitte, Herr Professor, das Buch mit dem ungenehmen roten Rücken (rote Liste einer Arzneimittelfirma) vom Tisch nehmen oder freundlicherweise zudecken. Diese Farbe stört mich entsetzlich. Ich kann dann nicht so gut und entspannt sprechen, wie ich es möchte."

„Ich bin ganz empfindlich gegenüber grünen Stoffen, sie stören mich furchtbar. Besonders, wenn eine Frau eine grüne Feder am Hut trägt, könnte ich sie ihr abreißen."

„Gelb und orange empfinde ich als so unangenehme intensive Farben, daß ich z. B. mir weder Zitronen noch Apfelsinen kaufe, obwohl ich sie furchtbar gerne mag. Meine Familie leidet zwar darunter sehr, aber meine Familie ist geduldig. Sie weiß auch, daß ich ganz schreckhaft bin bei gelbem Natrium-Licht z. B. oder wenn ein gelber Blitz am Himmel ist. Nicht der Donner läßt mich schreckhaft zusammenfahren, sondern die grellweiße Farbe."

Eine sehr sensible Patientin, bei der die Nachbilder — auch hier in gelb — einen quälend zwanghaften Charakter angenommen hatten, schildert:

„Ein bestimmtes Gelb einer Tür aus einer Fabrik, in der ich früher 12 Jahre gearbeitet habe, verfolgt mich geradezu. Dieses Gelb ist mir immer vor Augen, ich muß immer an dieses Gelb denken; ich kann gar nicht mehr abschalten. Es war so ein eigentümliches schmutziges Gelb. Jeder hält mich für verrückt, wenn ich so etwas erzähle. Überhaupt bin ich sehr empfindlich gegenüber Farben."

Die *Betonung des Lästigen* und *Unangenehmen,* ja teilweise Quälenden wird hier bei diesen Überempfindlichkeiten gegenüber optischen Angeboten sehr deutlich. Ähnlich wie schon bei den Gehörssinnempfindungen geschildert, werden Veränderungen der Farbintensität und der optischen Eindrücke bei *Rauschzuständen* viel positiver empfunden. Es darf hier wieder aus *Beringer*s Arbeit über den Meskalinrausch zitiert werden:

„Die Farben werden überhaupt leuchtender." — „Die Farben der Flächen sind intensiver." — „Die Farbe entsprach der Erfahrung, kam doch leuchtender heraus. Das Weiß der Wolken, das Grün der Bäume hatte frischere, blühendere Farben." — „Das Moos war von leuchtendem Smaragd, von unbeschreiblicher Schönheit, von einer Gehaltsfülle der Farbe, daß ich irgendwie an Goethes Märchen von der grünen Schlange denken mußte."

Ein anderer Patient im Alkoholrausch: „Diesen blauen Store zu betrachten, schien mir wunderbar . . . Nicht, weil es so schön, sondern weil es so lebendig und eindringlich war, verloschen vor dem Blau des Stores, alle Farben, die ich vom Tage meiner Geburt bis zu dem Augenblick, als ich mein Getränk hinunterschluckte, vor Augen gehabt hatte . . . Ein alter Schaffner erschien und bat um unser Billet. An den silbernen Reflexen auf den Metallknöpfen seines Rockes konnte ich mich nicht sattsehen."

Eine unserer Patientinnen mit einer exogenen Psychose nach jahrelangem Mißbrauch pervitinhaltiger Appetitzügler schwärmte glückhaft: „Wenn ich die Kühe sehe auf der Weise, so sind sie von einer wunderbaren violetten Farbe umgeben, obwohl ich natürlich weiß, daß die Kühe — wie seit altersher — schwarz aussehen. Aber ich bin glücklich dabei und genieße diese wunderbaren Farben . . . „Unser Nachbar war umgeben von einer wunderschönen grünen Glocke in Pastellfarben . . ."

Bollnow hat ausführlich in seinem Werk über das Wesen der Stimmungen die Steigerung der ästhetischen Genußfähigkeit geschrieben, in der sich die Menschen im Rauschzustand in einer sonst nicht geahnten Sinnhaftigkeit fühlen.

Es kommt fast mit Übergängen zu dem Erlebnis der Offenbarung eines bisher verschlossenen Geheimnisses, so etwa, wenn man folgende Stelle noch einmal aus einem im Meskalinrausch erlebten beglückenden Harmoniezustand zitieren darf: „Dann achtete ich nur noch auf die Wiese, ich sah jedes Gras, jeden Halm, es war klar, daß dieser Halm just dort stehen mußte, sich so neigen, diesen kleinen Schatten werfen, sicher freute die Erde sich ungemein über diesen kleinen Schatten. Ich sah eine Fülle einzelner Pflanzen . . . Mit dem Sehen setzte ein packendes, starkes Erleben ein, in jeder Pflanze glaubte ich das Leben selbst zu erleben, wenn nicht zu sehen, das geistige Vorbild, nach dem sie sich entfalten müßte, den Rhythmus des Wachsens, ihre Urform. Und je weiter ich in die Wiese sah, umso klarer wurde mir der geistige Plan eines jeden Gewächses, die große Harmonie der ganzen Wiese."

Diese Eskalation der Erlebnisintensität einer Empfindung, die fast schon zu Verwandlungen des Realitätsbewußtseins mit Übergängen in das echt Psychopathologische führt, läßt sich am besten abschließen mit der ganz kurzen Zeile, die der Dichter *Ungaretti* in eine feine sprachliche Miniatur verdichtet hat: „Ich erleuchte mich durch Unermeßliches."

5.1.5. Der Tastsinn

Die somatische Sensibilität und insbesondere taktile Reize werden von manchen Autoren als wichtiger Faktor für die Entwicklung adäquaten affektiven und sozialen Verhaltens beschrieben. Eine Reihe guter Beispiele dazu bietet die Verhaltenslehre. So konnte nachgewiesen werden *(Harlow)*, daß für Affenkinder der enge körperliche Kontakt zur Mutter wichtiger ist als das Stillen von Hunger und Durst. Die Möglichkeit, die Mutter zu fühlen, erzeugt in den jungen Affen ein Gefühl der Sicherheit und des Vertrauens, die Nähe der Mutter stellt einen Hort der Zuflucht dar. Man kann in Grenzen sicherlich auch auf menschliche Kinder diese Ergebnisse *Harlows* übertragen. Es finden sich hier Beispiele mit umgekehrten Vorzeichen aus dem Bereich der Erscheinungen des Hospitalismus von Kindern, die in einer extrem stimulationsarmen Umwelt ohne Hautkontakte mit ihren Bezugspersonen aufwachsen. Wir finden bei diesen Kindern – ähnlich wie bei Summoprimaten bei Unterdrückung des körperlichen Kontaktes zum Muttertier – die Tendenz zu Störungen im Sexual- und Sozialverhalten mit Aggressivität, mit Antriebsschwäche, Bewegungsstereotypien und der Tendenz zur geringeren Nahrungsaufnahme.

Die Bedeutung des Tastsinnes liegt aber letztlich in seiner doppelten Eigenschaft, einmal werden auf den afferenten Bahnen die Mitteilungen aus der Umwelt den entsprechenden cerebralen Abschnitten zugeleitet, auf der anderen Seite hat der Tastsinn etwas Aktives, wenn er die Umwelt betastet. Es ist also ein sehr kommunikativer Sinn. Das Greifen der Gegenstände führt zum „Begreifen". Die Aufladung der Dinge mit Tastsymbolen ist eine der wichtigsten Aktionen, die dem Menschen helfen, die Dinge in die Hand zu bekommen. Während die Ratio anderen Sinnen gegenüber mißtrauisch und verschlossen ist, schreibt *Burkhardt*, gibt sie den Sinnesqualitäten, die mit dem Anfassen, Abtasten und Greifen etwas zu tun haben, einen fast unbegrenzten Kredit.

Was nun wieder die *Prüfung* der *Vorstellungsfähigkeit* in taktiler Hinsicht bei den Sensiblen betrifft, so steht es außer Frage, daß gerade das Vorstellen taktiler Reize (z. B. eines Nadelstichs oder das Gefühl eines trockenen, brandigen Schmerzes auf dem rechten Oberschenkel durch Berührung mit einem heißen Bügeleisen) für jeden noch so Gesunden schwer zu realisieren ist. Auch selbst die sensiblen geprüften Personen haben hier ihre Schwierigkeiten. Doch kommt fast mit einer gewissen Finalzacke immer die Antwort zustande.

Wie fast immer bei den Prüfungen der Vorstellungsfähigkeit sinnlicher Vorstellungsgruppen schlossen sich hier Gespräche meist spontaner Art über die erhöhte Empfindlichkeit gegenüber taktilen Reizen an.

„Schon ganz bißchen Zugluft ist mir, gleich ob im Sommer oder im Winter, so unangenehm auf der Haut, daß alle in meiner Familie schon Bescheid wissen und rufen Türen zu, Fenster zu usw. Ich habe auch meinen Arbeitsplatz so gesetzt, daß selbst bei geschlossener Tür und geschlossenem Fenster kein Luftstrom entstehen kann. Ich sitze also in einer etwas toten, dunklen Ecke, aber meine, da keinen Luftbewegungen ausgesetzt zu sein."

„Die Nähe von Menschen ist mir nicht sympathisch. Wenn ich in einem Geschäft bin und man steht in einer Schlange eng aneinander, habe ich direkt Zustände. Aber leider geht es auch innerhalb der Familie so, wenn mein Mann mich auf der Haut berührt, es ist mir unsympathisch, obwohl wir uns gut verstehen und eine gute Ehe führen. Es ekelt mich einfach an, ich mag nicht an meiner Haut berührt werden. Eine noch so wohlgemeinte Berührung läßt mich erschauern und über die ganze Haut rieseln. Das einzige sind meine beiden kleinen Kinder, bei denen ich dieses Gefühl nicht habe."

„Ich habe wirklich keine Angst vor kleinen Tieren und mich stören weder Spinnen noch Regenwürmer, Käfer und andere Tiere, aber meine Haut darf nicht berührt werden. Sowie irgendein Tier, sei es auch nur ein harmloses Insekt, das nicht sticht, auf der Haut sitzt, durchfährt es mich einfach. Ich habe das Gefühl, als sitze ein schwerer Gegenstand auf der Haut. So empfinde ich auch ganz kleine matte Berührungen schon sehr stark. Ich könnte niemals mit meinem Mann untergehakt gehen, ich muß nur ganz lockere, leichte Kleidung tragen, obwohl ich nicht etwa allergisch bin gegen bestimmte Wollsorten oder gegen Waschmittel, aber alles muß auf meiner Haut ganz leicht zugehen; ein schwerer Pullover zieht mich schon fast in die Erde herunter."

Auch Gegenstände, die sonst durch ihre Griffigkeit und Geschmeidigkeit normalpsychologisch als angenehm empfunden werden, werden von sensiblen Personen häufig als abstoßend empfunden: „Ich könnte nie einen Pelz tragen. Wenn ich über Pelz streiche, dann habe ich ein Ekelgefühl, verbunden mit einem fröstelnden Gefühl. Dasselbe ist der Fall, wenn ich z. B. an einem Samtvorhang entlangstreiche. Ich könnte auch nie das Fell einer Katze oder das zottelige Fell eines Hundes anfassen."

5.1.6. Synästhesien

Unter Synästhesien versteht man aus dem Griechischen abgeleitet
Mitempfinden, d. h. das Hinüberwirken von Sinneseindrücken auf
andere nicht gereizte Sinnesorgane, z. B. das regelmäßige Auftreten
von Farbempfindungen beim Hören von Tönen und umgekehrt.
Synästhesien kommen auf fast allen Sinnesgebieten vor, und Menschen mit einer Neigung zu Synästhesien werden „Synästhetiker"
genannt. Sie finden sich unter den Sensiblen in besonders dichter
Form vertreten.

Es handelt sich praktisch um eine Art Übersprung eines intensiv
empfundenen Sinnesreizes auf einen anderen, etwa nach dem Prinzip, wie wir Übersprungsreaktionen in der Verhaltensbiologie auf
der Triebebene — von *Lorenz* ausgezeichnet beschrieben — kennen.
Hier kann es z. B. zum Übersprung gewisser Triebreaktionen kommen im Rahmen der Aggressionstriebe, der Sexualtriebe, der Nah-
rungstriebe, der Bewegungstriebe usw.

Synästhesien kommen dagegen nicht bei Menschen vor, die eine
relativ hohe Reizschwelle ihrer Empfindung haben, bei der also erhebliche Reizdosierungen gesetzt werden müssen, damit sie reagieren. Eine erhöhte Quote von Synästhesientendenzen bei Sensiblen
ist daher auch zu erwarten.

So schildern unsere Patienten:

„Wenn ich in einer Kunstausstellung vor einem Gemälde stehe, das
eine große Ruhe, Erhabenheit und festliche Getragenheit auf mich
ausströmt, z. B. im Wallraf-Richartz-Museum, ein sehr großes, schö-
nes Bild von Marc Chagall mit beeindruckenden Violett- und Rot-
tönen, dann höre ich praktisch, wenn ich vor dem Bild stehe,
ganze Cembalokonzerte von Bach abspielen. — Wenn ich aber vor
einem Bild stehe mit sehr modernen und teilweise etwas destruktiv
aggressiven Darstellungen, so höre ich Pop-Musik oder harten Jazz.
Umgekehrt geht es mir genauso, daß bei einer bestimmten Musik
bestimmte Farbtöne, weniger Bilder eigentlich, auftreten. Wenn ich
eine Bruckner-Symphonie höre und ganz entspannt im Vortrag da-
sitze, dann erzeugt diese Intensität der tiefen, düster und mela-
cholisch wirkenden Klänge eine braune Bildfläche, auf jeden Fall
eine braune Farbe ohne Konturen vor mir. Wenn ich dagegen ein

ganz zartes Spiel auf dem Spinett, z. B. ein Stück von Scarlatti höre, dann sehe ich ganz lustige, frohe Farben, die meist ins Gelbliche oder sogar Weißliche gehen, vor mir, manchmal auch Silber- oder Goldfarben."

„Farben haben für mich bestimmte Gerüche. Wenn ich eine rote Farbe sehe, so rieche ich einen Karottenduft, wenn ich eine grüne Farbe sehe, werde ich an Paprika erinnert und rieche die Paprika auch ganz intensiv, so wenn sie 2 Stunden weichkochen und einen intensiven Geruch im Raum versprühen. Bei der Farbe Gelb schmecke ich intensiv einen Honiggeschmack, also süßlich, und zwar von einem Honig, der schon relativ stark verzuckert ist. Ich spüre dann direkt den zuckrigen Honig auf der Zunge."

Diese Beispiele mögen hier genügen. Sie ließen sich pausenlos vermehren. Die Tendenz zu Synästhesien ist sehr ausgeprägt in der Dichtung. Hier darf als klassisches Beispiel *Jean Arthur Rimbaud* zitiert werden, der zwischen dem 14. und 19. Lebensjahr ein umfassendes lyrisches Werk schrieb und der in einem Gedicht die Vokale mit Farben belegt. Dieses Gedicht sei hier wiedergegeben:

Die Vokale

A: schwarz, E: weiß, I: rot, Ü: grün, O: blau –: Vokale,
ich bin schon Eurer dunklen Herkunft auf der Spur.
A: schwarzer Panzerglanz der Fliegen, vom Azur
herab im Sturz zum Aas der Gräbermale
. . . Ü: grüne Wiese, Seetang auf den Meeren,
der Friede satter Herden und die Ruh
uralter Weisen aus den Morgenländern.
O: Orgelton bis zu den Wolkenrändern,
befreit von allen Erdenschweren.
Omega: blaues Kinderauge, Du!

Diese Verbindung von Buchstaben und Farben ist häufig ausgeprägter bei Sensiblen zwischen Zahlen und Farben, so z. B. bei einer unserer Patienten:

„Die Zahl 2 hat für mich seit ewigen Zeiten schon eine gelbe Farbe, die Zahl 7 eine blaue, und zwar eine hellblaue. Die Zahl 8 ist ewig schon für mich rot und die Zahl 9 braun, die Zahl 10 – warum weiß ich nicht – hat immer eine weiße Farbe mit etwas Schwarz."

Durchmustert man die Literatur der modernen Lyrik oder der darstellenden Prosa, so findet man in Hülle und Fülle hier *Synästhesienbildungen in der Sprache,* wobei man sicher ohne Übertreibung davon ausgehen darf, daß auch das Empfinden der Schreibenden selbst dieser Tendenz zu Synästhesienbildungen nahekommt.

Ein Dichter, bei dem diese Synästhesien so vordergründig sind, daß sie eine breite Erwähnung in einer pathobiographischen Untersuchung *(Spoerri)* gefunden haben und ein Dichter, von dem wir auch wissen, daß seine Sensibilität das Maß der Norm bei weitem überschritt, ist *Georg Trakl.* Auch hier sind die optisch-akustischen Synästhesien am häufigsten vertreten. Dafür ein paar Beispiele: „Tönendes Grün und Rot", „blaues Bild, das unter Bäumen tönt", „leise der Flug der Vögel tönt", „Bläue seltsam verstimmt". Es fließen aber auch Tastsynästhesien in visuelle und akustische Wahrnehmungen ein: so härtet sich grau der Himmel, zittern, flattern Orgelklänge, Weibliches wird von Resedenduft umspült. Sowohl akustische wie visuelle und schließlich Bewegungsempfindungen sind synästhetisch verquickt in Sätzen wie „in heiliger Bläue läuten leuchtende Schritte" oder „die Schritte ergrünen leise im Wald".

Von *Faulkner* („die Hintertür ging auf und das Zwielicht streunte herein wie ein violetter stummer Hund") über *Ilse Aichinger* („leise knistert die Dunkelheit . . .") könnte man die Reihe unvermindert fortsetzen bis zu Dichtern der jüngeren Zeit (z. B. *Andreas Okupenko* in seinem Gedicht Grüne Melodie, *Wolfgang Meyer* in seinem Gedicht Teltoffkanal u. a. — alle entnommen dem Buch von *Wolfgang Weyrauch,* Neue Expeditionen, deutsche Lyrik von 1960—1975

Das Entscheidende dieses Kapitels soll aber weniger die Beschreibung von Synästhesien in der Literatur sein, denn hier wird ja von den jeweils Schreibenden eine Wiedergabe von Empfindungen erst sekundär (und ohne primäre Außenreize) vollzogen — auch wenn man das Vorerleben solcher Synästhesien doch wohl unterstellen muß. Hier sollte mehr aus den Schilderungen unserer Patienten ersichtlich gemacht werden, daß unter dem Überdruck eines Sinnesreizes ein anderer Sinnesreiz plötzlich mitgerissen wird. Das Wesentliche und Interessante ist dabei, daß eine solche Synästhesie nicht als unangenehm empfunden wird, während ja sonst bei den sensiblen Persönlichkeiten Einzelreize in den jeweiligen Fällen als quälend und lästig aufgenommen werden. Hier fanden wir in den Beschreibungen auch immer eher die Haltung eines Menschen, der durchaus ganz gern über eine kleine originelle Seite seines Wesens spricht und die Tendenz der Verbindung zweier Sinneseindrücke als eine Bereicherung, nicht aber als eine Überforderung oder Zumutung auffaßt.

Gerade die letzte Feststellung leitet m. E. zum nächsten Thema über, nämlich zu der Frage, wie weit kann man überhaupt eine Sinnesempfindung und ein Reizreaktionsverhalten aus der jeweiligen Situation künstlich, wie in einem Experiment, herausnehmen. Hier hat schon *Glatzel* mit Recht darauf hingewiesen, daß man sehr vorsichtig sein muß mit einer Formulierung, z. B.: „Überempfindlichkeit gegen Geräusche". Hinter dieser Formulierung, so schreibt *Glatzel*, „kann sich eine Reihe gänzlich unterschiedlicher Erlebnisse verbergen. Ihnen ist gemeinsam, daß akustische Wahrnehmungen als störend empfunden werden. Derselbe Patient aber, der an einer Überempfindlichkeit der Geräusche leidet, dem alles zu laut ist, wird unter Umständen und mit Vergnügen Zeuge eines ohrenbetäubenden Feuerwerks sein und inmitten der begeisterten Menge den Fußballverein seiner Heimatstadt anfeuern. Nicht das Geräusch also ist zu laut, es wird in dieser ganz konkreten Situation als zu laut, als störend empfunden. Die Aussage Überempfindlichkeit Geräuschen gegenüber sagt also gar nichts aus, wenn man nichts über Situation und über Situationsverständnis zum Zeitpunkt ihrer Feststellung weiß". In der Tat spielen ganz selbstverständlich die Umgebung, die Situation, die gesamte emotionale Einbettung gewissermaßen als Nährboden eine entscheidende Rolle, ob nun ein Außenreiz als extrem unangenehm oder — in einer ausgeglichenen und positiven Erwartungshaltung eingebettet — als eher vergnüglich und angenehm empfunden wird. Auch in unserem Material haben wir dafür eine Reihe von Beispielen, und in unseren Fällen wurde ja auf die Situationsschilderung immer ein großer Wert gelegt. So konnte derselbe Patient, der ein klanglich relativ lautes Bruckner-Konzert genüßlich und unter Synästhesienbildung aufnahm, in anderen Situationen bei einem akustischen Sinnesreiz bis zum pathologischen Schreckreflex (vgl. Kapitel 5.1.7.) reagieren.

Die Abhängigkeit von äußeren Situationen bei der jeweiligen registrierten Empfindung hat *Tellenbach* in einer besonders eindringlichen Weise bei seinen Studien zum Oralsinn beschrieben. Diese Einlassung ist so überzeugend, daß sie hier im Text zitiert werden darf.

„Das Recht dieser Frage läßt sich an einfachen alltäglichen Erfahrungen nachweisen, zu deren Erklärung das bisher Erkannte nicht mehr genügt. So hat jeder Arzt, wie jede mit dem menschlichen Leibe und seinen Absonderungen befaßte Person, die Erfahrung gemacht, daß man in der Ausübung des Berufes den Ekel vor

Gerüchen verlieren kann. Die Aversion stellt sich indessen wieder
ein, wenn man die Arbeitsstätte mit dem Privatbereich vertauscht
hat. Das schließt nun aber keineswegs Umstände aus, in denen es
erneut zu einem Wechsel der Einstellung kommen kann. Es kann
ja ein Feinschmecker einen Hautgout von Wildbret, der zweifellos
ein Verwesungsgeschmack ist, oder etwa den Fäkalgeruch von
Schnepfendreck geradezu genießen. Ein noch drastischerer Wechsel
der Einstellung kann sich im erotischen Bereich abspielen, wo es
nachgerade zu einer Inversion des Ekels kommen kann — worüber
sich G. *Kafka* in extenso ausgelassen hat."

Auch wenn wir hier unter Beachtung der Einbettung in die jeweilige Situation das Relative mancher Reaktionen auf Außenreize
erkennen, so bleibt doch die grundsätzliche Überempfindlichkeit
der Sensiblen gegenüber den einzelnen afferenten Einwirkungen
unbestritten und das deutlich Prävalierende.

5.1.7. Pathologischer Schreckreflex

Wie wir schon in den Schilderungen einzelner Patienten hörten,
wird auf plötzliches und unerwartetes, einfach überwältigendes Ein-
wirken eines starken Sinnesreizes (Knall, Blitz, Explosion, plötzliches
Angefaßtwerden), also auf akustische und taktile Reize hin, mit
Schreck reagiert.

Das Zusammenschrecken stellt hier einen phylogenetisch sehr
alten, unter der Stufe der triebhaften Abwehr stehenden Schutzreflex vom Typ des Beugereflexes dar, der bei manchen Tieren
physiologisch vorkommt, beim nicht hirnkranken Menschen zweifelsfrei durch sehr intensive unerwartete akustische und taktile
Reize ausgelöst werden kann.

Bei den sensiblen Patienten erfolgt der Schreckreflex sehr kräf-
tig, obwohl es sich ja um immer wieder vertraute Situationen
(Türenknallen usw.) handeln kann. Während sonst bei relativ bana-
len Schreckeinwirkungen rein physiologisch gesehen ein Lidschluß
erfolgt, eine Streckung des Kopfes und der Wirbelsäule, und die
sogen. Schrecksekunde eigentlich relativ kurz ist, erfolgt hier neben
diesen sozusagen „landesüblichen" Reaktionen ein richtiges Zusammenfahren, wobei es auch zu einer Flexion und Adduktion der
Arme und Beine kommt. Dieses ausgeprägte Zusammenschrecken
finden wir sonst gelegentlich bei einer organischen Schädigung

zentraler Apparate im Dienphalon oder Mittelhirn. *Duensing* hat sehr sorgfältig dieses Modell des Schreckreflexes und der Schreck-reaktion als hirnorganisches Zeichen bearbeitet. Doch schreibt auch *Duensing,* daß die Abgrenzung gegenüber den Reaktionen schreck-hafter Neuropsychopathen keine scharfe ist. Die erkrankte Struktur läßt sich nicht näher präzisieren. Jedenfalls bedarf diese Beobach-tung der Erwähnung, und wir werden später, wenn die Funktions-labilität zentraler cerebraler Apparate gerade bei den Sensiblen be-sprochen wird, darauf zurückkommen.

Fassen wir die Untersuchungsergebnisse bei Sensiblen im Hin-blick auf die Sinnesempfindungen zusammen:

Die Sinnesempfindungen sind Effekte der Rezeptorentätigkeit. Die untersuchten sensiblen Patienten nahmen Sinnesempfindungen ganz überwiegend intensiver und mit stärkerer affektiver Beladung auf. Bei der Vorstellungsfähigkeit sinnlicher Vorstellungsgruppen erfolgte eine relativ schnelle Reaktion.

Die Darstellung der verstärkten emotionalen Beteiligung bei Sinnesreizen erfolgte jeweils sehr sachlich, ohne demonstrative, insbesondere auch ohne verallgemeinernde Tendenz. Die Beschrei-bungen erfolgten präzise und mit fast protokollähnlicher Nüchtern-heit.

Die Reaktion auf einzelne Sinnesempfindungen wurden als quä-lend und lästig beschrieben. In vermehrtem Maße kam es zu Syn-ästhesienbildung. Diese wurde meist als angenehm und erleichternd empfunden.

Die Schreckhaftigkeit bei spontanen akustischen und optischen Reizen ging in einzelnen Fällen fast an die Grenze des sogen. patho-logischen Schreckreflexes *(Duensing).*

5.2. Die Persönlichkeitsstruktur

In diesem Abschnitt werden einzelne Eigenschaften behandelt, die sich im Umgang mit Sensiblen als zunehmend charakteristisch her-ausgestellt haben. Wir erheben natürlich keinen Anspruch auf Voll-ständigkeit und es sollen hier auch keine Signifikanten, sondern nur Akzente gesetzt werden.

Will man den Übergang vom letzten Kapitel zu diesem Abschnitt möglichst glatt vollziehen, so fällt es einem leichter, wenn man über die Worte Empfindungen und Empfindlichkeiten nachdenkt.

Es handelt sich hier nicht um eine beiläufige Wortspielerei, sondern es steckt dahinter ja, daß die Empfindlichkeiten im Grunde Beeinträchtigungen von außen durch erhöhte Sensibilität sind und sich in einer höheren Etage abspielen, nämlich schon mehr im Bereich des stärker gefühlsmäßig-emotional aufgeladenen Seelischen.

Empfindsam, empfindlich sind Worte, die auch im allgemeinen Sprachgebrauch dieses Gebiet anzeigen. Ähnlich wie die verschiedenen Außenreize im taktilen, optischen, akustischen Bereich usw. besonders diffizil und manchmal störend diffizil verarbeitet werden, so ist es nicht anders bei dem Wort, das den Menschen „trifft". Daß das Wort, wie man sagt, verletzend, schneidend, den Menschen treffen kann, ist geläufig und von *Hilde Domin* in ihrem Gedicht „Unaufhaltsam" besonders gut charakterisiert:

„Wo das Wort vorbeifliegt,
verdorren die Gräser,
werden die Blätter gelb,
fällt Schnee.

Das Wort ist schneller,
das schwarze Wort.
Es kommt immer an,
es hört nicht auf, anzukommen.
Besser ein Messer als ein Wort.
Ein Messer kann stumpf sein:
ein Messer trifft oft
am Herzen vorbei:
nicht das Wort."

Diese Situation — transponiert auf die hier zu untersuchenden Sensiblen führt zu dem, was man allgemein psychologisch als *Empfindlichkeit* bezeichnet. Die Empfindlichkeit gegenüber einem unglücklich verwandten oder insbesondere harten Wort ist sehr kennzeichnend. „Manchmal verletzte man ihn, ohne es zu wollen", sagt eine Freundin *M. Prousts*. „Wegen eines härteren Wortes konnte er die ganze Nacht über schluchzen", vermerkt *André Maurois* in seinem ausgezeichneten Werk „Auf den Spuren von Marcel Proust", auf das wir später zurückkommen. Von diesen Empfindlichkeiten gegenüber einem unglücklichen Wort sind die Sensiblen meist selbst sehr gequält. Sie empfinden oft kritisch und bei ihrem ja meist sehr geschärften Verstand genau die Ungerechtigkeit, die sie den anderen durch ihre Überempfindlichkeit zukommen lassen. Trotzdem können sie meistens nicht „abschalten" und verarbeiten schleppend und für sie selbst belastend das nun einmal gesprochene Wort. Sie gelten daher meist als nachtragend, und die Unauslöschbarkeit der Eindrücke, die sie einmal negativ registriert haben, tritt immer wieder in den eigenen Sätzen der Patienten hervor.

„Es ist mir selbst ganz schrecklich, daß ich so empfindlich bin. Meine Partner, gleich wer es ist, geben sich häufig alle Mühe, durch Worte alles wieder gut zu machen, aber es gelingt nicht. Das Wort hat einmal getroffen und es sitzt nun einmal bei mir fest. Ich schlafe dann mit dem Wort abends ein und wache damit morgens auf. Ich kann den Partner dann gar nicht ruhig ansehen, ich bin direkt neidisch, daß der andere dann jeweils in einer ganz unbekümmert frohen Stimmung schon wieder am Frühstückstisch sitzt und ich noch das Wort immer in den Ohren habe. Ein unglückliches Wort nimmt regelrecht Besitz von mir.“

Oder, „wenn mein Mann einmal mit mir schimpft, so prasseln die Worte direkt auf mich nieder, als wenn sie mich auf der Haut treffen würden. Ich zucke zusammen, wenn er, der er etwas cholerisch ist, mich anschreit. Ich weiß, daß er es gar nicht so meint, und in der nächsten Minute ist er schon wieder völlig friedlich und entschuldigt sich, bringt mir Blumensträuße und versucht immer wieder die Worte zu löschen, aber es nützt nichts. Ich habe den Eindruck, daß ich richtig gebückt gehe unter der Last der niedergeprasselten Worte.“

Hier kommt im übrigen in den beiden Passagen gut zum Ausdruck, daß ein Partner einmal gesprochene Worte durch Zurücknahme nicht wieder gutmachen kann. Das findet sich sehr knapp und gut wiedergegeben in dem schon oben zitierten Gedicht von *Hilde Domin* „Unaufhaltsam“ in der Textstelle „Du schickst andere Worte hinterdrein, Worte mit bunten, weichen Federn, Das Wort ist schneller, das schwarze Wort. Es kommt immer an, es hört nicht auf, anzukommen.“

Aus dem eigenen Erleben der Sensiblen über die Macht des Wortes läßt sich vielleicht ableiten, daß die Sensiblen meistens sehr überlegt und überlegen in ihrer Wortwahl sind. Das sind Fakten, die uns bei unseren Studien immer wieder aufgefallen sind. Eine Patientin bringt das sehr deutlich zum Ausdruck: „Ich möchte Worte im persönlichen Bereich manchmal gerne zurückhalten. Wenn man spricht, und meistens ja von Mensch zu Mensch, dann gibt man etwas aus seiner ganz persönlichen Intimsphäre frei durch das bloße Wort als solches. Man kann das Wort nicht wieder einfangen, es ist sozusagen verloren und ich kann es nicht wieder zurückholen. Manchmal habe ich das Gefühl, ich möchte wohl ein Wort sagen, dann verschlucke ich es aber wieder, und dann kommt das fast an Stottern erinnernde, abgehackte Sprechen zustande."

Wir sehen, daß die Sensiblen eine schwerblütige und eindringliche Verarbeitung eines Erlebnisses zeigen, wie auch sonst das Prinzip der *Nachdauer eines Außenreizes* prävalierend ist. Dazu kommt, daß sie ein Mißgeschick, gleich welcher Art, resignierend wehmütig verarbeiten und oft den Eindruck haben, daß nur sie und gerade sie so besonders vom Unglück betroffen sind. Sie erleben, ähnlich wie *Kraepelin* es einmal bei den Nervösen beschrieben hat, ein jedes Mißgeschick wie einen „Hammerschlag". In der Tat scheint es *manchmal* so zu sein, daß die Sensiblen in ihrer oft etwas hastigen, zaghaften, unsicheren Art auch im *Längsschnitt* ihres Lebens nicht immer sehr viel „Glück" haben. Das *Prinzip des „Glücklosen"*, wie wir es einmal hier ausdrücken wollen, zieht sich oft als roter Faden durch eine Biographie. Wir werden hier auch bei der Bearbeitung der Persönlichkeitsstruktur Sensibler mit der Tendenz zu Unfällen konfrontiert. Viele Sensible gehören in ihrer Art eigentlich zum sogen. Unfällertyp, bei dem ja Zaghaftigkeit, Entschlußlosigkeit, Labilität, Unsicherheit, Konfliktbereitschaft häufig als Nährboden angegeben werden.

Hierfür aus unserem Material einmal ein Beispiel, auch wenn dieses Beispiel die *Unfällertendenz* fast bis an die Grenze des Tragikomischen erkennen läßt.

Fall 3

P. Z., 30 Jahre, Angestellte. Außerordentlich empfindsame, selbstunsichere und zaghaft wirkende Patientin, die über sich selbst berichtete: „Ich halte mich selbst für einen etwas eigenartigen Menschen. Ich bin immer ein Einzelgänger gewesen, sehr empfindsam, außerordentlich leicht reizbar, ein unglückliches Wort brachte mich fast um. Ich habe immer meine eigene Welt gehabt, eine Phantasiewelt haben müssen. Ich habe mich als Kind schon in das Oberbett verkrochen und habe dort für mich alleine gespielt. Ich habe selten etwas mit anderen geteilt. Wenn ich einmal früher lebhaft war, in der Schule oder später im Beruf, so nur als Fassade, um mein eigentliches Wesen zu verbergen. Im Grunde zieht es mich zu einer extremen Einsamkeit, und ich beschäftige mich auch nur mit Literatur, die sich mit Problemen der Einsamkeit und des Alleinseins befaßt.

Neben dieser Eigenschaft, die ich so deutlich erkenne, daß ich geradezu sagen würde, ich würde mich nicht heiraten, fällt mir noch etwas anderes an meiner Lebensgeschichte auf. Immer, wenn ich mir etwas vornehme oder etwas in die Realität umsetzen möchte, werde ich krank oder es passiert mir etwas, es geht etwas schief, es kommt etwas dazwischen. Irgendwie ist wohl das Schicksal gegen mich. Zum Abitur kam es nicht ganz, zur Sportlehrerin kam es nicht ganz, zur konsequenten Ausübung der Bahnassistententätigkeit, die ich vorhatte, kam es nicht ganz, und schließlich gelingt mir jetzt auch nicht die konsequente Durchführung meiner Arbeit als Angestellte an der Bank. Alle Bindungen menschlicher Art, die ich eingehe mit Männern, die mir vielleicht zusagen, gelingen mir nur bis kurz vor einer eigentlichen Konsequenz. Bevor es zu einer Entscheidung von risikoreichem Gewicht kommt, passiert irgend etwas. Etwas geht immer schief. Ich hadere natürlich mit dem Schicksal und bin oft sehr verzweifelt."

In der Tat zeigte die objektive Vorgeschichte, daß eine „Unglücksserie" dieses junge Mädchen begleitete und sie immer wieder in ihrer Entwicklung bremste. Sie hatte zunächst eine unauffällige Kindheits- und Jugendentwicklung, galt als Kind etwas scheu, verhalten, ruhig, spielte auf dem Schulhof immer abseits, weil ihr alles zu laut war. Die Bindung an die Mutter, eine Frau von sehr starker beherrschender Note, war sehr stark. Da sie trotz ausreichender Leistungen sich von der Schulklasse abgelehnt fühlte und bei ihrer überempfindlichen Art auch bei den Lehrern auf Ablehnung stieß, ging sie vor dem Abitur von der Schule ab mit dem Wunsch, Sportlehrerin zu werden. Da sie noch nicht das 18. Lebensjahr erreicht hatte, überbrückte sie die Wartezeit mit einer kurzen Praktikantentätigkeit bei der Bahn. Beim Außendienst verletzte sie sich bei ihrer manuellen Ungeschicklichkeit und ihrer großen Ängstlichkeit vor rangierenden Güterwagen an einem Puffer. Sie mußte nunmehr den Beruf der Sportlehrerin aufgeben, blieb bei der Bundesbahn. Am Wochenende ging sie am Tage ungern nach draußen, weil sie die Menschen störend und belastend empfand. Sie betrat nur in der Dämmerung die Straße, weil sie sich dann sicherer fühlte. Sie wurde aber eines Tages in der Dämmerung von einer Gruppe randalierender Jugendlicher überfallen und trug eine Commotio cerebri davon. Einige frustrierende Liebeserlebnisse bei ihrer ausgeprägten Instinktunsicherheit ließen sie verzweifelt und gedrückt werden. Sie nahm eine Stelle bei der Bank an. In dem Appartement, in dem sie wohnte, entstand durch eine von ihr im Bett ausgedrückte Zigarette ein Zimmerbrand, der angesichts einer im Zimmer stehenden Kohlesäureflasche eine Explosion verursachte, so daß die Wohnungswand zur Nachbarin eingerissen wurde und ein Teil des Mobilars der Dienstwohnung verbrannte. Sie selbst erlitt Brandverletzungen, wurde in benommenem Zustand in eine Medizinische Klinik gebracht, dann in die Psychiatrische Klinik. Beim ersten Ausgang lief sie durch eine geschlossene Glastüre und mußte mit erheblichen Splitterverletzungen am ganzen Körper der Chirurgie übergeben werden. „Ich fühle mich manchmal wie die Pechmarie im Märchen. Es muß ja schließlich doch an mir liegen. Wenn jemand immer Pech hat, kann es ja nicht nur am Schicksal liegen, das sage ich mir selbst, obwohl ich natürlich ganz verzweifelt bin. Vielleicht bin ich einfach selbst zu nervös."

Wenn wir uns nach der Behandlung der verschiedenen rezeptorischen Bereiche nunmehr dem *Antrieb* und dem Gestimmtsein zuwenden, so muß zunächst terminologisch klar definiert werden, daß der Antrieb als das dynamische Moment anzusehen ist, das in alle motorischen, sensorischen und assoziativen Leistungen einfließt, diese erst ermöglicht und in seiner qualitativen und quantitativen Verschiedenheit zur individuellen Persönlichkeitsstruktur eines Menschen Entscheidendes beiträgt *(W. Klages)*. Neben den vielen Leitlinien und Spielregeln, die wir an anderer Stelle über den menschlichen Antrieb aufstellten, ist von Bedeutung, daß jeder Mensch im Laufe des Tages ein Antriebstagemuster hat, das man, wenn man will, sehr präzise experimentalpsychologisch erfassen kann. Aber auch bei der bloßen Befragung schildern unsere sensiblen Patienten meist übereinstimmend, daß der persönliche Schwung, das persönliche Eigentempo *im Laufe des Tages langsam nachlassen*. Es tritt recht früh eine Erschöpfbarkeit und Ermüdbarkeit ein. Die vielen Dinge des Alltags werden als ausgesprochene Zumutung empfunden. Vergleicht man diese Tendenz des Nachlassens aller organismischen Aktivität wie bei einer langsam auslaufenden Batterie mit den Typen des Antriebsverhaltens, die bereits bei verschiedenen Krankheitsbildern (hirnorganischen Bildern, endogenen Psychosen, Neurosen usw.) aufgestellt sind, so ähnelt dieses Prinzip am ehesten dem Antriebsverhalten bei physiologischer Ermüdung und damit ähnelt es gleichzeitig auch dem Prinzip der sogen. diencephalen Antriebsschwäche. Auch hier sollen einige Äußerungen vom Patienten wieder wörtlich zitiert werden:

„Durch die vielen Eindrücke des Tages bin ich abends so kaputt, daß ich froh bin, wenn ich mich zurückziehen kann. Ich kann dann auch kein Fernsehen mehr sehen. Mich stört jeder Krach noch mehr als am Tage. Ich bin froh, wenn die Dämmerung eintritt und Ruhe einkehrt."

Oder „Meine ganze Kraft ist zum Abend hin verbraucht. Der Lärm des Tages, die vielen Leute, die von mir etwas wollen, die vielen Menschen, die ich notgedrungen in meinem Beruf sprechen muß und die mich belasten, auch wenn ja alle Gespräche in ganz sachlicher Atmosphäre verlaufen. Ich bin froh, wenn es Nacht wird, ich kann wirklich nichts mehr hören und sehen. Wenn die Dämmerung da ist, dann empfinde ich auch die äußere Umgebung nicht mehr so grell, die Stimmen kommen mir dann nicht mehr so laut vor. Was mir gesagt wird, tangiert mich dann nicht mehr so. Ich fühle mich müde und schlapp, jedenfalls körperlich. Geistig kann ich oft noch wieder eine kleine Strecke in Gang kommen, um dann allerdings ziemlich kaputt mein Bett aufzusuchen." *M. Proust* ist auch hierfür ein gutes Beispiel, so schreibt *André Maurois:* „Auf dem Tisch, neben einer Petroleumlampe, deren sanftblondes Licht er liebte, Bücher und Papiere. Dort las er, wenn das elektrische Licht ausgeschaltet war und das Haus schlief."

Die hier angedeutete Vorliebe für die Ruhe des Abends, das Abblassen aller Außenreize und das Nachlassen eines stimulationsreichen Umweltgerüstes kommt auch noch in einer anderen Attitüde zum Ausdruck, die hier fast als kleine psychologische Delikatesse am Rande erwähnt werden darf: Fragt man sensible Patienten, welche Jahreszeit sie eigentlich aus ihrer persönlichen Mentalität heraus bevorzugen, so benennen sie meistens den Herbst.

„Ich könnte mich nie für den Sommer erwärmen. Die Hektik, die Unruhe, der Staub, der Lärm, die Leute, die in Urlaub fahren, die verschmutzten Straßen, das Schwitzen, nein diese Jahreszeit ist mir unangenehm. Dagegen der Herbst mit seiner einkehrenden Ruhe, dem ein bißchen wehmütigen Zug der fallenden Blätter, mit den blassen gelbbräunlichen Farben des Laubs, alles das liegt mir, dazu die angenehme kühle Temperatur, die auf der Haut wohltut. Alles läuft in einem etwas ruhigeren Gang. Die Menschen wirken auf mich nicht mehr so gereizt."

Wenn wir uns die engen Zusammenhänge zwischen *Antrieb, Stimmung* und Leistung vergegenwärtigen, und wenn wir in dieser Gedankenkette noch einmal auf die Stimmungen des Sensiblen eingehen, so sei im Sinne von *Heidegger* und *Bollnow* gesagt, daß die Stimmungen mehr der tragende Grund der Seele sind. Bei *Heidegger* nehmen die Stimmungen als „Befindlichkeiten" des menschlichen Daseins eine grundlegende Stellung in seiner Analytik des Daseins ein und eine seiner wesentlichen, wenn auch vielleicht für den Betrachter zunächst selbstverständlich klingenden Feststellungen ist, daß „das Dasein schon immer gestimmt ist". Das soll besagen, daß die Stimmungen nichts Äußerliches sind, was gelegentlich über den Menschen kommt und wieder geht, während sich der entscheidende Kern des Menschen unabhängig von diesen Stimmungen begründen ließe, sondern daß die Stimmungen als notwendiger und unentbehrlicher Bestandteil zum ursprünglichen Wesen des Menschen gehören und daß es auf keine Weise möglich ist, der Abhängigkeit von der Stimmung zu entgehen, etwa in einer rein theoretischen Haltung einen Standpunkt einzunehmen, dessen Blick von den Stimmungen nicht „getrübt" ist. Es gibt grundsätzlich keinen Zustand des menschlichen Lebens, der nicht schon in bestimmter Weise gestimmt ist. Auf dieser ersten Erkenntnis *Heidegger*s baut sich die zweite entscheidende Einsicht auf: Diese Schicht der immer vorhandenen Stimmungen bildet den tragenden Untergrund, aus dem sich das gesamte sonstige Seelenleben entwickelt und von dem es in seinem Wesen durchgehend bestimmt bleibt. Durch eine bestimmte Grundstimmung werden gewisse Erlebnisse möglich gemacht und gewisse andere wieder von vornherein ausgeschlossen, weil sie sich mit dem Rahmen dieser Stimmung nicht vertragen. Durch diese Grundstimmung werden alle einzelnen Erlebnisse in einer ganz bestimmten Richtung geleitet. Welche höheren Leistungen sich in der Seele entwickeln können, und die Art und Weise, wie sie sich entwickeln, ist von dem jeweils herrschenden Stimmungsuntergrund abhängig.

Dieser Zusammenhang ist auch von der psychologischen Forschung ausführlich verfolgt und bestätigt worden, und wenn wir jetzt wieder auf die zu untersuchenden sensiblen Patienten zurückkommen, so kann man sagen, daß die *Gesamtstimmungslage* sicherlich störanfälliger, labiler, verletzbarer ist und daß — für den Außenstehenden oft befremdlich — sehr *schnell* ein *Umschlag* von einer Stimmung in die andere erfolgen kann. Es kommen dadurch Züge zustande, die man im allgemeinen Sprachgebrauch gelegentlich als *launisch* bezeichnet. Diese vermehrte Störanfälligkeit läßt selten den Zustand einer großen Gelassenheit und Gleichgültigkeit, einer Ruhe und souveränen Sicherheit aufkommen.

Hier sei auf eine Verhaltensweise des Menschen hingewiesen, die recht gut geeignet ist, ja wie ein seelisches Fieberthermometer benutzt werden kann, um etwas über das Gestimmtsein und die Stimmung des Menschen auszusagen, das ist nämlich seine Neigung zum Humor. *M. Koch* hat in einer experimentalpsychologisch angelegten

Studie die konstitutionellen Varianten des Sinnes für Komik untersucht und die Ergebnisse sind doch so interessant, daß sie auch als
Basis für unsere Überlegungen benutzt werden können.

Zweifellos stellt der *Humor* zunächst ein Mittel zur Daseinsbewältigung dar und *Wellek* hat mit Recht darauf hingewiesen, daß
eine intellektuelle und auch gefühlsmäßige Begabung dazu gehört,
um Pointen überhaupt sehen zu können. Im Rahmen der konstitutionsbiologischen Analyse schreibt *M. Koch,* daß der Humor des
Zyklothymen nicht geplant ist. Das Humorvolle entwickelt sich
in seinen Geschichten von selbst, die Geschichten sind unkompliziert, schlicht beschrieben und der Erzähler selbst hat manchmal
schon ein schalkhaftes Blinzeln in den Augen. Die lustigen Stellen
werden mimisch vorbereitet, wie durch ein Signal, das den Zug an-
kündigt. Die schizothyme Persönlichkeit scheidet Witz und Realität
stark. Die Witze spielen sich in der Phantasie ab, das komische Moment entsteht oft geradezu aus dem Kontrast zwischen Phantasie
und Wirklichkeit. Die Mimik des Leptosomen steht beim Erzählen
des Witzes in starkem Kontrast zur pyknischen Mentalität, der
Leptosome — Schizothyme — verzieht keine Miene. Er hat einen
trockenen Humor. Der Form nach ist der Witz des Leptosomen
geschliffen, überlegt, pointiert knapp, er erzählt kein Wort zuviel.
Es findet sich geradezu ein wissenschaftliches Bedürfnis nach ener-
gischer Konzentration. Der Witz ist oft versteckt, hintergründig,
stark bearbeitet, es fehlt die liebevolle Wirklichkeitsmalerei, wie
wir es bei den Pyknikern finden. Auch die Ironie hat im leptosomen Formenkreis ihre feste Heimat. Wenn wir der feinsinnigen
Analyse *Bollnow*s folgen, erkennen wir, warum dies so ist. Die
Ironie ist nach *Bollnow* ein Selbstschutz des verletzlichen Ich gegen
Gefühle, die es aufwühlen und gefährden könnte. Der Witz der
Athletiker wirkt schwerfälliger, umständlicher, häufig plump, häufig ist es, wie ein Athletiker selbst von sich sagt, ein „Humor mit
dem Brecheisen". Grausamkeiten werden gerne eingebaut und die
Witze werden langatmig erzählt (Witze mit Finalzacke).

Auf der Basis der oben geschilderten Gesamtstimmungslage können wir bei den sensiblen Patienten eigentlich keinen ganz gelösten
poltrigen und jovialen Humor, wie bei Pyknikern, finden, auch
nicht ganz scharf und ätzend gegen die Umwelt abgeschossene
Pfeile, wie bei manchen leptosomen Witzen, sondern wir finden
meist Darstellungen unter der Ausnutzung der komischen Wirkungen des Kontrastes. Witze, die eine gewisse Situationskomik bein-

halten, werden daher bevorzugt. Ein geschicktes Umgehen mit der
Sprache ist dabei auch bei von Haus aus weniger gebildeten Sensiblen immer wieder auffällig. Zweifelsfrei beobachten wir bei Sensiblen auch wieder einen erheblichen *Zug zum Ironischen,* wobei
man in der Tat den Eindruck, daß Ironie und Spott eine Abwehr-
funktion und damit auch ein Mittel zur Daseinsbewältigung darstellen, nicht übersehen kann. Ja, es sind uns Fälle bekannt, in denen das Dasein nur noch in ironischer Form geführt wird. Aber
hier haben wir schon die ersten Fluchtformen aus der sensiblen
Mentalität und die ersten verzweifelten Gegensteuerungsversuche,
die uns bereits aus dem normalpsychologischen Rahmen heraustra-
gen. Diese Verhaltensweisen werden wir noch einmal im Kapitel
über die Psychopathologie aufgreifen müssen.

Es wäre nun der *Umgang mit der eigenen* erhöhten *Sensibilität*
zu besprechen. Sehen wir einmal von den harten psychopathologischen Entgleisungslinien ab (Kapitel 6.1–6.4), so gibt es im normalpsychologischen Bereich eigentlich zwei Verhaltensweisen – natürlich mit den entsprechenden Legierungen –, mit denen die Sensiblen sich auf ihre Empfindlichkeiten und Empfindungen einspielen.
Das eine ist die *Form des* etwas matt-müde, *resignierenden,* sozusagen ergeben hinnehmenden *Verhaltens.* Es kommt manchmal eine
etwas dekadent wirkende Müdigkeit zustande, die sich auch mimisch ausprägt und auf den Betrachter oft, und zwar letztlich fälsch-
lich den Eindruck des etwas Arroganten, Überheblichen vermittelt.
Diese dezente Leidenshaltung, die oft geradezu im Gesicht geron-
nen sein kann, läßt die empfindsamen Menschen bei ihrer Umgebung nicht immer sehr beliebt sein. Sie sind meist nicht die gebo-
renen Sympathiehamster. Das Stille trägt oft die Färbung des Freud-
losen.

Die zweite Seinsweise ist eine gewisse *Tendenz,* mit der eigenen
Sensibilität zu *kokettieren.* In diesen Fällen empfinden sich die Sensiblen als interessant, als überlegener, sie genießen, wenn man auf
sie Rücksicht nimmt, sie spielen manchmal direkt mit ihren Symptomen und können, wie *Kretschmer* es bei der Mentalität hysterischer Verhaltensweisen beschrieben hat, manchmal geradezu Teilhaber an den Geschäften ihrer Erkrankung sein. Züge dieser Art
entwickeln sich, wie wir später im Kapitel über die entwicklungsbiologische Seite sehen werden, häufig schon sehr früh, wenn besonders in einer Geschwisterreihe sonst problemlos angelegter Geschwister die Sensiblen von früh an in eine Sonderrolle hineinge-

raten. Uns sind Formen bekannt, in denen es über das Kokettieren mit den Symptomen regelrecht zu einem Kultivieren der Symptome kommt, Fälle, bei denen eine anfangs sicher zu Recht eingefahrene sonderlingshafte Attitüde nunmehr weitergezüchtet wird, obwohl die Grundempfindlichkeit gegenüber einem Außenreiz oder seelischen Reiz gar nicht mehr besteht.

Wir fanden dagegen keine Fälle, in denen aus einer tiefen Verzweiflung heraus über die sensible Veranlagung ein Suicidversuch oder ein Suicid durchgeführt wurde. Wenn es zu einem solchen kam, dann lag die Motivation nicht in der sensiblen Veranlagung, sondern es handelte sich um ein echt depressives Geschehen oder um eine Handlungsweise im Rahmen einer Psychose. Ganz offensichtlich hat der sensible Patient in ganz besonders starkem Maße die Tendenz, unter Hinzuziehung aller rationaler Mittel und Möglichkeiten seiner von ihm oft als quälend empfundenen Veranlagung Herr zu werden. Die verschiedenen Fluchtformen, die wir unten besprechen werden, insbesondere die Tendenz zu ausgeprägten Phantasiewelten, sind ja eine Art rationaler Gegensteuerung und vielleicht wird durch diese Kanalisierung der Affekte mancher wohl vor dieser schlimmsten Fluchtform, ein Problem durch einen Suicid zu beenden, bewahrt.

Was die *Sexualität* betrifft, so ist es vielleicht ganz nützlich, sich einmal in Bereichen umzusehen, die dem „sensiblen Menschen" in manchen Zügen zumindest ähnlich sind, den Bereichen des „gehemmten Menschen" *(Schultz-Henke)* und des „Nervösen" *(Kraepelin)*. Der erste zitierte Autor schildert, daß ja die Konflikte des Sexuallebens es letztlich waren, die beim Erforschen der Welt des gehemmten Menschen zunächst auffielen, und es findet sich in seinem Werk die schlichte Formulierung „der gehemmte Mensch ist u. a. auch sexuell gehemmt". *Kraepelin* hat bei seiner Schilderung des nervösen Menschen dargestellt, daß bei der nervösen Veranlagung regelmäßig das Geschlechtsleben eine große Rolle spiele. Es träte weit stärker in den Vordergrund der Lebensvorgänge als beim Gesunden. Gewöhnlich erwache der Geschlechtstrieb auffallend früh und mit großer Lebhaftigkeit, er führe sehr häufig von selbst oder unter freundschaftlicher Anleitung zur Masturbation, die dann ungemein hartnäckig zu wurzeln pflege und u. U. selbst neben dem regelrechten Geschlechtsverkehr fortgesetzt werde. In manchen Fällen würde bei den Nervösen sogar der Geschlechtstrieb zum Mittelpunkt des gesamten Seelenlebens, es entstehe das formenreiche Bild der sexuellen Neurasthenie.

Gemessen an diesen beiden Extrembeispielen kann davon ausgegangen werden, daß primär der Sexualtrieb und auch das Sexualstreben bei sensiblen Menschen völlig natürlich und normal vorgegeben sind. Was jedoch die praktische Seite betrifft, so kommt es sehr häufig bei Sensiblen zu Schwierigkeiten, weil sie sich im Sinne des Wortes nicht ganz entspannt „lassen" können. Die gesteigerte Reizempfindung wird zwar von vielen Patienten und Patientinnen als eine große Erlebnistiefe dargestellt und empfunden, auf der anderen Seite aber finden sich bei Frauen wie Männern in gleicher Weise Störungen des Sexualverhaltens, die sich aus einem mangelnden „sich fallen lassen können" und aus Unsicherheit und Zaghaftigkeit zusammensetzen, letzteres Charakteristika, die wir ja schon als den sensiblen Persönlichkeiten eigen oben besprachen.

Überblickt man die bisher genannten Charakteristika, so mag die Bilanz etwas trostlos sein. Danach besteht bei diesen Menschen eine erhöhte allgemeine Empfindlichkeit, eine Tendenz zur glücklosen Biographie, eine Stimmungslabilität, ein Pendeln zwischen Resignation und Überkompensation und es schein so zu sein, als ob hier der Zug einer negativen Wertung in die Beschreibung der Sensiblen hineingeraten würde. Das ist aber in keiner Weise der Fall. Auch *Kretschmer* hat sich bei der Schilderung seiner Konstitutionstypen immer außerordentlich bemüht, den rein beschreibenden sachlichen Protokollstil zu wahren. Er pflegte immer zu betonen, daß es in der Medizin grundsätzlich nichts Wertendes gibt. So ist auch der bisherige Teil der Darstellung rein beschreibend geblieben und ebenso beschreibend sollen auch die beiden nächsten Punkte sein, die der Erwähnung wert sind, weil sie sich einfach von so vielen ähnlich gelagerten persönlichen Verhalteansweisen und auch Krankheitsbildern wesentlich unterscheiden.

Das eine ist die stets *sachliche,* kaum zu Übertreibungen neigende Form der *Darstellung der einzelnen Beschwerden.* Man könnte erwarten, daß bei einer Serie oft so lästiger und belästigender Beschwerden die Tendenz zur Ausweitung ins Hypochondrische gegeben wäre. Man könnte annehmen, daß, wie wir es bei einer hypochondrischen Depression *(Sattes)* sehen oder bei chronisch-depressiven Erkrankungen, diese Persönlichkeiten nun angesichts ihrer Empfindungsintensität zu regelrechten „Virtuosen des Gefühls" werden und sich in einer hypochondrisch-depressiven Haltung einigeln, ja sich in die Arena der Trauer begeben. Selbstverständlich gibt es depressive Patienten, die erhebliche sensible Teilanlagen besitzen und bei denen ein hypochondrisches Bild auftritt, welches aber im Rahmen der Depression, und nicht in der primären sensiblen Teilanlage untergeht. Selbstverständlich gibt es auch eine tiefe Traurigkeit fast im Sinne einer Melancholie alter Art, aber nur passager und meistens auch im Verband mit anderen reaktiven Motiven.

Diese geringe Tendenz, die empfundenen Beschwerden in irgendeiner Weise zu verstellen und die große Haltung zur Wahrheitsfindung erleichterte auch uns in den Protokollen die jeweiligen Befragungen und brachte dadurch ein objektivierendes Moment, vor allen Dingen aber das Moment einer guten Vergleichbarkeit der von unseren Patienten gegebenen Antworten.

Ein zweites Charakteristikum, das nicht unbeachtet bleiben darf, ist, daß es sich bei unserem sensiblen Krankengut ganz überwiegend um gute bis sehr gute Schüler handelte, daß auch die erreichten beruflichen Positionen meist in intellektuell anspruchsvollen Ebenen lagen und daß schließlich — wie *Kraepelin* es so gut bei den Nervösen beschrieben hat — *sprachliche, dichterische, schriftstellerische* und *überhaupt künstlerische Veranlagungen* stark ausgeprägt waren. Sie trugen sicher auch zu der in den Protokollen immer wieder auffallenden guten Formulierungsfähigkeit der Patienten bei. Sie machen auch verständlich, daß in unseren Darstellungen sehr häufig parallel zu unseren untersuchten Sensiblen, seien sie nun krank oder gesund, dichterische Aussagen hinzugezogen wurden, und zwar dichterische Aussagen, die ganz offensichtlich zu einem überwiegenden Teil aus dem eigenen Erleben stammten und keine Fiktionen waren, die in die Rolle einer literarischen Gestalt gelegt wurden. So wurden des öfteren Aussagen von *M. Proust* oder *R. M. Rilke* schon miteinbezogen und in derselben Weise hätte man Passagen oder Selbstbeobachtungen von *Baudelaire, Kafka, G. Benn, Rimbaud, Trakl* u. a. zitieren können.

Ganz sicher fließt durch die erhöhte Sensibilität, sozusagen durch die diffizilen feineren Antennen, mehr an künstlerischen geistigen Informationen einer begabten Grundpersönlichkeit zu. Wenn diese das Glück hat und die äußeren Umstände ihr einfach gewogen sind, dann kann diese Sensibilität positiv Künstlerisch-Schöpferisches leisten und mit sicher großer und anhaltender Kreativität ausgelebt werden. Der „einfache Sensible" schlechthin ist aber gezwungen, diese positive Seite seiner Sensibilität, nämlich die erhöhte Erlebnisfähigkeit, zurückzuhalten, irgendwie zu kanalisieren, sie weiter passiv aufnehmen und sich also auch im Erleben rezeptiv zu verhalten. Die Anpassung an die Realität läßt große Sprünge nicht zu. Der einfache Sensible schlechthin, um diesen Ausdruck noch einmal so etwas pointiert zu benutzen, muß immer wieder mit dem Problem der Überwindung der großen Spanne fertig werden, die zwischen seiner hohen Sensibilität einerseits und der Realität andererseits mit nüchternen Fakten besteht. Für ihn ist das Leben und sicherlich auch der Auftritt in diesem Leben nicht immer einfach. *Ortega y Gasset,* der große spanische Philosoph, hat einmal gut gesagt „Wir haben uns das Leben nicht verliehen, sondern wir finden es erst im selben Augenblick, da wir uns selber finden, vor. Auf ähnliche Art würde sich einer jäh ins Helle gerissen fühlen, den man im Schlaf in die Kulissen eines Theaters gesteckt hätte und den man von hier aus mit einem Stoß, der ihn aufweckt, an die Rampe, vor das Publikum befördern würde . . . Die heikle Situation verlangt dann von ihm, daß er auf anständige Weise mit dieser Schaustellung vor einem Publikum, das er weder gesucht noch vorausgesehen hat, fertig wird." Diese Schaustellung — und das meinten wir mit anderen Worten oben — ist für die sensible Persönlichkeit ganz sicher schwieriger als für den weniger empfindsamen Menschen.

5.3. Entwicklungsbiologische Faktoren

Wenn man den sensiblen Menschen im Rahmen seiner gesamten Lebensgeschichte darstellen möchte, und wenn man besonders die schwierigen lebensgeschichtlichen Krisenpunkte, die nun einmal entwicklungsbiologisch vorgegeben sind, aufzeigen möchte, ist es unerläßlich, zunächst die entsprechende Lebensphase vom rein normal Psychologischen her gesehen und auch vom medizinisch-psychologischen Aspekt her darzustellen und dann erst jeweils die besonderen sensiblen Verhaltensweisen aufzuzeigen. Es ist somit dann eine sorgfältige Basis geschaffen, auf der das Verständnis der gerade so oder so gearteten Reaktionen einsichtiger wird. Diese Technik der Darstellung hat sich uns schon bei anderen Anlässen (*W. Klages,* Lebensalter und Psychose, *W. Klages,* Lebensalter und Neurose) sehr bewährt. Das Kapitel könnte also auch mit der Überschrift Lebensalter und sensible Reaktionsweisen etikettiert werden.

Der *menschliche Lebenslauf* besteht aus einer Vielzahl von Prozessen. Er ist Aufbau eines Organismus, Entwicklung und Reifung einer Persönlichkeit, er ist die Lebensgeschichte einer Person, das Schicksal eines Menschen und in vielfachen Fällen bedeutet eben auch Lebensgeschichte dasselbe wie Krankengeschichte.

Entscheidend bleibt immer der Aspekt, daß es sich stets um eine Entwicklung im Sinne des Wortes handelt und daß entwicklungspsychologische Faktoren zu berücksichtigen sind, ob es sich um einen Säugling handelt oder letztlich um einen älteren Menschen. Diese Entwicklung als solche bleibt bestehen, auch wenn von der Geburt bis zum Tode jedes Wesen durch Perioden des Wachstums und des Verfalls geht, deren Abfolge unumkehrbar und deren Ablauf allgemein gültig und stammesgeschichtlich determiniert ist. Die Ausgestaltung dieser schicksalshaft vorgezeichneten Lebensperioden ist jedoch von Individuum zu Individuum verschieden und wird in seiner Spielbreite von zahlreichen inneren und äußeren Faktoren beeinflußt. In dieser steten Wechselwirkung zwischen Anlage und Umwelt, zwischen äußeren und inneren Einflüssen, zwischen Gegebenem und Erworbenem, zwischen Vorbestimmung und Freiheit vollzieht sich die Entwicklung und Reifung des Menschen.

Wenn wir im folgenden diesen Entwicklungsgang in großen Zügen aufzeigen wollen, so halten wir uns an eine im medizinischen und psychologischen Sprachgebrauch übliche Phaseneinteilung. Diese Gliederung des menschlichen Lebens in bestimmte Abschnitte bedeutet jedoch keinesfalls ein starres System, zumal ein solches ja schon von vornherein allem Lebendigen widerspräche. Diese Gliederung soll vielmehr nur Anhaltspunkte geben für die erfahrungsgemäß in bestimmten Lebensphasen typischen und fast schicksalshaft sich einstellenden Konstellationen.

Es ist mehr oder weniger eine Ermessensfrage, wo man die einzelnen Lebensabschnitte, die von besonderem psychologischen Gewicht sind, beginnen und enden lassen soll. Es hat sich aber in der Praxis bewährt, die von *Künkel* und *Rümke* angegebenen Richtlinien zugrundezulegen. Es wäre demnach zweckmäßigerweise von 5 Lebensphasen zu sprechen:

1. von der Kindheit bis zur Pubertät;

2. von der Jugendzeit, die etwa vom 15. bis 25. Lebensjahr anzusetzen wäre;

3. vom frühen Erwachsenenalter, das etwa die Zeit vom 25. bis 40. Lebensjahr umfaßt[1];

---

[1] Einzelnen Passagen der ersten drei Abschnitte liegt eine Ausarbeitung von *I. Klages* zugrunde: Die menschliche Entwicklung, Reifungsphasen, Probleme und Krisenpunkte (unveröffentlichtes Manuskript).

4. vom mittleren Lebensalter, etwa vom 40. bis 60. Lebensjahr gehend und schließlich

5. vom höheren Lebensalter, das man etwa vom 60. Lebensjahr an beziffern kann.

Wenden wir uns nun zunächst der ersten Lebensphase zu:

Kindheit und Pubertät

Im Gegensatz zu allen höheren Säugetieren, deren Neugeborene als sogen. Nestflüchter mit schon weit ausgebildeten und leistungsfähigen Sinnesorganen zur Welt kommen, ist das menschliche Neugeborene ein hilfloses Wesen oder — um mit den Worten des Baseler Zoologen *Portmann* zu sprechen — eine physiologische Frühgeburt. Das ganze erste Lebensjahr des Menschen steht rein biologisch gesehen noch unter den typisch embryonalen Lebens- und Wachstumsbedingungen. Gleichzeitig aber, und das ist das Einmalige der menschlichen Entwicklung, steht dieses ganz unreife Menschenwesen bereits unter dem Gesetz des „Geschichtlichen", d. h. es ist schon für die Umwelt und alle ihre Einflüsse offen empfangsbereit. Mit diesem Sachverhalt haben wir bereits die immens wichtige Bedeutung des ersten Lebensjahres gerade in der menschlichen Entwicklung umrissen. Hier spielen auch die ersten Sinneseindrücke, die optischen, die akustischen und die taktilen Eindrücke eine ganz wesentliche Rolle und tragen hier schon zur Summation des ersten Erfahrungszuwachses und der ersten Engramme in der Gedächtnisanlage bei.

Während dieses ersten Lebensjahres oder der sogen. Säuglingszeit ist das menschliche Wachstum durch eine sehr intensive, bei anderen Lebewesen sonst nur embryonal zu beobachtende Massenzunahme ausgezeichnet, die auch im Gegensatz steht zur Langsamkeit aller späteren menschlichen Wachstumsvorgänge.

Drei bedeutungsvolle Ereignisse kennzeichnen nun vor allem die Entwicklung während des ersten Lebensjahres.

1. Der Erwerb der aufrechten Körperhaltung,

2. das Beginnen des Erlernens der Sprache und

3. der Übergang von der reinen Nachahmung zum einsichtigen Handeln.

An diesen drei großen Entwicklungsvorgängen, durch die der Mensch bereits etwa am Ende des ersten Lebensjahres über die höchste tierische Entwicklungsstufe hinauswächst, wird offenkundig, in welch hohem Maße die menschliche Entwicklung von allem Anfang an Phänomene sozialen Gepräges beinhaltet und wie sehr die menschliche Entwicklung von Anbeginn mitgestaltet wird durch die Tatsache des ständigen Umweltkontaktes. Hilfe und Anregung von seiten der Umgebenden, eigene schöpferische Aktivität und Drang zur Nachahmung formen in steter Wechselwirkung den menschlichen Entwicklungsgang und schaffen gleichermaßen mit an den Merkmalen des Leibes und der Seele.

Es bedarf nach dem neuesten Stande der modernen wissenschaftlichen Forschung kaum mehr des Hinweises, daß das Mutter-Kind-Verhältnis in dieser Phase von einer gravierenden Bedeutung ist, und wir wiesen schon im Kapitel 5.1.5 darauf hin, daß auch die Hautkontakte, die enge Berührung, die Aufnahme taktiler Engramme, die Gefühle des Vertrauens hier zur Entwicklung, zur Aktivität eines Kindes Wesentliches beitragen.

Zahlreiche vergleichende Untersuchungen über den Entwicklungszustand von Heim- und Familienkindern legen hierfür ein beredtes und ernstzunehmendes Zeugnis ab. Bereits eine verhältnismäßig kurze Trennung des Säuglings und Kleinkindes von seiner Mutter hat, wie wir aufgrund dieser Untersuchungsergebnisse heute wissen, überaus bedeutsame Folgen, denn diese Trennung des Kindes von der Mutter bringt fast immer ein Absinken des Entwicklungsstandes mit sich. Darüber hinaus sind, was besonders schwerwiegend ist, die einmal so entstandenen Entwicklungslücken nur langsam und unter Schwierigkeiten, manchmal überhaupt nicht mehr, auszugleichen.

Der *sensible Säugling* fällt meist dem Kinderarzt und auch dem Kinderpsychiater schon dadurch auf, daß er eine vermehrte körperliche Unruhe zeigt, leicht zum Zittern, Zappeln, Wälzen neigt, die Haare am Hinterkopf häufig abgewetzt hat, einen seichten Schläf hat, sehr leicht schon durch Geräusche aufzuwecken ist. Es fällt eine Schreckhaftigkeit auf optische und akustische Reize auf und es zeigt sich, daß beim bloßen Beklopfen der Bettunterlage beispielsweise schon ein Schreckreflex auftritt, der über den Rahmen einer ja auch in der Verhaltensbiologie geläufigen Schreckreaktion hinausgeht. Es kommt zu einem Zusammenzucken des Säuglings mit den Tendenzen einer „Vierfüßlerbewegung", d. h. daß alle vier Extremitäten spontan und schreckhaft bewegt werden, meist im Sinne einer Flexion und Adduktion der Arme und Beine, so wie sie von *Duensing* beschrieben wurden und wie wir sie auch bei sehr sensiblen erwachsenen Patienten zu sehen pflegen.

Einzelne Details, die wir auch bei primär nervösen Kindern zu sehen gewohnt sind, finden wir auch bei von Haus aus sehr sensiblen Säuglingen, z. B. relativ häufige, dem Gesamtvolumen nach nicht vermehrte Stuhlentleerungen, die Neigung, nach der Mahlzeit Milch hochzuwürgen, das Verhalten an der Brust mit einem gierigen Drauflosstürzen und mit einer unökonomischen Trinkweise, wobei relativ schnell die Intensität nachläßt und auch der Trinkrhythmus hektisch wird.

Bei Verhaltensbeobachtungen gewinnt man den Eindruck, daß Säuglinge dieser Art schon primär eine Labilität ihres afferenten Nervensystems mit auf die Welt bringen und es bewährt sich, diese Säuglinge vor zu starken Stimulationsreizen zu schützen. Schon früher hat *Degkwitz* empfohlen, sensible Kinder während des ersten Lebensjahres am besten in einem besonders ruhigen Zimmer unterzubringen und auch im 2. Lebensjahr ganz ruhig und entspannt mit sich selbst spielen zu lassen, weil sie dann einfach die Möglichkeit haben, die Außenreize selbst zu dosieren und ökonomisch mit der größeren Erschöpfbarkeit und schnell eintretenden Müdigkeit umzugehen.

Damit haben wir auch schon den Übergang zum 2. und 3. Lebensjahr, den Übergang zum eigentlichen Kleinkind oder Spielalter. Die reifenden motorischen Möglichkeiten und die wachsenden Gedächtnisleistungen eröffnen dem Kind nun einen immer breiteren Lebensraum, den es wahrnehmend und behaltend zu bearbeiten hat. Es ist dies eine Epoche der zunehmenden Antriebsentfaltung. Das Kind versucht, handelnd die Welt zu begreifen und kündigt in ersten Impulsen eigenen Wollens das Erwachen seines Selbst an.

Die etwa um den 3. Geburtstag liegende *erste Trotzphase* stellt eine erste labile Erregungsphase dar, die mit einem starken Aktivitätseinschuß einhergeht. Das Kind versucht nun, die sich intensivierenden Selbständigkeitsimpulse gegenüber der Umgebung durchzusetzen, sein wachsendes Selbstbewußtsein befähigt es erstmals, sein Ich zu erleben und gegenüber der Umwelt abzugrenzen. Während das Kind bisher von sich nur in der dritten Person sprach, vermag es nunmehr erstmals ich zu sagen.

Dieses sich selbst Bewußtwerden ist ein entscheidender Schritt in der menschlichen Entwicklung. Aus dem bisher noch undifferenzierten Teilhaber seiner Umwelt formt sich das in seiner Art einmalige und unverwechselbare Individuum; aus der Person entwickelt sich die Persönlichkeit. Mit diesem sich selbst Bewußtwerden tritt das Kind aber auch erstmals einen Schritt heraus aus dem Kreis seines bisher in sich geschlossenen, magischen Welterlebens. Es stellt sich der Welt bewußt gegenüber und begibt sich damit seiner bisherigen Geborgenheit und Sicherheit in dieser Welt; die vollkommene Harmonie des kindlichen Daseins mit Menschen und Dingen geht allmählich verloren, die ersten Dissonanzen klingen an, das rational orientierte disharmonische Welterleben des späteren Erwachsenen wirft bereits seine ersten Schatten.

In dem nun folgenden Vorschulalter setzt sich diese Entwicklung weiter fort, das Kind wendet sich immer bewußter der Welt zu und hebt sich in seiner Existenz immer deutlicher von ihr ab. Diese schärfere Trennung von innen und außen, von Ich und Umwelt, läßt das Kind zunehmend seinen eigenen Wert, die Bedeutung seiner eigenen Rolle erkennen und prägt sein Verhalten.

Gleichzeitig wachsen nun auch die geistigen Fähigkeiten. Das Kind vermag nun seiner Gedanken aktiv und zielgerichtet zu steuern, seine Vorstellungen erhalten deutlichere Konturen und bleiben langfristiger im Gedächtnis haften; das Handeln gewinnt die neue Note des Planes, die Interessen werden zunehmend sachbezogen und ausgerichtet auf die Erkenntnis von Ursache und Wirkung.

Diese Entwicklung in Richtung auf eine überwiegend rationale Welterfassung erstreckt sich nun nicht nur auf die dingliche Umwelt, sondern umfaßt das Wesen der eigenen Person ebenso wie das Wesen der anderen Menschen. So verlieren auch die zwischenmenschlichen Beziehungen im Zuge dieser allgemeinen Realitätsprüfung an gefühlsmäßigem Bedeutungsgehalt; das weiche und selbstverständliche Anlehnungsbedürfnis des Kleinkindes weicht der von Überlegungen und Erfahrungen mitgeformten Kontaktnahme.

So wird das magische Weltbild des Kindes unweigerlich immer stärker durchsetzt von sachlichen Kenntnissen und Erfahrungen und damit die Unbefangenheit des Kindes und sein Glaube an die Intaktheit des Daseins in zunehmendem Maße erschüttert und schließlich zerstört. Die Märchen verklingen, die Welt wird entzaubert, aus dem Kind erwächst zunächst zögernd, aber unaufhaltsam der Mensch, der forscht, prüfen und wissen will, der damit aber auch hineinge-

stellt ist in allen Zwiespalt und alle Widersprüche seiner mehr-
schichtigen Existenz und der später nur noch dunkle Erinnerungen
hat an jene glücklichen Zeiten der verlorenen Kindheit, da er „ganz
eins war" *(Rilke).*

Wenn wir einmal wieder aus unseren Erfahrungen im Umgang
mit *Sensiblen* deren Verhaltensweisen einblenden, so läßt sich sagen,
daß nach allen biographischen Erhebungen die sogen. erste Trotzphase im Schnitt nicht anders ablief als auch bei anderen Kindern.
Was aber Beachtung verdient, ist, daß der *Übergang* vom magischen
und märchenhaft verklärten Denken *zu* dem *an die Realität ange-
paßten Denken* außerordentlich *schwer vollzogen* wird und daß die
von Haus aus sensiblen Kinder häufig bereits kleine Inseln ihrer
Märchenwelt und Phantasiewelt übriglassen, die sie, wie wir später
hören werden, oft von Lebensphase zu Lebensphase hinüberretten.
Es bleibt die kleine Insel oder der Fluchtweg, auf den sie sich immer wieder zurückziehen. Damit ist nicht gemeint, daß die Kinder
relativ lange auch bis in die Pubertätszeit hinein oft „Schlaftiere"
oder infantil geprägte Objekte um sich haben, sondern weiter darüber hinausgehend bleibt die Phantasie häufig auch in Form sogen.
„Phantasiegefährten" erhalten, kleine erdachte Menschen, Figuren
oder auch Brüder und Geschwister, die im Grunde nicht vorhanden
sind, die aber in der Phantasie leibhaftig plastisch, farbig existieren.
Die nüchterne entwicklungsbiologische Tendenz zur Entzauberung
wird also nicht ganz glatt vollzogen.

Um das 7. Lebensjahr setzt dann mit dem *ersten Gestaltwandel*
eine Entwicklungskrise ein, die sowohl körperlich wie psychisch
deutlich in Erscheinung tritt. Es erfolgt eine beschleunigte Streckung
des Körpers bei gleichzeitig erhöhter Erregbarkeit. Da dieser erste
Gestaltwandel in der Regel mit der Einschulung zusammenfällt, läßt
sich oft schwer unterscheiden, wieweit hier entwicklungsbiologischen
und wieweit soziologischen Faktoren oder grundlegenden Veränderungen in der äußeren Lebenssituation das entscheidende Gewicht
zukommt. Auf dieser Wandlungsphase geht dann das Schulkind hervor. Das Verstandesleben übernimmt von nun an die führende Rolle.
Was bisher noch spielerisches Tun war, wird zur Aufgabe und
Pflicht. Die reale Welt wird endgültig integriert.

Für das *sensible Kind* ist hier weiter im Rahmen des ersten Gestaltwandels eine Passage gegeben, die nicht immer glatt verläuft,
weil mit dem Eintritt in die Schule und mit den — verglichen mit
den wenigen Bezugspersonen wie Nachbarkindern usw. — vielen

weiteren Kontaktpersonen auch schnell wieder eine Überforderung mit Außenreizen eintritt. Wir erleben hier das Mißverhältnis, das die Kinder beim Eintritt in das Schulalter häufig durch eine gewisse Frühreife, durch eine ausgeprägte intellektuelle Neugier auffallen, daß sie andererseits aber auch relativ *schnell erschöpfbar* sind und die Tendenz haben, sich nur mit wenigen Freunden oder Freundinnen in der Schule etwas näher zu liieren. Es fällt auf, daß das sensible Kind ausgeprägt zu Zuneigungen und Abneigungen tendiert, wobei wir der Auffassung sind, daß diese Tendenz eine Art Schutzreflex ist gegen den auch mit jeder neuen menschlichen Begegnung empfundenen Zumutungscharakter.

Die entwicklungsgeschichtlich im menschlichen Leben relativ krisenfreie Zeit vom 8. bis 12. Lebensjahr bleibt auch bei den sensiblen Kindern relativ „windstill". In dieser Periode des langsam kontinuierlichen Wachstums ist nur auf die gleichmäßige Zunahme des Lernzuwachses und des Erfahrungszuwachses hinzuweisen.

Nach der von einem durchaus noch positiven Lebensgefühl getragenen Vorpubertät folgt in gesetzmäßigem Ablauf zu Beginn der eigentlichen *Pubertät* zunächst eine *Phase der Verneinung* mit stärksten inneren Selbstzweifeln, mit Unlust und Ratlosigkeit, Trotz- und Launenhaftigkeit. Disharmonisch – wie Körpergestalt und Bewegungsablauf in dieser Zeit des zweiten Gestaltwandels – wird nun auch das gesamte Verhalten, das durch eine hohe Labilität, durch sprunghaften Wechsel zwischen entgegengesetzten Polen gekennzeichnet ist; Stärke und Schwäche, Wildheit und Schlappheit, Frechheit und Schüchternheit, Anteilnahme und Gleichgültigkeit, Aufgeschlossenheit und Ablehnung stehen oft schroff nebeneinander und charakterisieren die innere Unausgeglichenheit. Der Jugendliche erlebt erstmals die ganze Macht der Triebe und Gefühle und stößt ringsum an Grenzen, die ihn einengen; er protestiert gegen alle bisherigen Bindungen und empfindet dann plötzlich die ganze Trostlosigkeit der Vereinsamung; er verwirft alle bisherigen Werte und Ideale und sieht sich plötzlich einer erschreckenden Leere gegenüber.

Eingebaut in diesen Abschnitt der Protestphase ist als soziologischer Faktor von großer Tragweite die Ablösung von den Eltern.

Die hierauf folgende *zweite positive Phase* der Pubertät ist eine Zeit höchster Antriebsentfaltung oder – um mit *Bilz* zu sprechen – „eines höheren Wirtschaftsetats energetischer und emotionaler Art". Der Antriebsüberschuß kann sich in fast karikaturhafter Überzeichnung in unmittelbaren Drangzuständen, in völlig ungesteuerten Vitaltrieben zeigen, z. B. in impulsiver und überstürzter Befriedigung von Nahrungs-, Aggressions-, Sexual- und Zärtlichkeitsbedürfnissen. Daneben kommt es aber zu einer Intensivierung und Vertiefung des Gefühls, das dem Jugendlichen völlig neu und bisher unbekannte Dimensionen des Erlebens erschließt. Der junge Mensch wird von dem Ansturm der bisher nicht geahnten Gefühlskräfte erschüttert, wird zerwühlt und hin- und hergerissen von seinen Stimmungen, schwankt zwischen Trauer und Glück, Weltschmerz und Lebensfreude. Leidenschaftliche Hingabe an eine Idee, Begeisterungsfähigkeit für neue Werte und Ideale tragen von der Gefühlsseite her die geistige Entwicklung voran. Gewisse Versuche der Selbstdarstellung, z. B. in Tagebüchern oder Gedichten, sind oft das einzige Ventil für den Jugendlichen, sich von dem aufgestauten Innendruck zu befreien.

Wie laufen nun diese Ablaufphasen des puberalen Instinktwandels, die — wie *Kretschmer* sagt — in bestimmten Zeitspannen nacheinander gesetzmäßig abgewickelt und vollendet werden, beim *sensiblen Jugendlichen* ab?

Es lassen sich hier zwei Gesichtspunkte herausarbeiten: Zunächst fällt immer wieder auf, daß bei einem Großteil des untersuchten Materials die Jugendlichen weniger durch harte, verbitterte Protest- und Trotzreaktionen den Eltern gegenüber imponieren, sondern daß sie eher zu einer *persistierenden Elternbindung,* häufig auf die Mutter bezogen, neigten. Der sonst glatt ablaufende puberale Instinktwandel mit einer Tendenz zur physiologischen Distanzierung von den Eltern wird nicht übergangslos und unkompliziert vollzogen.

Das zweite ist, daß die Verarbeitung des starken gefühlsmäßigen Umbruchs, wie er in der Pubertät erfolgt und oben beschrieben ist, nicht etwa in der Tendenz zu aggressiven Entfaltungen oder zu verbalen und psychomotorischen Ausbrüchen erfolgt, sondern daß die *Pubertätszeit* meist recht *still* verläuft, allerdings unter einer intensiven Erlebnisaufarbeitung mit einem besonderen Tiefegrad. Sensible Patienten stehen sicher an der Spitze der Verfasser von Tagebüchern in jener Zeit, von Gedichten und auch — wie wir später sehen werden — von sehr ausgedehnten und oft scharf ans Pathologische angrenzenden Phantasiewelten. Über die inneren Erlebnisse, die gefühlsmäßigen Aufwallungen wird meist trotz der guten und persistierenden Bindung an die Eltern mit diesen wenig gesprochen. Die Tendenz, mit sich, mit dem Gefühl und der Welt allein zu bleiben, ist vorherrschend. Bei der Befragung sensibler Menschen über ihre Pubertätszeit wird diese Zeit meist als „Zeit ohne Geschichte", wie eine Patientin einmal gut sagte, erinnert. Diese Regel der fast geschichtslos ablaufenden Pubertät, die stumm bleibt im Hinblick auf starke gefühlsmäßige Ausbrüche nach außen, ist biographisch immer wieder charakteristisch und wir werden dieses immer wieder in verläßlichen Selbstschilderungen bei sensiblen Patienten finden.

Jugendzeit

Halten wir uns an die o. a. Einteilung in 5 Lebensphasen, so würden wir nunmehr die Jugendzeit behandeln müssen.

In der Jugendzeit, die wir vom 15. bis 25. Lebensjahr ansetzen, sehen wir zunächst noch die Ausläufer der Pubertät. Gerade die geschilderte positive Phase der Pubertät als eine Zeit fruchtbaren Aufbaus der Persönlichkeit und bejahender Eingliederung in die Umwelt zieht sich nicht selten noch über Jahre hin. Häufig finden wir gerade unter diesen Spätentwicklern geistig besonders differenzierte und begabte Menschen mit einem reichen Innenleben.

Die vordringlichste Aufgabe dieser Entwicklungsphase ist zunächst die *Lösung der sexuellen Problematik,* die Verschmelzung des seelisch-erotischen mit dem sinnlich-sexuellen Erleben. Enggekoppelt damit ist der oft ebenfalls noch in diese Lebensphase hereinreichende Vorgang der *Ablösung von den Eltern,* der sich ja normalerweise ganz gesetzmäßig vollzogen haben müßte, bei unseren sensiblen Patienten aber häufig in starke persistierende Bindung an die Eltern ausmündet. Eine solche bis ins Erwachsenenalter hineinreichende Abhängigkeit von den Eltern wirkt sich dann ungemein hemmend auf die gesamte Entwicklung, speziell aber auch die sexuelle Entwicklung aus und gestaltet die Partnerwahl äußerst schwierig, wenn nicht überhaupt unmöglich.

Neben der Lösung sexueller Problematik aber spielt in dieser Lebensphase die weitere *Reifung sittlicher Normen* eine Rolle. Es kommen erstmals auch die feineren sittlichen Momente zur Geltung wie z. B. das Verantwortungsgefühl, das Pflichtbewußtsein. Es sind jetzt die Voraussetzungen für eine Reifung und *Ausdifferenzierung* des *Gewissens* gegeben. Während bislang das Rechtsempfinden noch etwas durchaus Subjektives, auf das eigene Ich zentriertes war, gewinnt der junge Mensch nun allmählich auch Einsicht in die objek-

tiven Normen der Ethik und des Rechts, in die tieferen Zusammenhänge soziologischer und kultureller Strukturen und damit in die
Grundlagen der menschlichen Existenz schlechthin.

Im weiteren Lauf dieser Lebensphase wird sich der Jugendliche
im allgemeinen auch endgültig klar über seine eigenen Fähigkeiten
und Möglichkeiten, ebenso auch über seine Grenzen. Er verwirft
jetzt das Unerreichbare, wird in allem konkreter, meistert mit der
nunmehr stärkeren und nach außen gerichteten Aktivität die Probleme, vermag seine Lebensplanung voranzutragen, seine Berufs-
wünsche zu verwirklichen, er vermag schließlich auch die Partnerwahl vorläufig oder bereits endgültig zu treffen.

Hier in diesem Lebensabschnitt wird uns bereits ein wichtiges
Moment deutlich, das wie ein roter Faden durch das weitere Leben
gehen wird, die unabdingbare *Notwendigkeit des Verzichts,* der be-
wußten Beschränkung. Während dem Pubertierenden zumindest gefühlsmäßig und in seiner eigenen Vorstellung noch gleichsam alle
Türen offenstanden, während er noch keine Grenzen kannte und
glaubte, alle Schranken überspringen und „die Welt aus den Angeln
heben” zu können, muß sich der Mensch im späteren Jugendalter
entscheiden und damit gleichzeitig beschränken.

Was wieder die *Sensiblen* betrifft, so ist, wie schon zu entnehmen war, bei der persistierenden Elternbindung die *Schwierigkeit
zur Partnerfindung* außerordentlich groß. Wir erleben hier ähnlich
wie bei den infantil Retardierten biographischen Darstellungen, daß
ein Partner nur fast im Sinne einer autistischen Fernliebe auf großer
Distanz schwärmerisch verehrt wird, oder wir erleben sehr abrupte
instinktunsicher und unglücklich gesteuerte Entschlüsse zu Schnell-
bindungen, die dann nach kurzer Zeit wieder aufgehoben werden.
Oder wir erleben — und dies auch wieder erinnernd an die infantil
retardierten Persönlichkeiten — ausgeprägte Ambivalenzen, d. h.
also Haltungen zwischen einem Ja und Nein zum Partner, ohne daß
es zu verbindlichen Entscheidungen kommt. Dazu kommt auch vom
rein Sachlichen her, daß die Persönlichkeit des Sensiblen nicht immer sehr einfach zu nehmen ist und daß auch für einen „gesunden
Partner” ein diffiziles Einspielen auf den sensiblen Menschen erforderlich ist. Viele Partner halten diese Anpassung oder Einstellungs-
phase auf den sensiblen Menschen nicht durch, resignieren selbst
frühzeitig oder wissen in einer viel gröberen und weniger differen-
zierten menschlichen Haltung nicht, die positiven Seiten des „feinsinnigen” Menschen zu begreifen.

So sind die Biographien von sensiblen Persönlichkeiten angereichert von Verlobungen und Entlobungen, von kleinen und großen Enttäuschungen, von harten frustrierten Liebeserlebnissen, von Erlebnissen beschämender Insuffizienz auf sexuellem Gebiet, von Resignation und Verbitterung.

Die beiden anderen in diesem Abschnitt erwähnten und herausgearbeiteten Momente, nämlich das Moment der Reifung und Ausdifferenzierung des Gewissens und das Moment der Beschränkung, des Verzichts werden beide ohne große Schwierigkeiten von sensiblen Menschen genommen wie eine Hürde, die relativ leicht zu meistern ist. Hier ist es so, daß bei der sehr wachen scharfen Intelligenz und den viel stärkeren seelischen Auseinandersetzungen mit der Umwelt ein Empfinden für Recht und Unrecht, für „Gut und Böse" schon sehr bereit liegt und die rationale Ordnung dieser Bereiche relativ schnell gelingt. Ähnlich ist es mit dem Prinzip des Verzichtes. Auch hier ist häufig schon ein „tragisches Training" entstanden, weil in vielen Bereichen die Sensiblen zu Beschränkungen und Verzicht durch ihre Wesensart angehalten sind und sich auf diese Linie relativ früh einspielen.

Das frühe Erwachsenenalter,

das vom 25. bis 40. Lebensjahr zählt, ist für die ausgereifte Persönlichkeit eine relativ stabile Zeit. Sie kann weitgehend übersprungen werden, da sich in diesem Abschnitt auch für den sensiblen Menschen meist eine Lebensform eingespielt hat, die sich entweder in guten Kompensationen und Überkompensationen zeigt, in sorgfältig aufgebauten Rollen, in einem Verdrängen oder einem Kokettieren mit der Sensibilität oder schließlich in Fluchtformen, die in den Bereich des Psychopathologischen hinüberragen und dort besprochen werden müssen. Fast immer ist aber auch für den sensiblen Menschen dieser Abschnitt des Lebens relativ stabil und die klassischen Ziele dieser Lebensphase, nämlich die der beruflichen Entwicklung und der familiären Sicherung und Stabilisierung, werden durchaus angemessen vollzogen.

*Das mittlere Lebensalter (zur Psychologie des 5. und 6.
Lebensjahrzehntes)*

Der Beginn des 5. Jahrzehntes hat schon bei den Römern eine Art
Zäsur bedeutet. Hier begannen die volle Reifung, Geltung und
Würde bei Mann und Frau. *Schopenhauer* schrieb „Die geistige
Überlegenheit wird ihr entschiedenes Übergewicht erst nach dem
40. Lebensjahr geltend machen" und *Gottfried-Christoph Lichtenberg* meint „Nach dem 40. Lebensjahr kommt erst wieder ein voll-
endeter Zustand". Anfang der 40, führt *Künkel* aus, geht wiederum
eine Wandlung im Menschen vor sich und gewisse Vorboten kündi-
gen eine neue Häutung an. Vor allem sind in diesem Zusammenhang die jüngsten endokrinologischen sowie experimental-psycholo-
gischen Ergebnisse zu erwähnen, die von rein naturwissenschaftlich
medizinischer Seite darauf hinweisen, daß normalerweise in dieser
Lebensphase sowohl somatisch wie psychisch einschneidende Veränderungen auftreten.

Es liegt auf der Hand, daß man weder das mittlere Lebensalter
noch irgendeinen lebenszeitlichen Abschnitt überhaupt starr an eine
Zahl fixieren kann. Die individuelle Schwankungsbreite, die verschiedenen Maßstäbe in den einzelnen soziologischen Schichten und
die Unterschiede bei nördlichen und südlichen Rassen würden schon
von vornherein ein solches Schema im Ansatz verfehlt erscheinen
lassen. Man hat sich daher auch in der jüngeren Literatur davon
distanziert, vom Alter zu sprechen, sondern drückt in dem Wort
des seelischen und körperlichen Alterns den fließenden und nicht
begrenzten Vorgang aus. Wann man das Altern beginnen lassen will,
ist genauso eine Ermessensfrage wie die Frage der Einteilung in verschiedene Lebensphasen. Trotzdem muß eine zahlenmäßige Ein-
grenzung erfolgen, wobei das Benennen einer Zahl dann eben ein
Anhaltspunkt für entwicklungspsychologische und klinisch-somati-
sche Gegebenheiten ist. Das Nennen des Lebensalters bedeutet rein
klinisch-somatisch gesehen auch ein Maß für den jeweiligen gesamten Entwicklungszustand des zentralen Nervensystems, d. h. für
den Reifegrad des zentralen Nervensystems, soweit man von jüngeren und für einen gewissen Alterungsgrad des zentralen Nervensystems, soweit man von älteren Individuen spricht.

Es sind in erster Linie drei Gesichtspunkte, die sich für diese
beiden Jahrzehnte entwicklungspsychologisch herausarbeiten lassen
und die auch wohl den Meinungen der wenigen auf diesem Gebiet
arbeitenden Autoren gerecht werden.

Das erste und u. E. vordergründigste ist das Einsetzen einer *allgemeinen Antriebsminderung*. Wir verstehen, wie schon oben formuliert, unter dem Antrieb das dynamische Moment, das in alle motorischen, sensorischen und assoziativen Leistungen einfließt, diese erst ermöglicht und in seiner qualitativen und quantitativen Verschiedenheit zur individuellen Persönlichkeitsstruktur eines Menschen Entscheidendes beiträgt.

Man wird wohl annehmen dürfen, daß jeder Mensch wieder seine weitgehend individuelle relative Antriebsgröße hat, die für die Intensität des seelischen Geschehens ausschlaggebend ist und somit die psychodynamische Voraussetzung für die zahllosen, an die menschliche Persönlichkeit gebundenen seelischen Abläufe darstellt. Es ist dabei sichtlich, daß die psychische Energie verteilbar und verschiebbar ist und im Laufe der Lebensentwicklung bestimmten Interessensphären der Persönlichkeit vorzugsweise zur Verfügung gestellt wird und mit diesen mehr oder weniger feste Verbindungen eingehen kann *(Bürger-Prinz, W. Klages, Petrilowitsch)*. Diese grundsätzliche Gegebenheit der Verteilbarkeit des Antriebs und damit auch die vorübergehende Mobilisierung des Antriebes kann sehr leicht über die wirkliche Größe des Gesamtantriebes hinwegtäuschen. Daher läßt sich nur bei genügender Längsschnittbeobachtung eine Aussage über die wirkliche Antriebsgröße machen.

Ohne Zweifel setzt nun im 5. und 6. Lebensjahrzehnt eine allgemeine Antriebsminderung ein. Darin sind sich alle Autoren *(Künkel, Kehrer, Stern, v. Bracken, Schulte* u. a.) einig. Es kommt zu einer Art Schongang. Das Denken verliert an Fülle, wird dafür aber ökonomischer. Manche Umwege bleiben durch größere Erfahrung erspart. Der Mensch lebt rationeller. Dieses Nachlassen des Antriebs ähnelt in der Struktur am ehesten dem Nachlassen der Antriebsfunktion bei der Ermüdung und — ins Pathologische übersetzt — bei der diencephalen Antriebsschwäche. Dem entsprechen auch die Beobachtungen von *Kotsovsky,* daß die Ermüdungsphysiologie und die Alterspsychophysiologie Parallelen aufweisen.

Wenn man sich mit diesem Gesichtspunkt des Nachlassens des Antriebes in der zweiten Lebenshälfte vertraut gemacht hat, wird man auch nicht den Fehler begehen, die psychische Entwicklung im Alter als Ausdruck einer Extraversion aufzufassen. Das Gegenteil ist der Fall. Es kommt zu einer *Verstärkung der introvertierten* schizoiden *Komponente.* Fassungskraft, Umfang und Fülle der Interessen werden geringer, aber die Fähigkeit zur Erfassung des Wesentlichen — die Entfaltung des Denkens in der Tiefendimension — erfahren eine Steigerung. Diese Grundtendenz der Entwicklung in der Richtung mehr schizothymer Wesenszüge hat zuletzt *Stern* in seiner Monographie über den Menschen in der zweiten Lebenshälfte überzeugend darzustellen gewußt.

Die Wahrnehmungswelt, die assoziativen Leistungen, aber auch die Gefühlswelt machen eine Wandlung durch. Mit Recht betont *Schulte,* daß mit solcher Feststellung die Aufgabe des Psychiaters nicht beendet sei, da man den Konturen einer alternden Persönlichkeit durch das bloße Aufzeigen von Abbau und Mängeln nicht gerecht werden könne. Das gilt besonders für die jetzt von uns zu erfassenden beiden Jahrzehnte, in denen man ja noch keinesfalls von einem Abbau der Persönlichkeit sprechen kann, sondern von einer Art Umstrukturierung, so daß hier „Versagen und Gewinn" einander noch das Gleichgewicht halten. Die sich ergebenden positiven Möglichkeiten nun zu rechter Entfaltung zu bringen, ist in starkem Maße an die Persönlichkeit selbst gebunden; den richtigen Stil für sein Alter zu finden, hat aber immer einen bestimmten charakterologischen Reifegrad zur Vorbedingung. Die Zeit zwischen dem 45. und 55. Lebensjahr scheint nach *Stern* mit besonderer Häufigkeit dem Menschen den Beginn des Alterns vor Augen zu führen. Nach statistischen Umfragen *(Giese)* empfinden die meisten diese Veränderungen als Abstieg und werten sie somit negativ. Die Gestaltungsmöglichkeiten positiver Art werden von wenigen erkannt.

Diese *Tendenz zur Entwicklung nach innen* — wie man sagen könnte — prägt sich auch in den äußeren und situativen Verhaltensweisen aus. Die beruflichen Ziele sind erreicht, das ehrgeizige Vorwärtsstreben hört auf, man steht gewissermaßen auf einem Gipfel; „die energischen Willensäußerungen verlieren ihren Glanz und an die Stelle der Originalität tritt die Routine" sagt *Künkel.* Der bewußte Wille, der bisher der Angelpunkt des Lebens war, ist nicht erlahmt, aber gleichsam zu einer Fertigkeit herabgesunken. Die harten Züge des vorigen Lebensalters (4. Jahrzehnt) werden jetzt gemildert. Als Zeichen der gereiften Persönlichkeit treten Gelassenheit und Milde in den Vordergrund.

In diesem Abschnitt, in dem nun eine ruhige Gelassenheit dem fordernden und drängenden Charakter der Willensperiode Platz macht, erfolgt häufig eine stärkere und beseeltere Zuwendung zur Familie. Der Ehrgeiz für sich selbst hört auf. Die Arbeit wird nunmehr für die Kinder geleistet. Es erfolgt eine Einordnung in den ganzen Generationsablauf, in dem man sich nun immer weniger als einen besonderen Gipfel herausragen sieht, sondern als einen Teil des Ganzen. Diese beseeltere Zuwendung zur Familie setzt aber nicht nur eine berufliche Erfolgsseite voraus, sondern ist auch eng gekoppelt an eine wirklich charakterologisch durchgereifte Persönlichkeit. Wir werden noch sehen, daß hier entscheidende Ansätze für Krisenpunkte gegeben sind, wenn es an affektiver Wärme fehlt und wenn die Unfähigkeit zur inneren Einkehr und Selbstbesinnung eine ausgewogene „Nachreife der Persönlichkeit" verhindert.

Nun würde die sehr eingehende Besprechung der Psychologie des mittleren Lebensalters keinen Sinn haben, wenn sich nicht erfahrungsgemäß und völlig überindividuell einige klassische Krisenpunkte eigentlich in diesem Abschnitt immer wieder erkennen lassen, häufig mit solcher Gesetzmäßigkeit, daß man von einem festen entwicklungsbiologischen Gitter oder festen überindividuellen Regeln sprechen kann. Wir kommen damit zu den *speziellen Problemen und Krisenpunkten* dieser Lebensphase.

Wie schon betont, lehrt uns die Psychologie des 5. und 6. Lebensjahrzehntes, daß der Mensch beim Eintritt in die 2. Lebenshälfte zunächst ganz unmerklich in seinem Antrieb nachläßt. Leichte Ermüdbarkeit und Abnahme der Gefühlsstärke sind hier die ersten kleinen Markierungen am Rande des Weges. Mit diesem Nachlassen des Antriebs, das subjektiv meist von einem allgemeinen Wandel des Lebensgefühls begleitet wird, erfolgt auch meist die erste Konfrontation mit dem *Erlebnis des Alterns.* Es kommt zu einem Anhalten, zu einer Rückschau, zu einem Rechenschaftsbericht über das bisher Gelungene und Mißlungene, der Mensch bewertet sich selbst, zieht die Bilanz seines bisherigen Lebens, Geleistetes und Versäumtes, Gewinn und Verlust werden abgewogen. Eine gewisse Ernüchterung erfaßt den Menschen und läßt ihn illusionslos die Diskrepanz zwischen dem einst Erstrebten — und den oft hochfliegenden Hoffnungen — und dem nun wirklich Erreichten erkennen, verweist ihn auf die Mittelmäßigkeit seiner eigenen Situation, wie scheinbar des Lebens überhaupt. Um diese unvermeidbaren Probleme des mittleren Lebensalters — also Probleme auch der Desillusionierung — zu meistern, um ein neues und auch altersgemäßes Ziel zu finden, bedarf es nun einer weiteren Reifung der gesamten Persönlichkeit, und zwar im Sinne einer Entwicklung nach innen. Es handelt sich bei dieser seelischen Spätreifung um eine entwicklungsbiologische Phase von außerordentlicher Tragweite, deren Bedeutung wir nur eigentlich mit jener der Umbruchphase der Pubertät vergleichen können.

Bei der allmählichen Abkehr vom Äußeren wächst nun das Bedürfnis des Menschen nach innerer Einkehr und Selbstbesinnung, es wächst der Wille zur Selbstformung und -gestaltung. *Ortega y Gasset* hat diese Wandlung in seiner ja zeitlich gültigen Sprache einmal mit den Worten beschrieben: „Sich selbst zu gehören, ist das Gegenteil des hastigen Lebens, in dem die Dinge über unser hastiges Tun entscheiden, und mechanisch zu dem und jenem drängen, uns zum besten halten. Der Mensch, der er selbst ist, der sich selbst gehört, ist der, welcher über sich steht." Diese physiologische Nachreife, die mit dem 40. Lebensjahr einsetzt und die wir an anderer Stelle als eine *Verinnerlichung mit gewandelten inneren Wertsetzungen* dargestellt haben, stellt sich normalerweise mit einer erstaunlichen Regelmäßigkeit in diesem Lebensabschnitt ein und es hängen die Bewältigung und die Nichtbewältigung der Krisenpunkte des mittleren und höheren Lebensalters davon ab, ob diese Passage glatt vollzogen wurde.

Von besonderer Bedeutung ist nun jedoch, daß sich im Laufe dieser Persönlichkeitsentwicklung Züge herauskristallisieren, die sich zwar noch völlig im Bereich der Norm bewegen, die aber doch als entwicklungsbiologische Daten dieses Lebensalters festgehalten zu werden verdienen.

Da ist an erster Stelle noch einmal auf die weitere *Verstärkung der* schon oben angedeuteten *introvertierten,* also eher schizoiden *Komponente* hinzuweisen, die jetzt weitgehend unabhängig ist etwa vom rein somatischen und konstitutionsbiologischen Aspekt.

Zweitens ist die *Neigung zur Hypochondrie* zu erwähnen. Die Ursache hierfür sehen wir in der altersspezifischen Wandlung des allgemeinen Lebensgefühls. Dabei nehmen die Gefühle, die mit der Außenwelt verbunden sind, zunächst an Intensität ab, während die an die eigene Person geknüpften Gefühle am längsten erhalten bleiben. So erleben wir hier Entwicklungen zum Hypochondrischen auch im mittleren Lebensalter in oft extremen Ausmaßen, so daß diese Patienten geradezu Virtuosen des auf ihren eigenen Körper bezogenen Gefühls werden und aus dem Kreis der ständigen Selbstbeobachtung und Selbstreflexion kaum mehr herauskommen können. Das Ichgefühl ist ganz vordergründig geworden, die Patienten bewegen sich geradezu in einem Exil zur Hypochondrie.

Drittens muß schließlich das stärkere Hervortreten einer *paranoiden Bereitschaft* konstatiert werden. Überempfindlichkeit und Reizbarkeit nehmen zu. Das sind ganz entscheidende Erkenntnisse, die *Petrilowitsch* gleichfalls in seiner Monographie über die Probleme der Psychotherapie des alternden Menschen dargelegt hat.

Kehren wir nun wieder zu unseren *sensiblen Persönlichkeiten* zurück und beachten wir dabei besonders die hier zitierten Problemverdichtungen des mittleren Lebensalters, nämlich das Nachlassen des Antriebs und das Sicheinpendelnmüssen auf den Stil des Alters, die Tendenz zum Hypochondrischen und zu einer vermehrten Mißtrauenshaltung der Umwelt gegenüber, so läßt sich folgendes etwas akzentuiert zusammenfassen:

Angesichts des „kleinen infantil-retardierten Zugs", der den meisten sensiblen Persönlichkeiten, wie wir ja nachher noch sehen werden, innewohnt, stellt die Auseinandersetzung mit dem Nachlassen des Antriebs und vor allen Dingen dem Bewußtwerden des Alterns doch eine größere, wenn auch nicht nach außen sich immer abzeichnende Krise dar. Wir haben bei unseren sensiblen Patienten sehr viele Fälle, die man etwa unter der Rubrik einer Vergötzung und Verherrlichung der Jugend sehen könnte. Sie haben die Tendenz, in Mimik, Gestik und Sprache, häufig auch in Kleidung, sich jugendliche Attitüden zu erhalten, die oft durch ihre manierierten Formen die Grenze des Karikaturhaften erreichen können.

Dagegen ist — fast wider Erwarten — die Tendenz zu einer hypochondrischen Verarbeitung der großen und kleinen Gebrechen, die sich hier und da einstellen können, außerordentlich gering. Das war uns schon bei der Besprechung der Mentalität der Sensiblen aufgefallen. Es bestand keine Tendenz zur Generalisierung kleiner Beschwerden und zu demonstrativen Verhaltensweisen.

Dagegen finden wir häufig im mittleren Lebensalter und vertieft im höheren Lebensalter eine Tendenz zur vorsichtig mißtrauischen Haltung, die aus manchen Kränkungen und Verletzungen, aus Demütigungen und Enttäuschungen erwachsen ist und sich nun in einer oft resignierend bitteren Abwehrhaltung der Umwelt gegenüber zu erkennen gibt. Wir sehen diese Tendenz natürlich ausgeprägter bei ledigen oder alleinstehenden Patienten, die sich oft schließlich mit Tendenzen einer eremitenhaften Entwicklung von der Umgebung zurückziehen und nicht ungern ihre einzelnen Symptome still kultivieren.

Das höhere Lebensalter

Die alte psychologische und auch psychotherapeutische Regel, daß eine bestimmte Lebensphase nur dann gemeistert werden kann, wenn die vorhergehende Lebensphase bestanden und sinnerfüllt verwirklicht wurde, gilt für das höhere Lebensalter in ganz besonderem Maße. Denn auch das höhere Lebensalter hat ausgeprägte Aufgaben, die von dem älteren Menschen gefordert werden. Dazu gehört vor allen Dingen in viel deutlicherem Maße als im mittleren Lebensalter das Moment des Verzichts. Die großen Schwierigkeiten, mit dem Leistungsverzicht innerlich fertig zu werden, waren Leitthema eines ganzen Fachkongresses und man möge daraus das Gewicht dieses Faktors erkennen. Dieses Moment des Verzichts wird niemals so vordergründig und unausweichlich wie jetzt im höheren Lebensalter. Die bereits im mittleren Lebensalter begonnene Ablösung vom Äußerlichen hält in dieser Periode weiter an. Es gilt, sich auf das *Altersalleinsein* einzustellen, das auch nach den neuesten anglo-amerikanischen sozialpsychiatrischen Untersuchungen und Erhebungen in seinem Isolierungscharakter ein großes Gefahrenmoment sowohl im Vorfeld der Psychose wie auch im Vorfeld von Neurosen sein kann. Um die wachsende Einsamkeit des Alters zu bestehen, muß der Mensch einmal mit sich selbst einig werden. Er muß sein bisheriges Leben mit allen seinen Widersprüchen, Schwächen und Fehlern als ihm zugehörig bejahen, die Täuschungsmanöver früherer Jahre sind hinfällig und nutzlos geworden, die Zukunft liegt bereits im Vergangenen.

Die allgemeine psychologische Erfahrung lehrt — und sie ist neulich in einer Studie von *Czernik* zur Frage des Einsamkeitserlebens Gesunder erhärtet —, daß der im Grunde gesunde Mensch, auch der ältere Gesunde, die Einsamkeit durchaus positiv einschätzen kann, zumindest positiver als damals herangezogene jüngere gesunde Versuchspersonen, daß aber das Alleinsein härter empfunden wird. Die Einsamkeit als solche ist ja auch meist unter philosophischem Aspekt positiv gewertet worden als Bedingung und Ermöglichung von Selbstverwirklichung und Personhaftigkeit. Von dieser, somit auf personale Kommunikation hin angelegten Einsamkeit ist das Alleinsein scharf abzugrenzen als eine von außen erzwungene und verhängte Situation. Man sagt, das Alleinsein ist eine objektive, die Einsamkeit eine subjektive Tatsache.

Diese kleine Einlassung war eigentlich deshalb notwendig, weil auch unter soziologischem Aspekt diese Lebensphase mit den Begriffen der Einsamkeit, der Vereinsamung, des Alleinseins und des Isoliertseins immer wieder oft unter Vernachlässigung aller terminologischen Präzisionen konfrontiert wird und weil zum zweiten eigentlich in dieser Phase des sich Besinnens und der ständigen Zwiesprache mit sich selbst zu erwarten wäre, daß der alternde Mensch sich auch mit dem Problem seines Todes und der Unwiderruflichkeit und dem unabweisbaren Ende seines Lebens auseinandersetzt. Allen Mutmaßungen zum Trotz jedoch läßt sich durch sorgfältige Studien und Befragungen *(Stern)* nachweisen, daß mit dem Älterwerden eher eine Tendenz der Bagatellisierung oder der absoluten Nichtbeachtung des Todes erfolgt. Die grundsätzliche Tendenz, jetzt einmal kulturgeschichtlich und gesellschaftskritisch gesehen, den Tod als Tabu zu nehmen, finden wir in ganz ausgeprägter Form bei älteren Menschen.

Literatur, die sich von philosophischer Seite, von theologischer Seite oder auch allgemeinpsychologischer und letztlich sogar medizinischer Seite mit dem Problem des Todes befaßt, wird nicht gelesen, auch wenn die Beiträge in einer sehr zugängigen, wohlaufbereiteten, populär-wissenschaftlichen Art geboten werden.

Wir sprachen von den drei verschärften charakterologischen Linien, die im mittleren Lebensalter schon auftraten, der Neigung zur Introversion, der Neigung zur Hypochondrie und der Tendenz zur paranoiden Einstellung. Diese Linien werden auch in diesem Lebensalter akzentuiert. Es kommt weiter zu einer gewissen gefühlsmäßigen Verarmung, die tiefstes und intensivstes Erleben, also auch echtes Verzweifeln, immer schlechter möglich macht. Die Zahlen der oft harten Suizidversuche in diesem Lebensalter sind erstaunlich hoch und könnten verständlicher werden, wenn man sich den paradox anmutenden, aber doch von tiefem Wahrheitsgehalt erfüllten Satz von *Landsberg* vor Augen hält: „Oft tötet sich ein Mensch, weil er nicht verzweifeln kann und will."

Es tritt im Rahmen dieser Gefühlsverarmung häufig eine Eingelung in den Altersmaterialismus ein. *Guardini* schreibt dazu: „Die greifbaren Dinge werden zum alleinigen Lebensinhalt, Essen, Trinken, Bankkonto, der bequeme Sessel." Es entsteht im Alter, wie *Bloch* in seinem Werk über das Prinzip Hoffnung darlegt, ein nicht unbedenklicher Wunsch nach Ruhe. In diesem Fall darf noch einmal zitiert werden: „ein letzter Wunsch geht durch alle Wünsche

des Alters hindurch, ein oft nicht unbedenklicher, der nach Ruhe.
Er kann genauso quälend, selbst gierig sein, wie die frühere Jagd
nach Zerstreuung . . . Und jeder Alte wünscht die Erlaubnis, vom
Leben erschöpft zu sein . . ."

Fragen wir uns wieder, wie die *sensiblen Menschen* in ihrer nun
eigenen Mentalität das höhere Lebensalter meistern, und beachten
wir ihre Verhaltensweisen unter dem besonderen Aspekt der Krisen-
und Problempunkte des höheren Lebensalters, d. h. also wieder
unter dem Gesichtspunkt der Abfindung mit dem Altern, der stärkeren Introversion, der Tendenz zum Hypochondrischen und zum
Paranoiden, so läßt sich folgendes sagen: Die Auseinandersetzung
mit dem zunehmenden Altern beschäftigt die Sensiblen weiterhin.
Hier allerdings machen sich geschlechtsspezifische Unterschiede bemerkbar. Bei weitem mehr Frauen finden in höherem Alter den
Stil des Alterns nicht und treiben die Vergötzung der Jugendlich-
keit bis in das Groteske, so daß der Betrachter zu einem matten
Lächeln des Mitleids aufgerufen sein kann. Hier schildert besser,
als ein Arzt es in seiner Sprache darstellen kann, *F. Sieburg* als er-
fahrener Journalist und Schriftsteller mit Akribie den alternden Typ
einer Sensiblen („Wenn die Schatten länger werden"):

„. . . Sie tat mir leid. Diesem Wesen war die Kraft nicht gegeben, allein zu sein und die sinkende Lebenskurve nicht als Nieder-
lage zu sehen . . . Jene berühmte Pariser Schauspielerin, die ihre
Enkel in Frieden hätte um sich versammeln können und statt dessen
von einer kosmetischen Operation zur anderen stürzte, um die Ermüdung ihrer Muskeln und die Erschlaffung ihrer Haut aufzuhalten.
An den Schläfen, am Haaransatz, an den Ohren konnte man die
feinen weißen Narben gewahren. Stets hielt sie den Kopf im Nacken,
um den Hals zu straffen und ihn anzuspannen. Mit weitaufgerisse-
nen Augen, in Gürtel und Bandagen gepanzert, das zu einem unbe-
stimmten Ton verfärbte Haar mit Feder und Agraffen bedeckt,
den Mund zu einem wildentschlossenen Lächeln verzerrt, so hatte
ich sie neulich bei Freunden eintreten sehen und hatte mit wahrer
Qual beobachtet, wie schwer es ihr fiel, Platz zu nehmen und sich
wieder zu erheben, ohne das mühevolle Kunstwerk ihrer Erscheinung zu zerbrechen . . . Ich schämte mich, sie anzustarren und
doch konnte ich den Blick nicht von ihr losreißen. Die edle Nase
erschien jetzt ungeheuer wie der Schnabel eines unglücklichen Vo-
gels, der gegen unsichtbare Gitterstäbe hackt, die ehemals berühmten Hände waren von einem Geflecht schnurdicker Venen überzo-

gen, soweit man sie überhaupt vor Ringen und Armbandanhängern sehen konnte. Hatte denn niemand Mitleid mit ihr? Aber nein, sie hatte den Kampf aufgenommen, und nun stand sie in der Arena, doch ihr Gegner war nicht das Alter, sondern der Tod."

Das Nachlassen des Gefühlslebens im höheren Lebensalter – das sehr sorgfältig wissenschaftlich untersucht ist – führt auch zum Nachlassen der tieferen Empfindungen auf Sinnesreize. Die Beladung eines Sinnesreizes mit einer emotionalen Überschichtung gewissermaßen findet nicht mehr in dem Umfange wie früher statt. Daher erleben wir, daß die starken und heftigen Reaktionen, die in den früheren Kapiteln beschrieben sind (vgl. Kapitel 5.1.1–5.1.7), ausbleiben, daß die *Empfindungen matter erlebt* werden, daß lediglich die *Empfindlichkeiten bleiben,* aber auf einer verschobenen Ebene, nämlich auf der Ebene gekränkten Stolzes oder gekränkter Eitelkeit, also auf der Ebene des angetasteten Selbstwertgefühls. Die Eitelkeit ist das letzte Kleid, das der Mensch auszieht, sagt *Bloch.*

Auch jetzt neigen die Patienten nicht zum hypochondrischen Verhalten, wie schon früher gesagt, aber was die Entgleisungslinie zum mißtrauischen Verhalten betrifft, so erstarrt diese häufig und verhärtet sich. Sie bleibt häufig als ein zementierter Wesenszug bis in die letzten Jahre bestehen, wobei bis in die letzten Jahre eigentlich die Umwelt immer noch als feindlich betrachtet wird, so wie vom ersten Tage an – überblickt man einmal die gesamte Lebensdarstellung – die Vielzahl der Außenreize, gleich auf welcher Ebene sie auch immer den Menschen trafen, als störend empfunden wurde. Dieses Gefühl, auf dieser Welt immer etwas leiden zu müssen, hat eine hochintelligente 80jährige kurz vor ihrem Tode einmal in Anlehnung an das Dichterwort von *Ungaretti* formuliert: „Den Tod büßt man lebend ab."

5.4. Kasuistik

Wir haben bei der Besprechung methodischer Fragen im Kapitel 2 schon dargelegt, daß der Zweck dieser Abhandlung nicht die Verwertung und Aufwertung eines Massenmaterials unter statistischen Gesichtspunkten ist, sondern daß die sehr sorgfältige Zeichnung des Einzelfalles – ungeachtet des großen vorhandenen Materials – das Entscheidende sein soll. In diesem Sinne werden auch in den Kapiteln über die Psychologie und die Psychopathologie Einzelfälle, die besonders typisch erscheinen, besonders sorgfältig herauspräpariert, geradezu wie ein anatomisches Präparat. Es bleibt nicht aus, daß bei der Darstellung einer Persönlichkeit mit allen ihren Verhaltensweisen neben den sachlichen formalen Daten in einer solchen Zeichnung auch anschauliche, ja manchmal essayistisch wirkende Bilder unerläßlich sind, um die Persönlichkeit aufleuchten zu lassen. Dabei bleiben jedoch die Fakten und Selbstaussagen oder Selbstdarstellungen der Patienten unbeschnitten, ja hierauf wird geradezu eine besonders exakte Schärfe verwandt, und die vielen wörtlichen, in Parenthese gesetzten Wiedergaben mögen erkennen lassen, welches Gewicht wir den sprachlichen Formulierungen eines Patienten zumessen.

Fall 4

C. A., 40 Jahre, ohne Beruf. Die Patientin kam mit einem neurasthenischen Versagenszustand und deutlich depressiver Färbung zur Aufnahme. Sie war mittelgroß, zierlich und schmal gebaut, auf dem blassen Gesicht mit etwas hypoplastischem Mittelgesicht imponierten weitaufgerissene, ängstlich wirkende braune Augen. Die ganze Erscheinung wirkte verängstigt, ein leichtes, fast fröstelnd wirkendes Zittern lief über den Körper. Die Worte wurden vorsichtig gesetzt, etwas zögernd, mißtrauisch. Oft wurden sie wieder zurückgenommen, korrigiert, neueingefügt. Der Eindruck des sehr Selbstunsicheren entstand. Die Stimme war leise, oft fast flüsternd. Es entstanden lange Schweigepausen. Scheu und zaghaft nahm sie auf dem Stuhl Platz, mehr auf einer Seite des Stuhles sitzend. Klingelte das Telefon im Untersuchungszimmer, schrak sie zusammen. Die Kleidung war sehr gepflegt und akkurat mit Form- und Stilgefühl. Bei Besprechungen mit dem Arzt gab sie gerne ein paar Notizen ab, sie schrieb lieber, als daß sie sprach. Am liebsten schwieg sie.

Ihre persönliche Vorgeschichte gab sie zwar in der üblichen Weise dem Arzt zu Protokoll, sie stieß sich jedoch an der nüchternen Realität der nun einmal vorgeschriebenen Fragen und fertigte eine sehr diffizil dargestellte Biographie an, die bei aller Exaktheit der Darstellung und der Fakten von einer echten künstlerisch-literarischen Begabung zeugte. Die Biographie war dem äußeren Rahmen nach eingebaut in den Ablauf eines Tages von morgens bis abends. Sie beginnt den Bericht, der mit dem Wort „Thanatos", also aus dem Griechischen kommend, „Tod" überschrieben ist und den Untertitel „Aufzeichnungen eines Lebens" trägt, mit der Darstellung ihrer Kindheit und Jugend. Während sie den Bericht schreibt, „sehe ich in den Park. Die Bäume sind kahl, vor der Berberitzenbucht steht eine Chrysanthemenschale, welk von zu frühem Schnee, manchmal wehen Glockenschläge von der Stadt herüber und das Surren des Verkehrs". Sie schildert, daß sie ein Schattendasein gehabt habe. Andere wurden immer bevorzugt. Unter der

Hand strenger Eltern, besonders einer Mutter, die sie ablehnte, wuchs sie auf. Während sie an ihrem Bericht schreibt, kommen ganz eindringliche Bilder aus ihrer Vergangenheit hervor. „Wenn ich die Augen schließe, zieht wieder jener Sommertag herauf, wo wir noch Kinder waren. Ich sehe den lichtblauen Himmel und spüre den frischen Hauch des Wassers und den heißen Geruch der Holzbrücke, die zur Badeanstalt führte. Ob ich glücklich war an diesem Tag? Vielleicht hatte ich für einen Augenblick den Schmerz vergessen, der immerzu an mir zehrte. Erstaunlich, welche Kraft man da noch besaß!" Sie schildert, daß es für sie kein Glück gegeben hätte. „Wahrscheinlich war schon meine Geburt ein Unglück für mich." Sie schildert die Zeiten ihres Studiums der Kunstwissenschaft und der Germanistik, ein Studium, das vor dem akademischen Examen unterbrochen werden mußte, weil sie zu Hause benötigt wurde. Die erkrankte Mutter blieb jedoch bis zu ihrem Tode unerbittlich starr und unversöhnlich in der Ablehnung der Tochter. Ein kleines Geschäft, das von den Eltern übernommen wurde, ließ sich nicht halten. Der berufliche Erfolg blieb versagt. – Inzwischen ist parallel mit dem Schreiben der biographischen Skizze „mit dem Regen die Dämmerung über den Park gefallen. Es wird Abend sein, Nacht. Immer gehe ich noch in meinem Zimmer auf und ab und schreibe. Ich weiß nicht, ob ich überhaupt noch denke. Eine Betäubung hat mich eingefangen, in der das Schweigen voll in diesem ungelebten Leben ist." „Ich habe nachgedacht", heißt es weiter in der biographischen Darstellung, „ob es nicht doch etwas gab, das dieses frühe Leid überstrahlte, ausglich, versöhnte, aber es ist nichts da. Ich fühle nur den Schmerz, diesen immerwährenden, immer bohrenden, immer nagenden Schmerz, der meine Glieder verkrampfte, mich zittern machte. Ich habe immer gezittert. Auch die Angst ist wieder da, eine wahnsinnige stumme Angst, von der ich nicht einmal wußte, daß es Angst ist, Lebensangst, Todesangst. Auch die Schläge fühle ich immer wieder, Schläge, die Worte waren, Blicke, Bemerkungen – Mißbilligung.

. . . Ich habe meine Lampe angezündet, gnadenlos ist das Licht. Jetzt tauchen hinter der Dunkelheit meines Fensters geradezu die Schemen meines Wesens wieder auf, eines Wesens, das ich war: scheu und gespannt, mit dunkel-wachem Blick. Es fallen mir auch die vielen negativen Worte ein, die über mich vernichtend fielen . . . Noch heute prasseln die Ressentiments wie Schläge auf mich herab, daß ich nichts könne, mir alles einbilde . . ."

C. A. versuchte, dann weiter beruflich Fuß zu fassen. Sie, die vorübergehend versucht hatte, selbständig ein Geschäft zu führen, war zu jeder Tätigkeit bereit, doch weitere Ansätze, die mit großem Aufwand und großer Arbeitsintensität und mit einem völlig neuen beruflichen Abschluß getätigt wurden, kamen nicht zum Tragen. Sie schildert die Bitternis, die sich durch diese trostlose Bilanz ergriffen hat, in ihrem Bericht. Gleichlaufend beschreibt sie gleichsam wie eine Kulisse den versinkenden Tag „hinter dem Baumfiligran verrauscht die Lichtprozession der Autokolonnen. Das Murren des Verkehrs verstummt, und ich sitze da und schreibe, schreibe". Der lange Bericht, der die Nacht über in Anspruch nahm, endet mit der Resignation: Mein Leben ist ein Versuch zu lieben gewesen. Keiner hat mich gewollt . . . Ich bin so müde. Die letzte lyrische Zeile dieser begabten Patientin „Im Morgengrauen ertrinkt ein bleicher Tagmond".

In einer Zeit des passiven, mutlosen Verharrens – nach Enttäuschungen durch alle Ansätze in der Realität des Lebens – zog sie sich resignierend und meditierend auf ihren kleinen Besitz zurück, umgeben von schönen Dingen, erlesenen Kunstwerken und Bildern und einem gepflegten Garten. Ihre Gefühle, die sie nicht anderen zeigen konnte, „verdichtete" sie und durch Jahre hindurch hielt sie auch mit dem Arzt Kontakt, der aus den Gedichten zu lesen wußte. Ja die dichterischen Aussagen waren geradezu ein Maß für die seelische Verfassung und signalisierten jeweils bevorstehende Krisensituationen. In einem Gedicht schrieb sie: „Wenn Du nicht bist, was sie sind, nicht denkst, was sie denken und nicht wollen kannst, was sie tun, töten sie Dich und triumphieren, wenn das Stillere, Sanfte und vielleicht Schönere stirbt . . . Angstvoll, ratlos findest Du keinen Schutz vor dem Dich Bedrohenden. Schon das Morgengrauen hat alle Kräfte aus Dir ausgezehrt und es kommt kein Tag . . ." In einem anderen Gedicht: „Niemals mehr, niemals wieder findest Du Zutrauen. In Fernen, die wir nicht kennen, erlischt es wie der Gesang und das Fallen der Sterne . . . Es bleibt die Nacht, die verlorene Zeit, die Einsamkeit."

Ihre Hoffnung und ihre Phantasie findet sich in den Zeilen: „Ein Stück Erde möchte ich haben, wo Rosen erblühen und verlöschen, die Früchte des Sommers reifen und im Herbst die blauen Berge der Berberitzen. Katzen, die keinem gehören, wohnen in diesem Bereich der Einsamkeit . . ."

Aber so, wie wir bei *M. Proust* noch sehen werden, daß häufig die hochsensiblen Patienten eine Tendenz zu komischen Wirkungen, zum Kontrast, zum Spöttischen haben können, so finden wir in einer Serie von Kurzgedichten, die den chinesischen Haikus nachempfunden sind, also konzentrierten Dreizeilern, neben sehr einprägsamen Aussagen z. B. „In der Stille wird aus Zeit Einsamkeit", auch spöttische und locker weltliche Passagen: „Ich denk', Professor K. denkt, ich hätte eine schöne Seele."

Zusammenfassend finden wir also eine Persönlichkeitsstruktur vorliegen, wie wir sie im Kapitel über die Psychologie der Sensiblen ausführlich in allen Charakteristika dargelegt haben. Wir finden die Überempfindlichkeit, und wir erfahren in sehr diffizilen Schilderungen auch von den Empfindlichkeiten, wir finden weiter die große innere Verletzbarkeit, den Zumutungscharakter der Welt, das Erdrücktwerden durch die vielen lästigen realistischen Stimulationsreize, die künstlerisch-literarische Begabung und in vielen Einzelheiten läßt sich doch auch die positive Seite des sehr tiefen Erlebens ästhetischer Werte nachempfinden. Die Fluchtform, wenn man es so sagen darf, um mit dieser sensiblen Seite fertig zu werden, liegt hier mehr in einer matten, mutlos gewordenen, traurigen Resignation.

Fall 5

D. B., 35 Jahre, techn. Angestellter. Herr B. wurde wegen eines neurastheni-schen Schwächezustandes in der Klinik aufgenommen. Im Vordergrund stand ein Aktualkonflikt mit einer Partnerin. Das Zustandsbild trug Züge einer neu-rotischen Entwicklung.

Herr B. wuchs als ältester von 4 Geschwistern auf einem Bauernhof auf. Der Vater, ein aufrechter, kerniger Mann, konnte zu dem ältesten Jungen, der sehr empfindsam wirkte, wenig Kontakt bekommen. Die Mutter schätzte dieses Kind zwar sehr, blieb aber in ihren Gefühlsäußerungen zurückhaltend und wollte auch den anderen Geschwistern gegenüber diesen besonders emp-findsamen Jungen nicht bevorzugen. Zärtlichkeiten wurden in der Familie wenig ausgetauscht. Der schulische und berufliche Weg verlief relativ glatt, 4 Jahre Volksschule, später Abitur, Studium eines technischen Berufes.

Zu dem beruflichen guten Status, den er durch eine betont forsch kom-pensierte Art zielstrebig hatte und in dem er auch mit seinen Kollegen guten Kontakt hatte, kontrastierte der persönlich private, ja insbesondere der in-time Bereich. Trotz seines Alters hatte er noch niemals einen Kontakt mit einem Mädchen gehabt. Es war nur 1 1/2 Jahre vor der Aufnahme in der Klinik zu einer freundschaftlichen Bindung an eine von ihm als ganz ideal verherrlichte Partnerin gekommen. Von dieser Partnerin, einer Pädagogin, fühlte er sich verstanden, sie spürte, so meinte er, seine primär sehr sensible Art. Sie wußte, daß er anderen Menschen gegenüber die Maske des forschen Mannes mit Erfolg aufsetzte. Sie selbst durfte Einblick nehmen in seine emp-findsame Seele, die er sonst nie anderen preisgab. Sie selbst wußte um seine ängstlichen und schreckhaften Reaktionen auf Außenreize jeglicher Art, sie selbst wußte, wie ihn nicht nur die vielen Eindrücke aus der Umwelt be-lasteten, sondern ihn auch Worte besonders hart und verzweifelt treffen konnten.

Diese Freundin – offensichtlich den starken Anforderungen, die er in einer gewissen Anspruchshaltung auch an sie stellte, nicht gewachsen – löste eines Tages die Verbindung und Herr B. brach völlig zusammen. „Ich bin körperlich völlig erschöpft, bin unruhig und getrieben. Von einer solchen Partnerin, wie ich sie hatte, habe ich als Ideal schon mein Leben lang ge-träumt. Es ist zwar nie zu einem sexuellen Kontakt gekommen, doch gibt es keinen Menschen mit so ähnlichen Interessen und so einem ähnlichen Lebensstil, wie diese meine Freundin. Eines Tages, als ich mit ihr in den Urlaub fahren wollte und sie das abwehrte, erkannte ich plötzlich, daß sie eine Vertiefung unserer Beziehung nicht wünschte" (Herr B. schweigt etwa 1/4 Stunde, hat Tränen in den Augen). „Ich habe immer das Ideale, das Vollendete gesucht. Ich glaubte, es in dieser Partnerschaft zu finden, ande-rerseits habe ich mich dadurch natürlich auch isoliert. Ich bin jetzt zutiefst gekränkt und trotzdem versuche ich alles, die weitere Zukunft mit ihr in meiner Phantasie ganz lebendig auszumalen. Keiner hat Verständnis für meine sensiblen Gefühle.

Das ist vielleicht auch schwierig, weil ich nach außen eine ganz andere Rolle spiele. Ich zeige mich meiner Umwelt gegenüber eher unkompliziert, kontaktfreudig. Ich erlebe es immer wieder, daß die Menschen meiner Umgebung sehr nett sind und mich für sehr sympathisch halten. Sie bezeichnen mich als eine Person, zu der man jederzeit mit Problemen kommen kann. Ich selbst halte allerdings meine Probleme und Gefühle ganz zurück und fresse alles in mich hinein. Gefühlsäußerungen sind eine Preisgabe meiner selbst, und ich habe immer ein latentes Mißtrauen Personen gegenüber, die Gefühle äußern. Ich fühle dann eine Sperre in mir. Nur bei ihr, meiner Partnerin, habe ich versucht, mehr Gefühle zu äußern, mich zu öffnen. Sie hat mich aber letztlich abgelehnt."

Der sehr schmale, hochaufgeschossene, ausgesprochen leptosom gebaute junge Mann sitzt in sich zusammengesunken, wie vom Schicksal geschlagen, auf dem Stuhl, auf das korrekteste gekleidet. Trotz seines Schmerzes ist die rationale Kontrolle gut. Er reflektiert selbst ganz stark, wenn er mit vorsichtiger Bewegung ein Bein über das andere legt, um die Bügelfalten nicht zu verletzen. Er wischt sich hier und da kleine Stäubchen vom Anzug. In langen Schweigepausen putzt er die Brille.

Einzeltherapie und Gruppenpsychotherapie erbringen zwar für ihn eine rationelle Einsicht, zumal auch er den Eindruck hat, daß er von der Partnerin nunmehr echt abgelehnt ist, doch bleibt die emotionale Haltung unverändert. Er fährt heimlich in die benachbarte Stadt, um die geliebte Freundin wiederzusehen, einmal ist sie verreist, einmal sind nur die Eltern da, einmal läßt sie sich verleugnen. Enttäuscht und abgelehnt kehrt er zurück. „Ich muß ganz offen gestehen, seit diese Bindung jetzt keinen realistischen Boden mehr für mich hat, ziehe ich mich nur noch in meine Phantasieeinstellungen zurück. Meine Phantasiewelt, mit dieser Partnerin zu leben, wird immer intensiver und dadurch wird meine harmonische Haltung zu ihr erstaunlicherweise immer größer. Selbst Frl. D., die mir hier in der Klinik außerordentlich gut gefällt, die mich auch wohl mag, wie sie mir schrieb, kann niemals an meine Freundin herankommen. Wenn ich jemanden, also ein Mädchen, irgendwie schätze oder verehre, schiebt sich meine Freundin, obwohl sie ja gar nicht mehr existent ist, immer fast wie leibhaftig dazwischen."

Eine Einflechtung der Bindung an seine Partnerin, die ihn im Grunde längst verlassen hatte, ließ sich auch bei geduldigster psychotherapeutischer und psychagogischer Führung nicht während des klinischen Aufenthaltes erreichen. Herr B. arrangierte sich fest mit seiner Phantasiewelt und versuchte, sich wieder in ein Gleichgewicht einzupendeln.

Sein Vorgesetzter schilderte ihn als einen seiner tüchtigsten Mitarbeiter, zwar bescheiden und ruhig, aber doch konsequent und bei den übrigen Mitarbeitern beliebt.

Zusammenfassend handelt es sich hier auch um eine primär sehr sensible Persönlichkeitsstruktur, die aber einfach schon durch das Aufwachsen in einem robusteren Umweltkreis (ländliches Milieu, 4 handfeste Geschwister) genötigt wurde, zumindest nach außenhin in eine gewisse Rolle zu schlüpfen. Gewählt wurde die Rolle des Forschen, Konsequenten und von den beruflichen Seiten des Lebens Unbeirrbaren. In einer partnerschaftlichen Beziehung wurde diese Maske abgelegt, die hochsensiblen Züge wurden erkennbar und von der Partnerin — zumindest nach Darstellung des Patienten — nicht gewertet. Er fühlte sich verraten, flüchtete in Phantasievorstellungen, und mit vielleicht allmählich nachlassenden Hoffnungen wird Herr B. wieder die Rolle des forschen, erfolgreichen Mannes einnehmen, bei dem selbst ein Kenner kaum mehr sensible Züge registrieren könnte. „Ich habe bei meiner sehr empfindsamen Art viele Zwiebelschalen um mich legen müssen, sicherlich mindestens 7, wie man so im Volksmund sagt. Ich habe sie vorübergehend abgelegt, merkte, daß ich damit schwer verwundbar war und werde jetzt wieder versuchen, mich gegen die Umwelt einzuigeln."

6. Psychopathologie

Wenn wir uns nun im zweiten Teil des Buches den verschiedenen
Spielarten zuwenden, mit denen der Mensch versucht, aus der Veranlagung zum Sensiblen heraus das Beste für sich jeweils zu machen, so sind wir uns bewußt, daß die verschiedenen Formen der
Kompensation oder der Flucht, die gewählt werden, nicht immer
den vollen Charakter eines echten psychopathologischen Verhaltens
zeigen. Wenn einzelne Formen hier unter dem Kapitel Psychopathologie behandelt werden, so geschieht das aus Gründen formaler
Übersicht und Straffung, wohl wissend, daß die Grenzen zwischen
den normalen und abnormen Bereichen sehr fließend sind und
nicht mit einer unverbindlichen Schärfe gezogen werden können.

Wenn wir nacheinander zunächst die noch weitgehend im Bereich der Norm liegenden Verhaltensweisen der Kompensation und
Überkompensation besprechen und uns damit auch mit dem Prinzip der „Maske" auseinandersetzen, wenn wir weiter die schon
deutlich in das Psychopathologische reichenden Phantasiewelten
des Menschen diskutieren und wenn wir schließlich die Verhaltensweisen der völligen passiven, in das Schicksal ergebenen Resignation bis zum Einzelgängerphänomen hin bearbeiten, so wird man
sich fragen, warum gerade dieser Mensch zu jener Verhaltensweise
greift und ein anderer wieder sich für jene — wenn auch nicht bewußt — entscheidet. Wir werden später zu überlegen haben, ob hier
neben Veranlagung, persönlicher Disposition nicht auch Momente
des menschlichen Antriebs, des persönlichen Eigentempos hinein-
spielen. Der menschliche Antrieb als eine ganz elementare psychische Grundfunktion reicht ja wie ein feinstes Geflecht in die vielfältigen Verzweigungen des Geistig-Seelischen und des Körperlichen
hinein, und wir haben früher monographisch ausgearbeitet, in welchem Maße der Antrieb auch an Funktionen, ja an Eigenschaften
der Menschen beteiligt ist, die man nicht ohne weiteres an eine
„Mitverantwortung" des Antriebs gebunden sehen würde. Hier ist
besonders an die Vorstellungsfähigkeit, die Denkabläufe, die Phantasie, die Entschlußfähigkeit, die Besinnung und die freie Entscheidung, ja schließlich an die eigentliche menschliche Freiheit zu denken. Wir werden diesen Gedanken nach Behandlung des Kapitels
Psychopathologie noch weiter nachgehen müssen.

6.1. Das Prinzip Maske

Das Prinzip Maske spielt in der Psychologie und in der Psychiatrie, insbesondere auch bei den Randformen menschlichen Verhaltens eine so starke Rolle, daß dieses Thema der etwas ausführlicheren Einstimmung bedarf. Dazu gilt es auch, den Begriff Maske und Rolle sorgfältig voneinander zu unterscheiden.

Das *Prinzip Maske* ist, wie man weiß, etwas grundsätzlich Globales, das Phänomen der Maske hat einen riesigen Spannbogen und reicht vom völkerkundlichen Bereich bis in tierische Verhaltensweisen; literarisch wird es immer wieder in Dichtung und Kunst bearbeitet. So wissen wir aus der Völkerkunde, daß sich in der Maske eine übernatürliche Kraft materialisiert, so daß bei ihrem Erscheinen auch die maskierte Gestalt als übernatürliches Wesen gilt. In der Völkerkunde kennen wir zwei grundsätzliche Funktionen der Maske. Einmal soll ein Kontakt hergestellt werden mit Verstorbenen, mit Ahnen, Dämonen und Göttern. Die Maske wird hier also als ein freundliches und kontaktförderndes Medium benutzt oder aber sie wird gebraucht als Abwehrritus gegen Dämonen mit dem Ziel, das Böse letztlich zu verjagen.

In psychologischer Sicht gibt es in ganz ähnlicher Weise zwei Funktionen, entweder wird die Maske „aufgesetzt", um zu anderen Menschen leichter Kontakt zu haben. Sie wird also als ein Bindemittel benutzt, oder aber sie wird zur Abwehr herangezogen. Sie hat den Zweck, eine Distanz zu setzen. Diese Form der Abwehr und des Distanzsetzens ist besonders gründlich psychologisch bei der „Ironie" als einer Form der Abwehr beschrieben *(Schneider).*

Das Prinzip der Maske gibt es aber auch in der Verhaltensbiologie und die natürlichen Attrappen und die Verhaltensweise des Mimikry zeigen an, daß das Prinzip Maske letztlich ein biologisches Urphänomen ist. *Eibl-Eibesfeldt* hat dargelegt, daß verschiedene Tiere es verstehen, durch Nachahmung auslösender Reize bestimmte Verhaltensweisen anderer Tiere zu eigenem Nutzen auszulösen. Unter Mimikryverhalten faßte man früher nur die schützende Ähnlichkeit, jetzt aber auch jede auf Signalfälschung beruhende Ähnlichkeit auf. *D. C. Cunning* hat ein gutes Beispiel dazu beschrieben, das der Verdeutlichung halber zitiert werden darf: „Eine Gruppe schlechtschmeckender Nachtfalter gibt sich Fledermäusen durch Warngeräusche zu erkennen. Sie klicken in besonderer Weise, wenn sie vom Schallbündel einer Fledermaus getroffen werden. Das tun auch einige genießbare Schmetterlinge, vermutlich handelt es sich um Nachahmer. Im Versuch vermeiden die Fledermäuse genießbare Beute, wenn man sie in Verbindung mit Warngeräuschen anbietet." Wenn wir nun die Begriffe der *Rolle* und der Maske einmal terminologisch sorgfältig einkreisen, so muß man sagen, daß der Mensch im Laufe des Tages sehr vielfache Rollen einnimmt, die durchaus andere Zielrichtungen haben können. So kann ein Mann im Laufe des Tages z. B. die Rolle des Gelehrten, des Vaters, des Ehemannes, des Kollegen, des Vorgesetzten annehmen und in gewisser Weise wird man *Brim* (zit. nach *Hartwich*) rechtgeben, wenn er die Rolle als die „geronnene, kulturbedingte Form der Orientierung an die umgebende Gesellschaft" versteht. Rolle und Erwartung sind danach sicherlich nicht zu trennen, und noch präziser drückte es *Sader* aus, wenn er von einem „Gesamt der Erwartungen an den Inhaber einer Position" spricht. Die Rolle ist immer also erwartungsintendiert und zeigt damit im Grunde einen Kernunterschied zur Maske.

Die Maske ist nämlich u. E. etwas aus sich heraus Geschehenes, eine Fronttendenz gegen die Welt, etwas nicht Echtes, etwas Scheinbares. Sie ist eine Dauerhaltung, die wie eine große Klammer übergreift auf die Rollen des Alltags. Sie ist nichts Alternierendes, sie ist etwas Beständiges. Sie ist eine abstrakte Metapher für eine bestimmte innere Haltung, die vielleicht einmal bewußt intendiert war, aber sich dann unbewußt eingeschliffen hat und mit der Persönlichkeit eng verhaftet bleibt.

Die Bindung dieser sozusagen „zweiten Haut" mit der Grundpersönlichkeit, diese Symbiose kann so eng sein, daß die Grundpersönlichkeit oft gar nicht mehr zum Ausdruck kommt. Die Maske ist sozusagen so fest verklebt, so verwittert, daß ein Durchtönen (personare im Lateinischen) nicht mehr möglich ist und die Person als solche kaum mehr in ihren Ursprüngen erkennbar ist. Hier würde, wie man ohne weiteres empfindet, ein brutales Abreißen der Maske einer Verletzung und Schädigung der Persönlichkeit gleichzusetzen sein, ein Wegreißen einer Stütze, die den Betreffenden lebensfähig hält und die fast manchmal einer „Orthopädie der Seele" gleichkommen kann. Ein „Entlarven", ein Demaskieren würde zum Zusammenbruch der Persönlichkeit führen, die nur noch eine Restpersönlichkeit ist. Diese Fragen werden später noch einmal im therapeutischen Kapitel akut, wenn wir der Überlegung aus der ärztlichen Sicht nachgehen müssen, wieweit man einen Menschen, der zum Schutz gegen die Umwelt sich langsam eine Maske aufgebaut hat, von dieser Maske befreien soll oder wieweit man sie ihm nicht lassen soll.

Hier wären aus dem Bereich der Normalpsychologie die Persönlichkeiten zu nennen, die *Petrilowitsch* einmal unter der Terminologie des Heuchlers sehr gründlich wissenschaftlich aufgearbeitet hat. Diese Persönlichkeiten verbergen ein vorhandenes Gefühl oder täuschen ein nicht vorhandenes Gefühl oder einen entsprechenden Gedanken vor. Sie sind oft durch ein langes Leben mit dieser ihrer Lebenshaltung so fest verbunden, daß sie schon längst nicht mehr Zuschauer sind, sondern eine absolute Identifikation erreicht haben, wie es in bestimmten Grenzen beim Schauspieler — hier allerdings meist nur vorübergehend — der Fall ist.

Auch bei den primär Antriebsgestörten gibt es Kompensationsbestrebungen, die dann mit der Primärperson so unzertrennbar gerinnen, daß das mühsam errungene Gleichgewicht der Persönlichkeit völlig zerstört würde, würde man die aufgebauten Kompensationsformen therapeutisch oder womöglich psychoanalytisch ausgerichtet antasten. Dasselbe gilt für Menschen mit einer aggressiv gehemmten Persönlichkeitshaltung oder für die vielen Kompensationsformen, die bei Mißgebildeten oder Behinderten jeglicher Provenienz sich entwickeln.

Der *Trieb des Menschen,* sich in eine Maske zu flüchten, eine *Maske anzunehmen,* und auch in der Maske zu verharren, ist sicherlich ein ganz tiefes Urphänomen und die Wunschvorstellung, einmal ein „anderer zu sein", ist dem Menschen zutiefst innewohnend und kommt bei vielen Bräuchen stark zum Ausdruck. Dabei besteht dann nicht nur die Tendenz — wie hier in den uns angehenden Fällen —, nur Wesenszüge, Eigenarten eines Idealbildes anzunehmen, sondern auch die Tendenz, „absolut in die Person des anderen" zu schlüpfen.

Solche *Identifikationen* sind uns bei Schauspielern, besonders aber auch bei Clowns bekannt. Hier darf einmal aus den biographischen Skizzen des berühmten Clowns Grock (bei *Bemann*) ein Erlebnis dieses großen Mimen zitiert werden, als er seinem kleinen Bruder Unterricht gab. Dieser kleine Bruder saß vor dem damals noch jungen Grock, die Schiefertafel auf den Knien, und malte mit ungeschickten Fingern geheimnisvolle Runen, „während ich ihm mit konsequenter Strenge und der nachgeäfften Stimme meines Schulmeisters diktierte. Dabei fühlte ich direkt physisch, wie sich mein rundes Knabengesicht in die säuerliche Physiognomie des Lehrers verwandelte. Manchmal hingen mir, glaube ich, die Mundwinkel bis zu den Füßen. Überhaupt versetzte ich mich so in die Gestalt hinein, die ich dem Kleinen darstellte, daß ich darüber vergaß, daß wir ja ein Spiel trieben . . . Erst durch das Weinen meines Bruders kam ich dann zu mir selbst zurück, entließ ihn huldvoll aus der Schule, um — wieder Bruder geworden — mit ihm herumzutoben".

Über Identifikationserlebnisse im psychiatrischen Bereich haben wir an anderer Stelle ausführlich berichtet *(Czernik, Klages)*. Auch diese Fälle, bei denen das Gefühl einer absoluten Depersonalisation sozusagen aufgeladen wird mit einer Wunschvorstellung, mit einer Idealvorstellung und einer Idealperson, in die sich der Patient hineinflüchtet, sind ein beredtes Zeugnis für die tief im Menschen verwurzelte Tendenz zur Maske.

Wir führten am Anfang aus, daß wir unter der Maske das Dauerhafte und unter der Rolle das kurze Situationsbezogene sehen. Auch hier gibt es geradezu eine völkerkundliche Parallele. Die Maske ist ja etwas aus dem ethnologischen Sprachgebrauch (das Wort Masca kommt aus dem Langobardischen und bezieht sich auf das Netz, in das der Tote eingehüllt wurde) für die Psychologie Entlehntes. Es gibt bei bestimmten afrikanischen Völkern sogen. große Masken, die eine Daueraufgabe haben, und wenn sie nach 60 Jahren verwittert sind, in derselben Form wieder neu geschnitzt werden. Es gibt sogen. kleine Masken, gewöhnliche Gesichtsmasken, die nur kurzfristig für bestimmte und absolut verschiedene Aufgaben zum Einsatz kommen *(Lommel)*. Sie sind so mehr mit dem Rollenprinzip identisch.

Wie schon angedeutet, kann, um wieder auf die *sensiblen Persönlichkeiten* zu sprechen zu kommen, eine gutsitzende Maske durchaus nützlich sein. Sie braucht dem Träger nicht zu schaden, und sie kann zur Kommunikation mit der Umwelt sicher vieles Positive beitragen. An die Grenze des Psychopathologischen geraten allerdings solche Persönlichkeiten, die — man darf es einmal bildlich ausdrücken — über ihre Maske stolpern oder andere über ihre Maske stolpern lassen, weil sie einfach ein paar Nummern zu groß ist. Auch hierfür wollen wir aus unserem Material einen Fall vortragen:

Fall 6

K. C., 45 Jahre, Hochschullehrer. Herr C. wird wegen eines neurasthenisch wirkenden Versagenszustandes in die Klinik aufgenommen. Im Vordergrund der Symptomatik stehen Beschwerden über völlige Erschöpfung, völlig „heruntergerutschtes Selbstwertgefühl", Überempfindlichkeit gegen die Umwelt mit starken Mißtrauenshaltungen.

Herr C. wurde als 3. Kind in einer fünfköpfigen Geschwisterreihe geboren. Der Vater leitete streng und tyrannisch nicht nur sein eigenes großes Unternehmen, sondern auch „das Unternehmen Familie". Er war kurz, militant und hatte für die scheue empfindliche Art des Patienten kein Gespür. Seine Brüder und Schwestern neckten ihn, zogen ihn auf, belegten ihn mit Spitznamen wie Espenlaub, Zittergras, Heuschreck' usw., und wenn er morgens aufwachte, hörte er im Nebenzimmer das Gelächter seiner Mitgeschwister, die sich über ihn lustig machten, Seifenblasen durch das Schlüsselloch pusteten und den Tag selbst in einer frohen Laune begannen. Er selbst dagegen war schon als Kind nachdenklich, feinempfindend und zart, sehr naturverbunden, ging sehr viel alleine vor sich hinsinnend spazieren, kannte alle Blumennamen, alle Vogelnamen und suchte in stundenlangen einsamen Spaziergängen Vergessenheit aus seiner ihm nicht behagenden Welt. Nach der Pubertätszeit jedoch, die im übrigen ganz lautlos und still verlief und in der er sich in vielen Tagebuchskizzen mit seiner gefühlsmäßig stark empfindsamen Seite auseinandersetzte, entwarf er selbst einen Plan, dem Leben besser zu begegnen. Er las nur Bücher populär-wissenschaftlichen und ermutigenden Inhaltes („Wie werde ich energisch", „Wie meistere ich mein Leben" usw.). Er verwandte handfeste Ausdrücke, trat forsch und sicher auf, zeigte zunehmendes Interesse auch für das Unternehmen des Vaters und nutzte in vollem Umfange seine Intelligenz, um durch konsequentes akademisches Studium mit Promotion einen sicheren Status zu haben. Der gute Abschluß erleichterte ein Weiterkommen im Rahmen einer Hochschule. Mit relativ jungen Jahren war er in der Situation, die ersten Vorlesungen halten zu müssen. Eine junge tüchtige Partnerin stand ihm zur Seite – gleichfalls sehr diffizil angelegt –, die er aber relativ kurz, robust und mit gut gespielten jähzornähnlichen Einlagen fest an der Leine hielt.

Sein forsches, teilweise ungesteuert wirkendes Auftreten hatte ihm zwar beruflichen Erfolg, nicht aber Freunde gebracht. Bei seiner poltrig kontaktfreudigen Art gelang es ihm zwar, Freunde kurzfristig zu erwerben, er verlor sie aber genauso schnell wieder. Seine Sprunghaftigkeit, sein beherrschendes und teilweise geltungssüchtig wirkendes Wesen stießen ab.

Noch war immer seine Maske wohlerhalten. Keiner hätte hinter seiner Mentalität eine von Haus aus sehr sensible Grundpersönlichkeit vermutet. Zunehmend empfand er jedoch, wie die Studenten in seinem Kolleg immer geringer wurden und in Kollegs seines mit ihm konkurrierenden Kollegen abwanderten. Er sah sich bald nur noch von einem Häuflein Weniger umgeben und von diesen hatte er den Eindruck, daß sie nur aus Mitleid noch zu ihm kamen. Eines Tages mußte er mitten im Semester die Vorlesung aufgeben.

Hier kam es nun zu einer ausgeprägten Bilanzkrise, in der Herr C. – schon ohne weitergehende psychotherapeutische Hilfe – seiner von ihm mühsam gegen die Umwelt aufgebauten „zweiten Haut" bewußt wurde. „Mir wurde ganz plötzlich klar, daß mein ganzes riesiges Imponiergehabe, wie man heutzutage ja wohl sagen würde, eine Schau war. Ich mußte mich einfach gegen die Welt schützen, die schon von früher an — bedenken Sie, was ich über meine Familie gesagt habe — mich sonst einfach auf den Rücken gelegt hätte. Nach ein paar zappelnden Bewegungen, die sicher schon in die Jugendzeit zurückfallen, hatte ich dann plötzlich mir eine Maske aufgebaut, die so starr war, wie eben nun eine Maske ist. Die kleinen Risse im Zement, die auftraten, habe ich nicht gehört. Eigentlich hätte ich es knistern hören müssen. Als dann alles zusammenkrachte, war es eigentlich schon zu spät. Meine Frau erträgt mich nicht mehr, ich meine, daß meine Geschwister schon wieder das häßliche Lachen von früher haben. Ich würde mich am liebsten verkriechen und in der Praxis irgendeines Kollegen ganz still tätig sein und meinen eigenen Gedanken wieder nachhängen. Helfen Sie mir, daß ich nicht so schutzlos bin."

Zusammenfassend handelt es sich hier um einen primär sehr sensiblen Menschen, der nach der Pubertätszeit — wie im übrigen häufig — nun erst bewußt und dann unbewußt sich in die Mentalität eines erfolgreichen, forschen und dynamischen Menschen hineinspielte und dann in dieser Schablone sozusagen lief, aber mit der Starrheit einer Maske, die eigentlich sich nicht mehr bewegt. Die Starrheit der Maske war daher auch nicht mehr anpassungsfähig an Veränderungen der äußeren Lebenssituation. Der Patient fiel eigentlich selbst über die Maske, weil sie, wie wir oben sagten, zu groß war und es mußte die Aufgabe einer sehr sorgfältigen, längerdauernden Psychotherapie sein, zusammen mit ihm ein seiner Persönlichkeit entsprechendes angemessenes Bild wieder aufzubauen.

6.2. Die Flucht in Phantasiewelten

Wir erleben bei Sensiblen so häufig die Tendenz, sich aus der für sie oft brutal wirkenden Realität in Phantasiewelten zu flüchten, die teilweise auch ganz geheim bleiben und die nur der Arzt und auch der nicht immer erfährt, daß ein intensiveres Eingehen auf diesen Bereich einer menschlichen Fluchtform außerordentlich wichtig ist. Dazu kommt, daß unsere Untersuchungen zeigten, daß es die klassische Fluchtform der Sensiblen ist, während viele andere Fluchtformen, z. B. in eine Abhängigkeit von Rauschmitteln, so gut wie gar nicht beobachtet werden. Hier muß man davon ausgehen, daß die Sinneseindrücke des Sensiblen ja primär schon so intensiv erlebt werden, daß das Bedürfnis nach einer Intensivierung durch Rauschmittel und deren Folgen eher als unangenehm empfunden wird.

Wegen der Bedeutung dieser Flucht in Phantasiewelten ist es auch verständlich, daß wir diesen Abschnitt ausführlicher behandeln, ihn sowohl literarisch gründlich belegen als auch mit drei typischen Fällen veranschaulichen.

Die *menschliche Phantasie* ist eine ganz *wesentliche psychische Grundfunktion.* Sie ist im übrigen auch etwas typisch Menschliches. Ist ein Mensch phantasiearm, so ist er auch denkarm. Wir wissen dieses von Untersuchungen an Stirnhirnkranken, bei denen eine Vorstellungsfähigkeitsstörung vorliegt und bei denen ein „Spiel mit Vorstellungen" nicht erfolgen kann. Diese Patienten sind phantasie und denkarm. Sie leben ohne Beziehung zur Zukunft und zur Vergangenheit präsentisch und umweltverhaftet *(W. Klages).* Die Phantasie ist also etwas für den gesunden Menschen unabdingbar Wichtiges, erst recht für den intelligenten Menschen oder den wissenschaftlich oder künstlerisch aktiven. „Es ist sicheres Ergebnis . . . der erkenntnispsychologischen Untersuchungen, daß jeder erhebliche wissenschaftliche Fortschritt in erster Linie auf einem ursprünglichen, unberechenbaren, produktiven Faktor, der Phantasie, beruht. Diese selbst, die herrlichste Gabe der Natur, hat der Menschheit längst vor aller Erkenntnistheorie wie die Schätze der Kunst, so auch die der Wissenschaft gespendet, und sie hauptsächlich wird auch künftighin und trotz aller Erkenntnistheorie den Fortschritt der Erkenntnis ermöglichen." Dieser Satz von *J. Petzoldt* (1862– 1929) hat auch heute noch unvermindert seine Gültigkeit, ein Satz, der in ähnlichen Formulierungen auch immer wieder von anderen Wissenschaftlern *(Max Planck* u. a.) bestätigt ist.

Diese schöpferische Phantasie (Realphantasie) ist genauso wichtig wie die Phantasie des Menschen und ganz besonders die Spielphantasie des Kindes. *Lersch* hat aber noch eine dritte Unterscheidung vorgenommen, nämlich die der sogen. Wunsch- und Furchtphantasie. Bei solchen Formen wird häufig der Boden normalpsychologischer Spielbreiten verlassen und es kommt zu dem Ausbau von ausgeprägten Phantasiewelten, in denen die Betreffende als Akteur häufig im Mittelpunkt stehen kann und die Wünsche nun sich ihm erfüllen, die er sonst im Leben zu vermissen meint.

Die *Literatur über Phantasiewelten* ist außerordentlich groß. Um einen Einblick zu gewähren, sollen hier einige literarische Beispiele zitiert werden. So hat *Bosch* in seiner Arbeit „Der frühkindliche

Autismus" einen Patienten vorgestellt, der sich im Alter von 6 Jahren ein Traumland aufbaute, mit dessen Ausmalung und Vervollkommnung er viele Jahre, bis zum 14. Lebensjahr hin, beschäftigt war. Er nannte sein Phantasieland, das im Sternenall lag, „Resteten" Dort regierte er als König über ein Volk von guten Menschen. Noch als 20jähriger Student gab er zu, daß er diese Utopie noch nicht ganz überwunden habe und sich bisweilen noch weiter mit ihr beschäftige. *Kobie,* ein besonderer Kenner des Problems der Phantasiewelten, hat in seiner Studie über das Tagträumen bei Kindern und Jugendlichen ein Mädchen geschildert, das noch im Alter von 15 Jahren in einer Phantasiewelt lebt. Sie stellte mit eigenen Worten ihr Verhältnis zu diesen Erlebnissen mit dem Satz dar: „Der Übergang von der Phantasiewelt zur echten, bewegten, sachlichen Welt fiel mir schwer. Es war, als ob jemand mich gewaltsam hinübergezogen hätte." In seinen Studien über kindliche Utopien hat *Sauer* eine Phantasiewelt von 4 Geschwistern beschrieben, die in einem einsamen Pfarrhaus nach dem Tod ihrer Mutter alleine aufwuchsen. Die Geschwister waren beim Ausbau ihrer Phantasiewelt 4, 6, 8 und 10 Jahre alt; nahezu 20 Jahre lang (die älteste war längst als Lehrerin tätig) hielten sie noch an ihrem Phantasieleben fest. Auch bei einem anderen Fall spielt die Isolierung und vereinsamte Situation begünstigend eine Rolle, so berichtet *Kobie* von einem Jungen, der mit seiner Mutter in einem abgelegenen Haus aufwuchs. Er ersann einen Roman von Füchsen, denen er menschliche Klugheit und Sprache verlieh. Später wandelte er seine Füchse in ein Rittergeschlecht um, an deren Spitze er glanzvolle Taten vollbrachte. Er berichtet selber darüber: „Kam mir die Not einmal körperlich nahe, so litt ich nicht so sehr darunter, denn es war mir schon zur Gewohnheit geworden, zu fabulieren und eine eingebildete und glänzende Welt um mich aufzubauen, in der ich mehr lebte als in der Wirklichkeit."

In der schöngeistigen Literatur finden wir in *Mörikes* Roman „Maler Nolten" und bei *Clemens Brentano* (Phantasieland Vadutz des 11jährigen Brentano) transponiert autobiographische Darstellungen, die genauso lesenswert sind wie in dem Roman „Told by an Idiot" von *Rose Macauley* (1887–1958). In der letzten Darstellung wird ein Mädchen, Imogen, beschrieben, das sich in seinen Tagträumereien den um die Jahrhundertwende gefeierten F. Nansen zum Idol erkoren hat. Auch sie will Nordpolfahrten unternehmen und besteht in ihrer Phantasie bereits die tollsten Mutproben auf

der Jagd nach Eisbären. Noch als 18jähriges Mädchen, als sie ihre
Verwandten auf dem Lande besucht, fühlt sie sich in ihren Träumen als Indianer, der mit Pfeil und Bogen durch den Wald kriecht.

Wir sehen schon aus den wenigen Angaben aus wissenschaftlichen und künstlerischen Beiträgen, daß Phantasiewelten dadurch
ausgezeichnet sind, daß sie den Boden des Tagträumens, wie er von
Bloch eindringlich beschrieben ist, verlassen und daß es sich bei
Phantasiewelten nunmehr um *logisch systematisierte Ausgestaltungen
von geistigen Gebilden* handelt, die, und so werden wir es später
auch an unseren Fällen sehen, in ihrer inhaltlichen Größenordnung
im Gegensatz zu der realen Umwelt des Tagträumers stehen. *Bloch*
hat gut gesagt, daß die Tendenz zum Tagträumen, auch als einer
wichtigen Vorbedingung zur Ausgestaltung von Phantasiewelten,
an der „Übergangsstelle zwischen Trübe und Heiterkeit" wohnt.
Gerade die gedrückte Stimmung erleichtert es dem Tagträumer, in
eine gehobene zu fliehen. In *J. J. Rousseau*s Bekenntnissen finden
wir den interessanten Satz: „Es ist seltsam, daß meine Phantasie
sich niemals wohliger emporschwingt, als wenn es mir am wenigsten
wohlergeht. Und daß sie im Gegenteil weniger heiter ist, wenn alles
um sie heiter lacht", und *R. M. Rilke* hat in seinem Stundenbuch
die blaue Stunde umschrieben: „Ich liebe meines Wesens dunkle
Stunden, in welchen meine Sinne sich vertiefen . . ." Wenn man
sich diese Formulierungen vergegenwärtigt, so wird einem auch
deutlich, daß dem Tagträumer und damit auch demjenigen, der in
Phantasiewelten hineinflüchtet, durchaus nicht eine Passivität eigen
ist, ja *Löcker,* der die Phantasiewelten hinsichtlich ihres Stellenwertes in der psychopathologischen Symptomatik gründlich untersucht
hat, spricht von einer „Voraktivität", die nach Durchlauf dieses
Stadiums in eine echte Aktivität münden kann.

Wir beginnen nunmehr mit dem ersten Fall, bei dem ersichtlich
wird, daß streckenweise das Phantasieleben ein Übergewicht über
die reale Wirklichkeit erhält.

Fall 7

E. D., 20 Jahre, Angestellte. Die Patientin kam zur Aufnahme in die Psychiatrische Klinik wegen ausgeprägter Verhaltensstörungen. Die Angehörigen
berichteten, daß sie teils schwunglos und völlig verträumt zu Hause herum-
säße, dann wieder eine etwas ungesteuerte Aktivität entfalte und sich deutlich in ihrem Wesen verändert habe.

Die kleinwüchsige, konstitutionsbiologisch ausgeprägt infantil retardierte Patientin saß zusammengesunken, ausdruckslos und abwesend auf dem Stuhl, sprach leise und stockend mit fast monotoner Stimme, lediglich bei der ausgedehnten Schilderung ihrer Phantasiewelt und ihres Traumlandes wurde sie aktiver und hatte die Tendenz, den Untersucher auch für dieses Land mitzubegeistern.

Zur prämorbiden Persönlichkeit wurde bekannt, daß Elfriede D. als Kind sehr empfindsam, außerordentlich verspielt und leicht ablenkbar war. Sie wurde von den Lehrern schon während des Unterrichtes als „verträumt" bezeichnet, hörte selten auf das, was man ihr sagte, schwieg bei Fragen vielfach aus Angst, die falsche Antwort zu geben und begann vom 9. Lebensjahr an sehr viel zu lesen. Die äußere Situation – sie bewohnte ein kleines Mansardenstübchen ganz allein – begünstigte die Tendenz, sich in das Exil des Lesens zurückzuziehen. „Mit Karl May hat es angefangen. Ich habe dann schon Gespräche mit den Figuren in den Darstellungen von Karl May geführt und daraus sind dann immer wieder weitere Figuren geworden." Nach der Schulentlassung mißglückten alle Ansätze einer beruflichen Eingliederung. „Ich traute mich nicht zu reden. Die Wirklichkeit war mir schrecklich. Ich zog mich immer in mich selbst zurück. In dieser Zeit, als ich aus der Schule entlassen wurde (mit 15 Jahren), entwickelte sich auch meine große Phantasiewelt. In diese konnte ich mich ganz ungestört zurückziehen. Ich fühlte mich dabei durchaus glücklich und hoffte, daß mir keiner mein Traumland nimmt."

Nachdem sie Kontakt gefaßt hatte, begann sie jedoch immer wieder über ihre Traumwelt zu erzählen. Tonbandaufnahmen und genaue Explorationsprotokolle zeigten, daß alle ihre Ausführungen nahezu deckungsgleich waren. Es handelte sich also um ein ganz festes Gebäude einer Phantasiewelt, in das sich die Patientin selbst dann auch begab. Dieser Fall ist als Beispiel bei einer von Haus aus extrem sensiblen Patientin so eindringlich, daß wir ihn ungekürzt hier nach unseren wörtlichen Aufzeichnungen wiedergeben wollen. Die Patientin pflegte am Anfang meist – gewissermaßen als kleines Vorwort – dem Hörer ein paar einleitende Worte zu sagen. Diese sollen auch hier zunächst angeführt werden, um die ganz natürliche Frische ihrer Aussagen nicht zu beschneiden.

Phantasiewelt der Elfriede D. nach ihren Angaben: „Meine Traumwelt ist wie eine riesige Großstadt, wo eben alles möglich ist. Millionen von Einwohnern leben dort. Leider hat diese Traumstadt noch keinen Namen. Diese Stadt ist zusammengesetzt aus vielen Teilen von anderen bekannten Städten, Ländern und Staaten: Hamburg, Lübeck, Schwarzwald, die Eifel, Berlin, Deutschland, Vietnam, Indien, Ägypten, Griechenland, Süd- und Nordamerika, Afrika, Spanien, Frankreich, Paris, Hollywood und dem Orient.

Diese komische Zusammenstellung bezieht sich nicht nur auf die Landschaften oder Stadtteile, sondern eben auch auf politische Ebene. Doch das alles will ich Ihnen nach der Reihe erzählen und aufschreiben. Sie alle sollen einen kleinen Einblick in diese wunderbare Welt hinein bekommen. Vieles werden Sie vielleicht nicht ganz verstehen oder begreifen; denn die Stadt selbst wirkt so erschreckend gegensätzlich, und vieles darin widerspricht sich. Wie schon gesagt, in dieser Stadt ist alles möglich. Selbst ich, die ich doch schon so lange lebe in dieser Stadt, begreife vieles nicht. Diese Stadt, so widerspruchsvoll sie ist, wirkt wie Tag und Nacht. Doch nun hören Sie zu:

Wer als Fremder zum ersten Mal diese Stadt betritt, wird berauscht sein von dieser Welt. Durch ein großes Tor können Sie in diese Stadt hineinkommen. Dann laufen Sie geradezu direkt immer nach der Nase lang und kommen schließlich an einen großen Berg. Da klettern Sie hinauf und können die ganze Stadt überblicken. Übrigens, der Berg trägt den Namen San Miguel. Sie werden nun staunen, denn vor Ihren Augen tut sich eine wahre Märchenwelt auf. Sie fühlen sich wie in den Orient zurückversetzt. Eine Stadt, buchstäblich wie aus Tausend und einer Nacht. Besonders, wenn es dunkelt und die Nacht hereinbricht, werden Sie fasziniert sein von dieser Welt. Die ganze Stadt erstrahlt förmlich vor Glanz. Buntlichtreklamen, farbige Neonbeleuchtung und tausend andere Lichter sehen Sie. Unwillkürlich werden Sie von dieser Stadt wie ein Magnet angezogen. Die Lichter locken Sie, gewisse Reize üben die Strahlen aus, und abenteuerliche Gefühle werden in Ihnen geweckt. Zugleich aber fühlen Sie sich in einen gefährlichen Strudel von Gefühlen, Erlebnissen versetzt. Sie müssen also ganz vorsichtig sein, und lassen Sie sich auf keinen Fall von dieser Märchenwelt, von diesem einzigartigen Traum leiten. Manch ein Fremder ist in diesem Strudel untergegangen, versunken und hinuntergezogen worden, in die Tiefe. Ganz langsam, aber sicher könnte Sie dieser Traum in das Verderben ziehen und bald stürzen Sie ab. Gemeint sind damit die Vergnügungsviertel, die Lokale, gefährliche Bars, verderbende Spielhöllen, Alkohol usw. All das übt eine gewisse Macht auf Sie aus, deshalb lassen Sie sich nicht zum Sklaven dieser Mächte abstempeln. Viele Fremde versuchten in dieser Stadt ihr Glück zu machen durch Geld, Spiele und Spielhöllen und ließen sich verleiten zu Verbrechen. Geschickt getarnte Verbrecher umgarnen Sie, überreden Sie zu guten, angeblichen Geschäften. In Wirklichkeit werden Sie betrogen und können sich schließlich vor der Polizei verantworten.

Das ist die Gegenseite von diesem Traum. Einige wurden sogar entführt, erpreßt und schließlich ermordet. Doch niemals oder zumindest selten wurden solche Verbrecher gefaßt von der Polizei. Die meisten Verbrecher gehören einer Geheimorganisation der Unterwelt an. Nur wenige gehen eigene Wege. Die größte Verbrecherbande sind die Finders und Railroaders. Sie alle aber stehen noch unter Macht des Verbrecherbosses. Leider kennt ihn niemand und auch die Polizei ist gegen eine solche Bande machtlos. Diese Bande verkehrt häufig in der größten und zugleich gefährlichsten Abendbar „Die Todesbahn" (eine einfach gehaltene Zeichnung dieses Lokals wurde dem Referenten übergeben).

In den Vergnügungsvierteln gibt es sehr viele Bars, dunkle Spelunken, große Lokale, Restaurants und Wirtschaften. Die Vergnügungsviertel liegen in der Stadtmitte. Ebenso auch die Hauptgeschäftsstraßen.

Weiterhin liegen in dieser Stadt viele Krankenhäuser, moderne Kindergärten, Altersheime, moderne Hochhäuser mit Grünanlagen, Bungalows, Wolkenkratzer und große Villen. Auch viele Kaufhäuser, Fabriken, Werkstätten und vieles andere mehr finden Sie in dieser Stadt. Dazu kommen noch unzählige Büros für wichtige Geheimagenten, Versicherungen, Sparkassen, Banken, Krankenkassen, Polizeireviere usw. Rundum alles, was zu einer modernen Stadt nun einmal gehört. In dieser Stadt geht es auch sehr lebhaft zu. Besonders um die Mittagszeit und abends herrscht eine gewisse Unruhe, ein Drängen, ein Hetzen in der Stadt. Die Geschäftsleute haben es am schwersten. Sie hetzen von einer Konferenz zur anderen, unternehmen wichtige Geschäftsreisen, verhandeln mit anderen Geschäftsleuten und kommen selten einmal zur Ruhe. Ihr Terminkalender ist kurzum vollgefüllt.

Doch nicht nur die Geschäftsleute leben in der Stadt, sondern auch Filmstars, Schauspieler, Millionäre, Grafen, Könige, Fürsten, Leute der höheren Gesellschaft, Diplomaten, Forscher, Ärzte usw.

Alle paar Wochen gibt irgendein Prominenter einen Tanzball, eine Party und andere Vergnügungen. Auch die Grafen feiern oft große Feste. Einmal im Jahr gibt es einen Jahrhundertball, wo sich alles trifft, was Rang und Namen hat.

In drei Büros der Stadt arbeitet unsere Geheimorganisation, der Innendienst, der Außen- und Nachtdienst. Diese drei Büros unterstehen dem Außenministerium. In einem dieser drei Büros arbeite ich mit vielen anderen zusammen. Diese drei Dienste arbeiten auch teilweise für und mit der Polizei zusammen, der Nachtdienst nämlich kontrolliert die Lokale, Bars und Wirtschaften.

Oft müssen sie auch noch spät in der Nacht zu den Bauern reiten, die ja außerhalb der Stadt wohnen. Der Innendienst und Außendienst kontrollieren die Finanzen, Steuern, bringen frische Waren zu den bestimmten Leuten, stellen Geschäftsverbindungen her und arbeiten praktischerweise in den Büros als Schreibkräfte, Sekretärinnen. Häufig nehmen viele, die in den Büros und auch draußen im Nachtdienst arbeiten, an Konferenzen im Ausland teil. Einige Arbeitskollegen und Kolleginnen aus den drei Büros von mir (es folgt eine Reihe von Phantasienamen) . . . Einige Grafen gehören auch zu meiner Traumwelt: Graf Gregor von Arlinghausen (dem Referenten wird ein Bild über das Schloß des Grafen überreicht), sein Sohn Graf Rainer, Graf Rüdiger von Steinau, Graf Richard von Witten, Graf Hans von Fürstenberg, Graf Gregor von Waldstädt, Graf Jochen von Brembach.

Einmal im Jahr ist in der Stadt die große Prüfung für alle, die im Innen-, Außen- und Nachtdienst arbeiten. Die Prüfung leitet ein gutes und strenges Komité aus allen Volksschichten. Überhaupt müssen alle, die in diesen Diensten stehen, Hast lernen. Wir müssen Reiten, Schießen, Raumlehre, Rechnen und noch vieles mehr lernen. Reiten und Schießen ist besonders für den Nachtdienst wichtig, denn oft werden wir in Schlägereien und Überfälle verwickelt.

Und nun wenden wir uns den Bauern, Handwerkern und einfachen Leuten zu. Sie wohnen alle außerhalb der eigentlichen Stadt (ein einfaches von der Patientin gezeichnetes Bauernhaus wird überreicht). Es gibt für die Bauern, die Sklaven, Handwerker, Bergleute, Jäger, Flößer, Holzarbeiter und anderen einfachen Leute einfache Siedlungen, Holzhäuser und Bauernhöfe, in denen sie wohnen und arbeiten. Die Werkstätten von der Schmiede, dem Schneider, den Malern und Anstreichern lagen auch in der Siedlung. Dazu gehörte auch ein Kaufhaus, ein Bäckerladen, ein Krämerladen, eine kleine Drogerie und Apotheke, eine Praxis für den Doktor und natürlich auch ein paar Lokale, Bars und Wirtschaften.

Tagsüber arbeiten die Bauern auf ihren Feldern, wo Reis, Hirse, Korn, Flachs, Baumwolle usw., Kartoffeln, Gemüse prächtig gedeihen . . . Die einfachen Hirten betreiben die Schafszucht und die Cowboys beschäftigen sich mit Rinder- und Kuhherden. Die Flößer und Holzarbeiter gehen in die großen Wäldern zur Arbeit. Auch große Farmen gibt es außerhalb der Stadt und natürlich auch die Schlösser für die Grafen. Sie haben nämlich ab und zu genug von dem Lärm der Stadt und ziehen sich dann auf ihre Schlösser zurück.

Auch landschaftlich ist es hier sehr schön. Riesige große Wälder, Stille, Ruhe überall, große Savannen und Pyrenäen dehnen sich endlos über das Land und romantische Landschaften ziehen an einem vorüber. Doch diese Ruhe und dieser Frieden täuschen."

Zusammenfassend handelt es sich hier um eine infantil retardierte, ausgeprägt sensible Grundpersönlichkeit, die — begünstigt durch einige äußere Umstände — sich eine Phantasiewelt aufbaute, ein Traumland, in dem sie selbst lebte. Während Sie für den äußeren Betrachter immer still, scheu, versunken, verträumt und schwunglos wirkte, war sie in diesem Traumland bemerkenswert aktiv. Bei ihren Traumfiguren stand sie kontaktmäßig im Mittelpunkt und fühlte sich gebraucht. Die Phantasiewelt wird, nachdem ein gutes Vertrauensverhältnis zum Arzt hergestellt ist, sehr detailliert offenbart, aber die Patientin sagt sehr gut: „Es fällt mir gar nicht leicht, diese Abfolgen innerlich geschauter Bilder in die Realität zu zerren." Diese Formulierung zeigt gleichzeitig auch, daß die Grenze in die Richtung des Psychopathologischen überschritten wurde, weil das Phantasieerleben hier zweifellos ein Übergewicht über die reale Wirklichkeit erhalten hat.

Hier sei vielleicht noch eine kleine Einlassung erlaubt, die die Reflektion des Lesers auf die Geschichte einer solchen Phantasieweltdarstellung betrifft. Zweifelsfrei bleibt man beim Lesen emotional reserviert. Wir müssen uns hier *Freud* anschließen, der in einer faszinierenden Analyse über den Dichter und das Phantasieren sagt, daß wir von solchen Phantasien (der Tagträumer), wenn wir sie erfahren, abgestoßen werden oder höchstens kühl gegen sie bleiben. Sie bereiten uns, so schreibt er weiter, wenn sie uns schließlich mitgeteilt werden, durch solche Enthüllung keine Lust. Der Dichter mildert den Charakter des egoistischen Tagtraumes durch Abänderungen und Verhüllungen und besticht uns durch rein formalen, d. h. ästhetischen Lustgewinn, den er uns in der Darstellung seiner Phantasien bietet. Darin liegt nach *Freud* auch die eigentliche Ars poetica.

Fall 8

H.-G. K., 18 Jahre, Schüler. Patient wurde unter dem Verdacht einer beginnenden Psychose aus dem schizophrenen Formenkreis, speziell einer hebephrenen Entwicklung, aufgenommen.

Zur prämorbiden Persönlichkeit wurde bekannt, daß Hans-Georg als ältester von 4 Kindern aufwuchs, nach normaler Kindheitsentwicklung 4 Jahre als guter Schüler die Volksschule und dann ein altsprachliches Gymnasium besuchte. Er war als sehr gewissenhafter Schüler bekannt, jedoch auch als ausgeprägter Einzelgänger. Schon als Kind hatte er keine rauhen Spiele geliebt, sondern war still, war versunken in Baukastenspiele und war von einer Fülle von Steiftieren umgeben, mit denen er am liebsten spielte. Die Schule erlebte er als „Quälung", aus der Sicht der Lehrer wurde er bescheiden, scheu und immer etwas gedrückt geschildert. Zu seinen Hobbies gehörte das Sammeln von Reiseprospekten. Er hatte weit über 1000 Prospekte zusammen und beschäftigte sich ganz allein damit. Auch in den höheren Klassen blieb er allein. Er hielt sich von seinen Mitschülern zurück. „Sie machten mit mir ihre Mätzchen, ich wehrte mich nicht."

Der hochaufgeschossene, ausgeprägt leptosom gebaute asthenische Junge mit einer Tendenz zur Überlänge der Extremitäten und noch relativ hoher Stimme berichtete dann über seine Phantasiewelten, die sich noch aus der Kinderzeit heraus entwickelten, aber immer einen neuen Gehalt annahmen und später in ein interessantes ausgebautes System − ähnlich wie bei der oben geschilderten Patientin − einmündeten.

Mit 12 Jahren standen für Hans-Georg die sogenannten „Ritterspiele" im Vordergrund seiner Phantasiewelt. Er hatte sich in einer Felsenecke eine Burg gebaut. Diese lag strategisch günstig auf einer Anhöhe. Hier spielte er Ritter, manchmal nahm er seine Geschwister hier hin mit und gab ihnen bestimmte Positionen, d. h. einer wurde Oberritter, andere wurden zum Knappen geschlagen, Auszeichnungen wurden verliehen, nachdem vorher in mühseliger Arbeit Ausweise mit Kreuzen usw. gemalt worden waren. Damals war er noch nicht mit seinen Eltern „verfeindet" (vgl. später). Aber wie es bei einem echten Ritter ist, „wurden Feinde frei erfunden und dafür war es notwendig, daß auch Waffen angeschafft wurden. Diese bestanden aus Stökken, die an einem Ende angespitzt wurden und häufig auch noch bunt angemalt wurden".

Diese noch im Rahmen der Spielphantasie eines Kindes liegenden Ansätze verdichteten sich dann aber mit 14 Jahren in ein ausgeprägtes System. Hans-Georg hatte eine Klassenfahrt in den Schwarzwald gemacht und „ich fand überall nette Leute. Sie waren so freundlich. Als ich dann wieder zurückkam und mich bei meinen Eltern nicht wohlfühlte, gedachte ich dieser freundlichen Leute im Schwarzwald und lebte mich nun ganz in die Schwarzwaldleute ein. Ich konnte bald nichts mehr anderes denken". Er meinte, in dem Radiosender dieses Gebietes, dem Südwestfunk, einen Sender gefunden zu haben, mit dem er nun auch mit seiner neuen Heimat immer in Verbindung stehe. Es gab für ihn noch einen Trost. Er achtete jedoch peinlich darauf, daß Eltern und Geschwister nichts von den Sendungen hörten, weil er Angst hatte, daß der Sender sonst evtl. auch anderen gefallen würde, und er wollte nicht, daß diese auf den Geschmack kämen, denn dann ließen sie sich ja auch evtl. in den Schwarzwald versetzen und seine ganze Theorie der freundlichen Leute wäre damit zusammengefallen. Er selbst fühlte sich als ein „verstreuter Schwarzwäldler auf feindlichem Gebiet". So kam er bald zu seinem Begriff der Schwarzwäldler. Sie verkörperten den guten Menschen. Die Schwarzwäldler sind die „einzigen echten Menschen, während die anderen Menschen ein Leben führen, das eher dem eines Unmenschen ähnlich ist. Die Schwarzwäldler lieben die Freiheit und Unabhängigkeit, wissen sich aber auch in der Unterdrückung richtig zu verhalten. Es sind die schönsten, nettesten, schlauesten und liebsten Menschen, die es gibt . . ." Er fühlte sich in dieser sich zunehmend verdichtenden Traumwelt dadurch bestärkt, daß er zufällig einen Vertreter einer Süddeutschen Hörfunkgerätefirma kennenlernte, der auch besonders sympathisch gewesen sei. Den freundlichen Schwarzwäldlern gegenüber sah er dann in seiner Phantasiewelt die anderen Menschen als „die Feinde". Dazu gehörten auch seine Eltern und auch in der Realität baute er in zunehmendem Maße nun – nicht mehr zwischen Phantasie und Realität genau unterscheiden könnend – die Eltern als Feinde, ja geradezu zum Feindbild auf. Er hatte den Eindruck, nun wie in einem Land von Feinden, das aufrüsten muß, „sich um Abwehrmaßnahmen kümmern zu müssen". Er versuchte es durch körperliche Ertüchtigung in Form von Dauerläufen im Wald, „Beweglichkeit, Schnelligkeit und Fixigkeit zu erreichen, obwohl ich im Sport sonst eine Niete bin". Im übrigen traf er Vorsorge mit bestimmten Waffen, d. h. er hatte „Nägel, aus denen ich Stichwaffen bastelte, Bonbons wurden zu Wurfgeschossen, ein Stein lag bereit, um evtl. eine Fensterscheibe kaputtschlagen zu können, um mich schnell zu befreien und flüchten zu können. Ich achtete darauf, daß ich nur einen Verteidigungskrieg führen wollte und mein Ziel bestand darin, mich persönlich zu retten . . . Außerdem packte ich ein paar Geräte zusammen, um in Sekundenschnelle aus der Welt fliehen zu können: Taschenlampe, Batterien, Kerzen, Streichhölzer, Taschentuch, Taschenmesser, Steine, Gebetbuch usw."

Eine weitere Fortsetzung der Phantasiewelt setzte ein, als die puberalen Züge und die auch ja in der Realität der Phantasiewelt zum Ausdruck kommenden Protesthaltungen gegenüber den Eltern nachließen. Er fühlte sich nunmehr in seiner Phantasiewelt als Chef eines internationalen Landes oder Führers einer Gruppengemeinschaft, und zwar einer Gruppe, der nur die freundlichsten Menschen, die es gab, angehörten. „Hier konnte ich jetzt endlich auch mal eine wichtige Position einnehmen. Ich habe als Chef dieses Landes ein bestimmtes Finanzsystem mit einer gemeinsamen Kasse für alle geschaffen. Ich selbst habe die verschiedensten Kassen- und Sparkassenbücher. Eins davon trägt das Kennwort ‚Ritter'. Wie zu jedem Staat gehörte hier natürlich auch ein Verteidigungssystem gegen potentielle Feinde dazu. Ich habe Holzstäbe, die in künstlerischer Arbeit zu Waffen geschmiedet wurden, und optisch schön bemalt sind. Ich bin Verteidigungsminister und Soldat in einer Person. Wie in jedem Land habe ich auch Grundgesetze gegeben. Das oberste Gesetz ist, alles gehört allen. Jeder muß dem Armen etwas geben, der Stärkere soll dem Schwächeren helfen, jeder muß einen Militärlehrgang machen, um sich gegen potentielle Feinde verteidigen zu können." Sein Schlafzimmer wurde in seiner Phantasie zum Hauptquartier des Landes. Hier wurden alle wichtigen Entschlüsse gefaßt. Da der Patient ja allein war, mußte er alle Gespräche mit sich selbst führen, weil er keinen anderen hatte, mit dem er sich unterhalten konnte, und mit dem die Probleme seines Landes besprochen werden konnten. Die Ergebnisse der Gespräche und der Konferenzen mit sich selber legte er teilweise auch in schriftlichen Darlegungen nieder oder legte einzelne Passagen denkschriftähnlich und mit häufig plakativem Charakter fest. So finden wir auf einer großen Seite jeweils in großer Schrift die Worte „Das Militär meines Landes erweist sich als sehr gut" oder „Es hat sich herausgestellt, daß ich nicht ohne dieses Land leben kann".

Zusammenfassend handelt es sich hier um einen jungen Mann, der von Haus aus sehr sensibel, scheu, kontaktschwach, zurückgezogen lebte, große Schwierigkeiten mit der Umwelt im schulischen Bereich, aber auch mit seinen Eltern hatte, sich unverstanden fühlte und — zunächst aus kindlichen Phantasiespielen — sich in zunehmendem Maße in eine eigene Phantasiewelt hineindachte, in der er auch agierte. So kam es über kindliche Phantasiewelten wie Ritterspiele, Chef eines Landes zu sein, zu der Entwicklung einer „Schwarzwälderideologie", in der er die Menschen zwischen guten Schwarzwäldlern und den bösen Feinden teilte und schließlich selbst Abwehrmaßnahmen traf, um eine Kommunikation oder evtl. Abwerbung seiner Freunde durch seine Feinde zu verhindern. In seiner Phantasie stand er in dauerndem Kontakt mit den „Schwarzwäldlern", über den Südwestfunk, bzw. seine zensierten Sendungen, wobei die Zensur eine notwendige Maßnahme zum Abwehren potentieller Feinde darstellte und das Zusammengehörigkeitsgefühl der „Schwarzwäldler" untereinander stärkte.

Auch hier ist der Übergang zum psychopathologischen Bereich in dem Moment eigentlich erfolgt, in dem Hans-Georg sich nicht mehr von seiner Phantasiewelt absetzen konnte, sondern nun versuchte, seine Erfahrungen mit sich und an der Umwelt seinem Gedankensystem ein- und unterzuordnen, ja zuweilen glaubte, daß auch anderen seine Zweiteilung der Menschen in Gut und Böse, Freunde und Feinde bekannt sei und diese bestimmten Gruppen untereinander mit bestimmten motivierten Handlungen rivalisierten.

Fall 9

T. P., 50 Jahre, Angestellter. Patient kam unter dem Verdacht einer beginnenden Psychose in die Klinik.

Großer, sehr kräftiger, athletisch gebauter Mann mit ausgeprägten dysplastischen Zügen, Tendenz zur dysplastischen Verfettung. Von Haus aus sehr empfindsam, schreckhaft, leicht gekränkt, stets guter Schüler, jedoch kontaktscheu, von anderen oft gehänselt. „Da ich so sehr groß und kompakt schon in der Schule war, dachten die Leute, sie könnten mir einiges zumuten und keiner ahnte, wie empfindsam ich war." Auch der ganze Berufsweg, der im übrigen erfolgreich war, war gewissermaßen gepflastert von für den Patienten bitteren Erlebnissen und menschlichen Enttäuschungen, die „vielfach eigentlich darin begründet waren, daß man immer sicherlich dachte, dem kann man es geben, der verträgt einiges, solch ein großer Schranktyp, mit dem kann man handfest umgehen".

Zunehmend flüchtete sich der Patient in Phantasiewelten und auch in Phantasiespiele.

„Sowie ich allein im Hause war und es still war, setzte ich mich hin und war nunmehr der große Vorsitzende eines Schwurgerichtes und sprach mit dem Staatsanwalt, dem Verteidiger, dann begann die große Verhandlung. Ich ließ erst die Zeugen eintreten, hörte dann die Sachverständigen und fragte dann den Angeklagten zunächst nach den Personalien und dann über seine Tat im einzelnen aus. In Rede und Gegenrede lief so eine ganze Schau ab, die mich stundenlang fesselte und immer wieder fielen mir neue Verbrechen ein, die ich in überlegener Art als Vorsitzender eines Schwurgerichtes abhandeln konnte. Ich war auch durchaus einmal Leiter eines Landgerichtes in meiner Phantasie. Da wurden dann Ehesachen und Ehekrisen behandelt. Ich ging aus diesen Phantasiespielen immer als der überlegene Mann heraus, ich hatte dann das Gefühl, daß sich das Gericht zu meinen Ehren erhebt, wenn ich das Zimmer verließ und dann wieder an meine berufliche Arbeit ging. Immer aber, das muß ich sagen, konnte ich zwischen Phantasie und Wirklichkeit unterscheiden, denn ich stehe ja in einem Beruf, in dem man ständig mit Menschen umgehen muß und sich nichts anmerken lassen darf. Genauso hatte ich über Jahre eine Phantasiewelt, in der es darum ging, den Liebhaber meiner Frau – der in Wirklichkeit natürlich nicht existiert – zu fangen und aus dem Zimmer zu prügeln. Es spielte sich dann eine ganz laute Szenerie ab, von der Gott sei Dank andere Leute und auch die Nachbarn nichts gemerkt haben. Ohne diese Phantasiewelten könnte ich, der ich jetzt 50 Jahre alt bin, nicht leben. Besonders unangenehm war allerdings eine Phantasiewelt, die ich vorübergehend einmal hatte, bei der ich den Eindruck hatte, auf dem Stuhl neben mir würde noch eine Frau sitzen, um die ich mich auch mit kümmern müßte. Diese Phantasiefrau – wie ich es einmal sagen darf – sah recht nett aus und ich hatte den Eindruck, ich müßte sie beim Frühstück mitfüttern. Dieses war mir besonders peinlich, da ja meine wirkliche Frau beim Frühstück immer neben mir saß. Sie hatte aber für mich und meine Neigungen zu Phantasiegebilden viel Verständnis."

Zusammenfassend handelt es sich hier um einen konstitutionsbiologisch ausgeprägt athletisch-dysplastischen, kräftigen Mann, der – wider Erwarten für den Betrachter – außerordentlich sensibel veranlagt war und wie er sagte, „schon ewig nach Hilfsmechanismen suchte", um mit seiner empfindsamen Art der Umwelt gegenüber bestehen zu können. Er fand den Fluchtweg der Phantasiewelt, in der er eine aktive Rolle übernahm und auch hier im Rahmen der Wunschphantasie als „großer weiser Richter" oder als „erfolgreicher Ehemann" agieren konnte. Beachtlich ist hier, daß eine Phantasiewelt sich bis ins mittlere Lebensalter in dieser Dichte gehalten hat, denn die Erfahrung — auch im Vergleich mit der Literatur — lehrt, daß in der Schulphase über das Tagträumen die Tendenz zum Ausbau von Phantasiewelten beginnt, sich dann in der Pubertätszeit stark intensiviert, um zwischen dem 20. bis 30. Lebensjahr eigentlich nachzulassen. Dann ist häufig — auch gerade, was die sensiblen Grundpersönlichkeiten betrifft — eine andere Form der Kompensation der sensiblen Grundausstattung gefunden, nämlich das Zulegen einer bestimmten Maske (vgl. Kapitel 6.1) oder die Tendenz zum ausgeprägt Einzelgängerischen (vgl. Kapitel 6.3).

Bei allen sensiblen Patienten, die im Laufe des langsamen Vertrauensverhältnisses zum Arzt bereit waren, über ihre Phantasiewelten zu sprechen, ging dieser Vorgang in kleinen Abschnitten vor sich. Es folgten zunächst ein paar Stichworte, dann wurde Stück um Stück dieser Phantasiewelt preisgegeben. Man hatte stets den Eindruck, daß diese *Phantasiewelt,* die ja einen Schutz darstellt, ein *ganz persönliches* kleines *Revier* war und daß dieser „Tabukreis" nicht übertreten werden sollte. Eine Patientin hat diese natürliche Scheu einmal mit den Worten formuliert „Sowie das grelle Licht eines weiteren wissenden Menschen auf meine schöne Welt fällt, verliert alles an Farbe und vielleicht geht dann alles zugrunde und ich habe keinen Halt mehr". Das erklärt auch, warum das Vorhandensein solcher Phantasiewelten sicher viel größer ist, als man es als Arzt — selbst als Facharzt — zu hören gewohnt ist. Solche kleinen „Bekenntnisse" erfolgen häufig sogar selbst im höheren Lebensalter. So darf eine weit über 70jährige, hochsensible Patientin zitiert werden, die mit den Problemen des zunehmenden Alterns nicht fertig wurde und berichtete, daß sie ihr Leben lang mit einer Phantasiegefährtin, einer gleichaltrigen Schwester, zusammengelebt habe, die mit ihr immer zusammen gewesen sei, von der sie niemanden etwas gesagt habe. Diese sei ihr immer zur Seite gewesen, habe bei ihr geschlafen, habe eine Ehe und drei Kinder durchgestanden und würde jetzt auch wohl noch den Lebensabend mit ihr durchstehen. Diese Phantasiegefährtin oder Phantasieschwester, die einen bestimmten Vornamen hatte, hatte ihr, wie sie sagte, ermöglicht, „mit der Grausamkeit des Lebens fertig zu werden und nie allein zu sein".

An diesem letztgenannten Beispiel wird aber noch eine Frage deutlich, die in einem solchen Kapitel nicht fehlen darf, nämlich die *Abgrenzung* zwischen *Phantasie* und *Lüge*. Wenn man die Ausführungen von *Weinreich* in seinen Studien über die Linguistik der Lüge und die Ausführungen von *Bollnow* über Wesen und Wandel der Tugenden zugrundelegt, dann muß gesagt werden, daß die Lüge sich nach außen wendet, sie will täuschen, sie will überhaupt einen bestimmten Zweck in der Welt erreichen. Aus dieser Formulierung aber wird deutlich, daß es dem Tagträumer und dem Patienten mit Phantasiewelten daran ja gar nicht liegt. Er wendet sich ja in seinen Träumen ganz nach innen und auch das oben schon angedeutete ausgeprägte Bewahren der eigenen Phantasiewelt und Nichtpreisgeben unterstützt ja diese Haltung des nur nach innen Agierens. Das wurde bei der letztzitierten Patientin mit der gedachten leiblichen Schwester als Phantasiegefährtin besonders erkennbar. Die Tendenz, sich in *Phantasiewelten* zu flüchten, ist natürlich kein Privileg des sensiblen Menschen schlechthin, wenngleich auch diese Form bei Sensiblen sicher ausgeprägter ist und schon *Deckwitz* bei sensiblen Kindern die vermehrte Tendenz zu einer „überlebhaften Phantasie" betont und empfiehlt, „diese Kinder, die . . . sensibel, sensorisch und motorisch übererregbar sind und für Freude und Schmerz stärker empfindlich sind", geistig nicht zu überfordern. Diese Tendenz zur vermehrten Ausbildung von Phantasiewelten findet man bei zwei Gruppen noch bevorzugt, die allerdings den sensiblen Persönlichkeitsstrukturen in einzelnen Anteilen nahestehen, bei den sogen. Nervösen *(Kraepelin)* und beim „gehemmten Menschen" *(Schultz-Hencke).* Bei den *Nervösen* hat *Kraepelin* beschrieben, daß sie sich durch eine große Einbildungskraft auszeichnen: „Manche lieben es, sich unwirkliche Lebenslagen und Abenteuer mit der größten Ausführlichkeit auszumalen und sich ganz in sie hineinzuleben."

Kraepelin schreibt weiter, daß er selbst am Anfang durch die ausgeprägten Gedankenspielereien Nervöser so irritiert gewesen sei, daß er früher annahm, es handelte sich hier um die erste Entwicklungsstufe eines paranoischen Größenwahns. Dennoch kommt es nicht etwa zu Wahnbildungen; auch die Luftschlösser pflegen nur als solche betrachtet zu werden. Und auch *Schultz-Hencke* soll hier zitiert werden, der in seinem Werk der *gehemmte Mensch* schreibt: „Je größer die Gehemmtheit, desto größer der Innendruck und desto dramatischer, expansiver die Phantasie."

6.3. Die innere Emigration

Neben der Tendenz, sich vor dem Stimulationsreichtum der Umwelt durch eine gut eingespielte Maske zu schützen und neben der Entgleisungslinie, sich in Phantasiewelten zu flüchten, finden wir häufig auch die Tendenz, sich in sich selbst zurückzuziehen, die Tendenz also zur inneren Emigration, zum „Nichtverhalten", zum Einzelgängertum und somit die Tendenz zu einer in gewisser Weise passiven Gesamthaltung des Geschehenlassens.

Dabei können im Grunde *zwei Spielarten* unterschieden werden, einmal die *resignierend-verbitterte Form.* Hierbei kommt es zu einer mutlosen Einstellung dem Leben gegenüber, zu einer häufig melancholisch eingefärbten Resignation, zu einem müden, matten Verhalten, zu einem Erlahmen des Interesses und einer sich immer mehr breitmachenden Passivität. Die Verbitterung gegen das Leben und das Gefühl des insgesamt glücklosen Lebenslaufes wird jedoch nie mit querulatorischem Akzent vorgebracht — dazu fehlt die nötige sthenische Konstitution mit der katathymen Verarbeitung —, sondern eher „halblaut" und auch nur vertrauten Personen gegenüber. Alles Dramatisierende liegt gerade diesen Verhaltensformen der Sensiblen fern. Es sind die Sensiblen mit einem asthenischen Zug.

Die zweite Spielart ist die im Grunde besonders bei intelligenten Menschen viel häufigere, nämlich die Flucht in eine *selbstgeschaffene Einsamkeit,* die — um sie erträglich zu machen — oft, man möchte sagen „intellektuell verbrämt" wird. Allerdings kommen bei dieser Form der selbsterwählten Einsamkeit *häufig* sehr ausgewogene *glückliche Stimmungen* zustande, die das Leben erträglich und das sich Zurückziehen in eine selbstersehnte Klausurhaltung nicht als unangenehm, sondern als erstrebenswert erscheinen lassen.

Wegen der Häufigkeit gerade dieser Verhaltensweise sollen hier einige Worte klärend angefügt werden.

Über das Einsamkeitserleben in gesunden und krankhaften Zuständen ist in der Literatur viel geschrieben worden. Es sei erinnert an die übersichtliche Bestandsaufnahme über das Einsamkeitserlebnis von *Kölbel,* der — als Schüler *Bollnow*s — eine sehr sorgfältige und ausgewogene Sammlung von Äußerungen vereinsamt Lebender zusammengestellt hat. Mit dem Problem der Einsamkeit haben sich aber in philosophischem Sinne *Ortega y Gasset,* auf der medizinischen Ebene *H. Schneider, Bitter* und zuletzt *Czernik* beschäftigt.

Dabei werden aus der Sicht des Philosophen und des Theologen die Vorzüge der Einsamkeit und damit die Möglichkeiten zu Wegen der Selbstfindung und auch des innigen Kontaktes mit dem Geist beschrieben, während von medizinischer Seite verständlicherweise die pathologischen Entgleisungslinien bis zum schweren Autismus und Mutismus im Vordergrund stehen. Daß man sich in wissenschaftlichen Analysen schon fast 200 Jahre mit dem Problem der Einsamkeit immer wieder auseinandersetzt, ist aus der immer wieder beeindruckend zu lesenden großen 4bändigen Studie von *Zimmermann* über die Einsamkeit (1784–1785) zu entnehmen, der — ähnlich wie *Freud* vom Todestrieb sprach — vom Trieb zur Einsamkeit beim Menschen spricht. „Weit heftiger als der Trieb zum gesellschaftlichen Leben ist jedoch der Trieb zur Einsamkeit . . . In seine ersten Begriffe aufgelöst scheint der Trieb zur Einsamkeit allemal der Trieb zu einer Art von Ruhe. Durch Ruhe verstehe ich die Entfernung einer Beschwerde, die uns zur Last wird; die in der Einsamkeit gesuchte Ruhe ist die Entfernung von allem, was unsere inwendige Zufriedenheit stören kann oder uns von unserem angenehmsten Denken abhält. *Pascal* nennt den Trieb nach Ruhe ein Überbleibsel der ursprünglichen Erhabenheit des Menschen; er glaubt, unser wahres Glück bestehe in Ruhe. In der Einsamkeit werden die Seelenkräfte am meisten erweitert, belebt, geschärft und erhöht . . . Jeder emporstrebende und gefühlvoll nach Wissenschaft strebende Geist hat in allen Zeiten die Einsamkeit gesucht und gepriesen; denn nur ein solcher Geist ist fähig, seine Seele den Reizungen der Sinne zu entziehen und mit seinen Gedanken über die dumme Alltäglichkeit hinwegzuschreiten." Wenn man bei dieser Passage die vor 200 Jahren noch üblichen starken emotionalen Eingebungen in wissenschaftliche Texte abstrahiert, dann bleibt doch immerhin eine Aussage, die auch dem heutigen Stand der Forschung über das Einsamkeitserleben entspricht. Nur ist zweifellos die Spannbreite der vom Künstler oder Gelehrten gesuchten Einsamkeit bis zu der aus pathologischer Motivation gesuchten Einsamkeit außerordentlich groß. Hier darf auf der einen Seite einmal *Picasso* zitiert werden, der zu Marie-Alaine Coutier sagte „Ohne Einsamkeit läßt sich nichts vollbringen. Ich habe um mich herum eine Einsamkeit geschaffen, die niemand je ahnen würde." Auf der anderen Seite darf man *H. Schneider* in seinen Untersuchungen über den krankhaften Autismus anführen mit dem Satz „Der Autismus trägt immer das Stigma der Krankheit zum Tode".

Es läßt sich bei diesem großen Spannbogen des Aufsuchens der Einsamkeit natürlich schlecht die Grenze zwischen Norm und Abnorm ziehen. Hier kann eigentlich insofern ein gewisses Maß gesetzt werden, als man formulieren kann, daß ein Einsamkeitserleben, das produktive Züge trägt und einer gewissen schöpferischen Note nicht entbehrt, durchaus zu den normalpsychologisch völlig vertretbaren Verhaltensweisen gehört. In diese Gruppe würden beispielsweise Künstler und Wissenschaftler einzuordnen sein, aber auch Mönche, die eben produktiv für eine übergeordnete Aufgabe tätig sind. Auf der anderen Seite wird man die Züge des Psychopathologischen in den Fällen erkennen, in denen keinerlei Produktivität mehr vorliegt, in denen, ähnlich wie bei einem psychotischen Defektzustand, langsam eine Versandung des seelischen Bereiches eingesetzt, eine Verödung bis zum ausgeprägten Mutismus.

Bei den hier besprochenen sensiblen Patienten nun, die in der Einsamkeitsfindung ihren Fluchtweg sehen, kommt es jedoch meist nicht zu solchen harten psychopathologisch akzentuierten Verhaltensweisen. Es bleibt immer der Kontakt zur Realität erhalten. Selbst bei von Haus aus sehr schizoiden Sensiblen bleiben durchaus immer Sozialkontakte, wenn auch zu wenigen Partnern, bestehen.

Wenn wir nun diese drei Formen der in das Psychopathologische hinüberreichenden Fluchtformen der sensiblen Menschen aus ihrer als unglücklich empfundenen Veranlagung sehen, so darf zunächst erwähnt werden, daß bei der Herausstellung von drei Formen natürlich nur die am häufigsten von uns beobachteten hier zur Sprache kommen. Ähnlich wie bei einer Aufstellung jeglicher Art mit gleichem typologischen Akzent gibt es eine Unzahl von Legierungsmöglichkeiten, von Verbindungen also, von Vermischungen, und die sogen. „reinen Formen" sind so selten wie auch bei anderen typologischen Versuchen.

Aber auf eine andere Nuance hinzuweisen, erscheint uns noch wichtig. Das ist die *Abhängigkeit der verschiedenen Fluchtformen von dem persönlichen Antrieb* des jeweiligen Menschen. Wenn wir von der Einschätzung des Antriebsniveaus eines Menschen ausgehen und im Rahmen der Exploration auch — wie wir es seit Jahren tun — uns über das Antriebstagesmuster einen Eindruck verschaffen, so zeigt unsere Erfahrung, daß die Sensiblen mit einem relativ starken Eigenantrieb die Tendenz haben, sich mit Aktivität und Dynamik mit einer Schutzhaltung der Umwelt gegenüber zu umgeben und sich in eine Maske, wie wir oben sagten, ganz hineinzuleben. Bei den mittelstark antriebsmäßig veranlagten Menschen besteht die Tendenz zu Phantasiewelten und Phantasiegefährten. Unsere Untersuchungen ergaben, daß dieser Personenkreis im täglichen Leben durchaus auch in Grenzen aktiv sein kann und — wie wir ja auch gesehen haben — im Rahmen der Phantasiewelt dann diese Eigenaktivität noch überhöht und hier eigentlich voll aktiv wird. Bei der dritten genannten Gruppe derer, die die Einsamkeit anstreben, finden wir einen hohen Prozentsatz von früher von uns als „primär antriebsschwachen" beschriebenen Menschen. Wir hatten diese Persönlichkeiten mit einem primär niedrigen Antriebsniveau (*Klages* 1967) so charakterisiert, daß sie still sind, zurückgezogen, bescheiden, leicht resignierend, häufig die Welt mit ihren täglichen kleinen und großen Anforderungen als Zumutung empfinden. Qualvoll kann für sie eine Entscheidung sein, überhaupt das ständige Entschließenmüssen; mit der menschlichen Freiheit als höchster personaler Funktion der Besinnung wissen sie wenig anzufangen; sie sind häufig dankbar, wenn andere ihnen Entscheidungen abnehmen. Sie erleiden dadurch keine Selbstwertbeeinträchtigungen. Begegnungen mit anderen Menschen, auch die Pflege dauernder Kontakte sind ihnen mehr oder weniger lästig. Bei entsprechender intellektueller Voraussetzung wird oft eine gewisse Ironie als Mittel zur Weltflucht und zur Vermeidung der Umweltkontakte lässig und gewandt gehandhabt. Die Spannweite dieser primär antriebsarmen Normvarianten reicht von ausgesprochen lebensuntüchtigen bis zu kühlen intellektuellen Sonderlingen mit gut beherrschten Kompensationsmöglichkeiten.

Überdenkt man diese Passage der Charakterisierung der primär Antriebsschwachen, so fällt es einem leichter, sich vorzustellen, daß die Sensiblen, die primär antriebsschwach sind, den Hang zur Passivität, zur Einsamkeit ausgeprägter bevorzugen.

6.4. Das neurasthenische Erschöpfungssyndrom

Die unter 6.1 bis 6.3 geschilderten Formen sind letztlich Formen der Kompensation des Sensiblen, um im Leben bestehen zu können. Zweifelsfrei aber gibt es auch gelegentlich und eines Tages bei manchen Sensiblen den Zustand einer völligen psychophysischen Erschöpfung. Dieser verläuft unter klinisch sehr präzisen Kriterien ab, die sich von anderen neurasthenischen Erschöpfungszuständen unterscheiden. Sie sind meistens im Rahmen einer ambulanten Behandlung nicht abzufangen, sondern bedürfen einer klinisch stationären Aufnahme. Über ein solches neurasthenisches Erschöpfungssyndrom bei einem sensiblen Künstler werden wir noch berichten. Hier sei nur schon vorweggenommen, daß das *neurasthenische Erschöpfungssyndrom bei Sensiblen* plötzlich, d. h. ohne lange Vorboten, auftritt. Es kommt oft nach Phasen jahrelanger psychischer Beherrschung und Disziplin ganz *plötzlich* und sowohl für den Patienten wie auch die Angehörigen unerwartet zu einem Gefühl der völligen Erschöpfung. Dieses wird *begleitet von vegetativen Krisen.* Sie sind durch eine Neigung zur Tachykardie, durch vermehrtes Schwitzen, weite Pupillen, Wechsel der Gesichtsfarbe, vermehrten Dermographismus, Hyperdrosis, Störungen des Schlaf-Wach-Rhythmus, Störungen der Nahrungsaufnahme gekennzeichnet. Sie sind häufig verbunden mit Kopfdruck und dem subjektiven Gefühl der Konzentrations- und allgemeinen Leistungsschwäche. Im Psychomotorischen überwiegt nicht eine Unruhe, sondern auffällig ist geradezu ein „Totstellreflex". Die Patienten schildern oft selbst, daß sie *bis zur Bewegungslosigkeit erschöpft* sind und erst einmal das Bedürfnis haben, sich weder zu bewegen noch überhaupt zu sprechen. Schon dieses Charakteristikum bedarf der Erwähnung, weil — wie erkennbar — nicht die geringste Tendenz besteht, den Zustand totaler Erschöpfung nun hypochondrisch auszuweiten und durch eine Vielzahl von Klagen zu bereichern. Das neurasthenische Erschöpfungssyndrom bei Sensiblen spielt sich völlig lautlos, undramatisch, ohne demonstrative oder auch nur angedeutet hyperexpressive Note ab.

Der *Leidensdruck* ist dabei *stark,* der *Heilungswille* außerordentlich *groß.* Wir haben keine Fälle erlebt, in denen verkappt Rentenwünsche oder neurotische Tendenzen sichtbar wurden. Innerhalb eines Zeitraumes einer klinisch stationären Behandlung von 4 bis 6 Wochen war dieser neurasthenische Erschöpfungszustand ohne Spuren zu hinterlassen behoben. Es wurde später nicht mehr gerne davon gesprochen. Auch bei der Erhebung der Anamnesen rückten die Patienten ungern mit einem solchen mehrwöchigen Schwächesyndrom heraus.

Forschte man genau in der Anamnese der Patienten, so konnte nach dem Prinzip des Summationseffektes in vielen Fällen doch eine Anreicherung von nicht mehr intrapsychisch zu verarbeitenden Außenreizen festgestellt werden, die dann — nach dem *Selbach*schen

Kippschwingungsprinzip nunmehr mit einer langen Sinusschwingung unter die Normlinie – ins Pathologische dekompensieren. An das Modell des Kippschwingungsprinzips erinnerte auch meist, daß nach dem „Auftauchen aus dem neurasthenischen Erschöpfungssyndrom" ein paar Tage eine, wenn auch nicht subeuphorische, so doch recht zuversichtliche Haltung einsetzte, die sich dann wieder auf die Normlinie einpendelte. Das neurasthenische Erschöpfungssyndrom bei Sensiblen erinnert in vielen Einzelheiten an psychische Überforderungsreaktionen, wie wir sie aus dem Erfahrungsgut der experimentellen Streßpsychologie kennen. Auch bei diesen, gelegentlich periodisch auftretenden abnormen Erlebnisreaktionen, kann es nicht nur zu einer zunächst sich im Prodrom aufschaukelnden Erregung mit vergeblichen Fluchtversuchen aus dem gespannten psychologischen Feld und irrealen Ersatzhandlungen bis zur leeren Agitation kommen, sondern es kann auch eine „stumme Erstarrung der Reaktion" *(Wieser)* dem Bild das besondere Gepräge verleihen. Diese besondere Note herrscht auch bei den von uns geschilderten Zuständen vor, wie wir bei Fall 10, Kapitel 7, sehen werden. Im Rahmen dieser selbstempfundenen Erstarrung finden wir auch häufig eindringliche Schilderungen des Gefühls der Depersonalisation, und zwar sowohl der autopsychischen wie allopsychischen Depersonalisation.

7. Hochsensible Formen, insbesondere bei Künstlern und Intellektuellen

Die klinische Erfahrung lehrt, daß hochsensible Formen, die in vielen Zügen also eine noch schärfere Akzentuierung der Wesenseigenheiten zeigen, die bisher beschrieben wurden, insbesondere bei Intellektuellen zu finden sind. Hier haben wir hochsensible Verhaltensweisen ganz besonders ausgeprägt bei künstlerisch nicht nur veranlagten, sondern künstlerisch auch tätigen Menschen gefunden, seien sie im Rahmen der Literatur, des Malens und Zeichnens oder der Bildhauerei schöpferisch tätig. Äußere Umstände begünstigten, daß wir auch jenseits des rein ärztlichen Metiers viele Einblicke in die persönlicheren Bereiche dieser Personengruppe gewinnen konnten.

Es steht ganz außer Frage — und die klinische Erfahrung von zwei Jahrzehnten gerade in diesem speziellen Sektor bestätigt es —, daß die künstlerisch veranlagte Mentalität ganz besonders „störanfällig" ist. Wir kennen hier Formen des menschlichen, aber auch des ins Pathologische gehenden Versagens, wie wir es bei anderen Berufsgruppen nicht finden. Wenn wir im folgenden aus der Fülle unserer Beobachtungen einen Fall ausführlicher darstellen, so möge dieser als Modellfall genügen. Es kann uns nicht daran gelegen sein, hier die vielen Beobachtungen mitzuteilen, die sicherlich zum Thema außerordentlich interessant und fruchtbar wären.

Fall 10

Herr K. A., 30 Jahre, Künstler. Aufnahme wegen eines schweren psychophysischen Erschöpfungszustandes. Patient wird, selbst fast bewegungsarm, in das Bett getragen, Extremitäten hängen schlaff herunter, die Augen sind geschlossen, der Patient ist bei vollem Bewußtsein und auch bei der ersten Exploration zugewandt und voll orientiert. Er spricht spontan kaum, die Sprechweise ist schleppend, aber sehr wohl überlegt. Er betont selbst, daß er auf Formulierungen größten Wert lege, jedes Wort sich genau überlegen würde. Er habe die Augen zu und wolle auch am liebsten nichts hören, weil er unter einem „Ichsog" leide. Er meine damit, daß alles Gehörte und Geschehene ganz verstärkt auf ihn einwirke und er deshalb völlig abblocken müsse. Er fühle sich in diesem Zustand selbst wie ein Käfer, der sich tot stellte, aber es wäre der einzige Schutz, den er überhaupt noch gegen die Qual der vielen Eindrücke, die er ständig aufnehme und kaum verarbeiten könne, durchzuführen in der Lage sei.

Mimisch wirkt er ausdrucksarm, das Mittelgesicht ist verstrichen, insgesamt etwas blaß, affektiv überwiegt eine Stimmungslage, die durch eine matte dysphorische Haltung mit resignierendem Akzent ausgezeichnet ist. Er fühlt sich nicht echt depressiv. Im Gedankenablauf finden sich formal und inhaltlich keine Störungen. Merkfähigkeit und Gedächtnis, einfache und kombinatorische Denkleistungen liegen im Bereich der Norm und entsprechen Vorbildung und Alter. Das Antriebsniveau ist im Augenblick gesenkt, die Konzentration ist nicht eingeengt. Die ausführliche Tiefenexploration ergab keinerlei Anhalt für Aktualkonflikte im Bereich der Familie, des Berufes usw.

Die Ehefrau berichtete, daß ihr Mann extrem reizbar sei, von Haus aus schon sehr empfindlich, bei kleinsten Frustrationen sehr leicht verletzbar, er sei einzelgängerisch und habe die Tendenz, sich mehrere Stunden in Schweigen zurückzuziehen, in seinen Arbeitsraum zu begeben und dort vor sich hinzustieren.

Sein Arbeitsraum sähe so aus, daß im Rahmen einer großen Wohnung ein Zwischenboden abgehängt sei, praktisch wie ein kleines Haus im Hause[1]. Hier würde er wie in einem Miniaturhäuschen sitzen. Dieser kleine Raum beherberge lediglich einen Schreibtisch, eine Lampe, ein paar Bücher und seinen Arbeitsstuhl. Er habe dann das Gefühl, so berichtete seine Frau weiter, daß er seine Familie mit mehreren Kindern „unter sich lassen" könne und trotzdem der Familie nicht ganz fern sei.

Nach der entsprechenden therapeutischen Behandlung und Auflockerung dieses fast mit einem affektiven Stupor zunächst einhergehenden schweren psychophysischen Erschöpfungszustandes gab Herr K. A. noch Einzelheiten zur immer schon bestehenden erheblichen Sensibilität an.

„Ich war schon als kleiner Junge ganz außerordentlich empfindlich. Ich besuchte ein sehr gepflegtes humanistisches Gymnasium, und wenn meine Mitschüler auch noch so nett und geordnet waren, so blieb ich doch Außenseiter. Man neckte mich, war außerordentlich sensibel, ein Wort eines Lehrers oder das meines Nachbarjungen in der Schule konnte mich außerordentlich treffen. Wenn man mir aus Spaß sagte, meine Schulhefte seien nicht ganz ordentlich oder es würden sich Ecken an den Heften finden, nahm ich das ganz tragisch und konnte Tage darüber kaum zur Ruhe kommen. Ich mußte mich immer wieder damit beschäftigen. Ich war als Kind schon immer leicht aufgewühlt und konnte mich nach außen nicht weiter ausdrücken. Ich blieb dann ziemlich still und flüchtete mich in Bücher. Ich saß dann oft stundenlang lesend und tauchte in die ganz andere Welt des Buches ein. Ich führte sozusagen mit dem jeweiligen Schriftsteller oder Autor eine Zwiesprache und wurde dann langsam zufriedener."

Auf die einzelnen Sinnesreize und die erhöhte Empfindlichkeit angesprochen gab Herr K. A. an: „In der Tat ist es so, daß der Geruchsreiz für mich eine ganz erstaunlich starke Wirkung hat, ja — es ist mir peinlich, es zu sagen — manchmal ordne ich nicht nur Dinge, sondern auch Menschen nach dem Geruch ein. Bestimmte Gegenstände — auch die nichtriechenden — haben eine Geruchsqualität für mich. Ich muß sagen, daß auch bestimmte Frauen, die ich auf der Straße sehe, sofort eine Geruchsqualität für mich

---

[1]   Man wird erinnert an die Hängebodenklause des Jonas bei *Albert Camus* (Jonas, Insel Verlag 686, Wiesbaden 1959).

haben, z. B. nach frischer Wäsche, nach einem frischen Haus oder auch nach einem irgendwie verrucht wirkenden Parfüm. Was das Optische betrifft, so muß ich sagen, daß ich so empfindlich bin bei bestimmten gelben, grünen oder auch roten Dingen, ganz komischerweise auch bei blauen Büchern, daß ich, wenn ich an meiner Bücherwand vorbeigehe und entdecke ein blaues Buch mit dem Rücken – ich muß es schon sagen, wie es ist –, dann kann ich direkt den Buchrücken streichen mit irgendeiner anderen Farbe, weil das Buch sonst auf der Wand mich gefährlich und unangenehm geradezu ansieht, obwohl ich weiß, daß das Buch natürlich nicht gucken kann, fühle ich mich dadurch vom Optischen her einfach belastet. Was mein Gehör betrifft, da wissen meine Kinder und meine Frau schon, daß ich hier entsetzlich empfindlich bin. Wenn eine Tür zugeknallt ist durch Unachtsamkeit meiner Kinder, dann ich erst mal eine Stunde nicht arbeiten und kann vor allen Dingen schöpferisch nicht tätig sein, weil ich mich dann so darüber erschrocken habe und nachträglich auch noch so aufrege, daß ich so empfindlich bin. Auf der Haut merke ich jede kleine Veränderung der Außentemperatur ganz schlimm, und sicherlich nicht ganz in Ordnung ist, daß ich gegen Zug so empfindlich bin, daß die kleinste Zugluft mich stört, auch wenn z. B. in einem Arbeitsgehäuse alles geschlossen ist oder wenn in einem anderen Zimmer Fenster und Türen zu sind, so meine ich, doch die Zugluft zu spüren und setze mich dann genau in einen toten Winkel, wo ich keinen Zug habe. Das ist besonders dann peinlich, wenn ich irgendwo eingeladen bin und es feste Plätze gibt, dann rangiere ich solange mit den Stühlen oder den Plätzen herum, bis ich schließlich einen Ort gefunden habe, wo ich meiner Meinung nach wirklich in einer ganz windstillen Ecke bin und der Zug nicht von meiner Haut wahrgenommen wird.

Ich darf noch nachtragen, es ist zwar so, daß ich gegen Gerüche sehr empfindlich bin, wenn z. B. etwas angebrannt riecht oder Öl- und Teergeruch, Geruch nach Benzin, Geruch nach warmem Blut usw., aber es gibt auch Gerüche, die ich gerne mag, und ich habe direkt einen Zwang, daran riechen zu müssen. Das ist seltsamerweise mein eigener Schweißgeruch und auch, wenn ich mir mal in den Ohren gebohrt habe. Dann habe ich ein angenehmes Gefühl, dieses zu riechen, auch wenn es für andere vielleicht ekelhaft ist."

Herr K. A., der im Rahmen einer Überforderungssituation (Belastung durch Familie, kleine vermeintliche schöpferische Senke, Gefühl durch Galeristen hektisch zu Ausstellungen getrieben zu werden) in die Klinik gekommen war, blieb etwa 8 Tage in diesem gedämpften Zustand, in dem er nach außen bis auf die Rücksprache mit dem Arzt – die zunächst kurz gehalten wurde – gar keinen Kontakt aufnahm. Er vermied, seine Familie zu sehen, wollte gar keinen Besuch haben und dunkelte sein Zimmer ab. Auch am Tage waren die dunkelblauen Vorgänge fest verschlossen. Das Personal nahm Rücksicht. Akustische Störfakten wurden vermieden.

Nach 8 Tagen – unter lediglich sehr leichter psychopharmakologischer Behandlung – besserte sich das Zustandsbild. Herr K. A. fühlte sich entlastet, wie neugeboren und hatte den Eindruck, daß er jetzt wieder mit seiner Arbeit, aber auch mit den vielen auf ihn einströmenden Sinneseindrücken fertig werden würde. Diese, wie er sagte, „harte Bandage des Ausschaltens aller Sinnesreize, seien sie nun unangenehm oder seien sie erfreulich", hatten ihm geholfen. In der Zeit der stillen Versenkung, wie er meinte, hatte er wieder

Kraft gesammelt. Er war jetzt wieder gesprächsbereiter und fühlte sich seinen Aufgaben gewachsen. Die Katamnese über viele Jahre zeigte dann, daß alle 2–3 Jahre einmal ein solcher Zustand des schweren psychophysischen Versagens auftrat, der teils ambulant abgefangen, teils aber doch nur stationär behandelt werden konnte.

Zusammenfassend handelt es sich hier also um einen hochdifferenzierten, von Haus aus sehr sensiblen Künstler, bei dem es unter einer Belastungssituation durch äußere Fakten nunmehr zu einer Dekompensation des bisher in Grenzen gut ausgependelten Gleichgewichtes zwischen Stimulationsreizen und eigenen Gegensteuerungen gekommen war.

Das *Wissen* um solche *Krisen mit dem Akzent des neurasthenischen Versagens bei Sensiblen und* besonders auch gerade bei *Hochsensiblen* ist u. E. *außerordentlich wichtig.* Es ist vor allen Dingen wichtig zu wissen, daß solche Krisen nicht etwa gleich als das Vorfeld einer beginnenden Psychose oder als eine neurotische Fehlhaltung oder als Ausdruck einer psychopathischen Sonderform angesehen werden dürfen. Die häufige Beschäftigung gerade mit solchen Zustandsbildern, die wie zeitlich begrenzte Einlassungen bei hochdifferenzierten Künstlern immer einmal alle 2–3 Jahre auftreten können, zeigt, daß neben der Vorsicht vor einer vorschnellen diagnostischen Festlegung auch eine Vorsicht bei der Therapie geboten ist. Hier wäre es nicht opportun, gleich mit Höchstdosierungen aus dem Sektor der Psychopharmakologie zu beginnen, sondern hier wird neben einer sehr schmalen, zarten Dosierung vor allen Dingen auch der kontinuierliche persönliche Kontakt das Entscheidende bleiben müssen. Wie bei diesem oben geschilderten Modellfall, so lehrt auch die Untersuchung und Beobachtung vieler ähnlich gelagerter Ausnahmezustände bei Künstlern, daß auch hier wie bei den übrigen Sensiblen keine Tendenz zur hypochondrischen Verarbeitung besteht. Dieser extrem leptosome, sehr schmale, blasse Patient mit einer Tendenz zum Untergewicht, einer Überlänge der Extremitäten und einer Tendenz zur Arachnodaktylie hatte niemals hypochondrische Klagen vorgetragen oder auch nur stärker selbstbemitleidende Tendenzen gezeigt. Seine Freude an der Genesung und an dem wieder künstlerisch Tätigsein-Können waren genauso echt wie vorher der Zustand des totalen Versagens, das einer klinischen Betreuung bedurfte.

Hochsensible Künstlerpersönlichkeiten aus der Literatur

Wenn wir aus der Fülle hochsensibler Künstlerpersönlichkeiten zwei
frei herausgreifen, nämlich *Marcel Proust* und *Rainer Maria Rilke,*
so liegt es daran, daß über diese beiden Persönlichkeiten nicht etwa
nur manche pathobiographische Daten vorliegen, sondern daß auch
diese beiden Persönlichkeiten durch viele Selbsterzeugnisse, durch
eine große Fülle von Briefen, schließlich aber besonders im Fall von
Marcel Proust durch eine fast autobiographische Darstellung (Suche
nach der verlorenen Zeit) selbst sehr viel exaktes Material zur Do-
kumentation ihres Wesens, insbesondere auch ihrer seelischen diffizilen Feinheiten, beigetragen haben. Dazu kommt schließlich, daß
beide mit hochintelligenten Menschen befreundet waren, die ihrer-
seits wiederum in der Sekundärliteratur manche Beobachtungen
und auffällige Verhaltensweisen sehr sorgsam und verbindlich festgehalten haben.

Es muß darauf hingewiesen werden, daß es sich hier bei der Darstellung dieser beiden berühmten Literaten nun nicht um eine pathobiographische Darstellung handeln soll, wie sie z. B. in ausführlicher und umfassender Weise von *Spoerri* über *Georg Trakl* erfolgte
und wie sie von *Jaspers* über *Strindberg* vorliegt, es soll vielmehr
anhand der sorgfältigen zusammengetragenen Fakten nur ein Aus-
schnitt speziell beleuchtet und wie mit einer Lupenvergrößerung
eingestellt werden, nämlich der Bereich der besonderen Sensibilität,
der besonderen Feinfühligkeit und aller damit im Zusammenhang
stehenden Verhaltensweisen.

Marcel Proust (1871–1922)

Den jetzt folgenden Ausführungen liegen neben sämtlichen Werken
*Marcel Proust*s vor allen Dingen sein Hauptwerk „Die Suche nach
der verlorenen Zeit" zugrunde, die Lebensdarstellung von *Claude
Mauriac,* die besonders nachempfindende Darstellung von *André
Maurois* (auf den Spuren von Marcel Proust), die Schilderungen
der Prinzessin *Bibesco* (Begegnung mit Marcel Proust) sowie schließlich neben weiteren Briefen auch das 1973 erschienene Buch über
„Monsieur Proust" von seiner damaligen langjährigen Haushälterin
Céleste Albaret. Auf weitere Hinweise auf die zahllose und kaum
mehr übersehbare Sekundärliteratur, die gleichfalls mit durchge-
mustert wurde, soll hier verzichtet werden.

Mauriac beginnt seine Monographie über *Marcel Proust* mit dem Satz, daß sich die Kindheit *Marcel Proust*s weit über die üblichen Grenzen erstreckt habe. Als kleiner Junge sei er so überempfindlich gewesen, daß er ohne den Gute-Nachtkuß seiner Mutter nicht habe einschlafen können. Beide Angaben lassen sich eigentlich wie ein roter Faden durch das Leben verfolgen. In der Tat war es so, daß sich *Marcel Proust* aus seiner Kindheit und seiner unwahrscheinlich engen Bindung an seine Mutter kaum lösen konnte. Sein großes umfassendes Lebenswerk „Die Suche nach der verlorenen Zeit" hat sicherlich einen Teil ihres Ursprungs in diesem Bedürfnis, auch als erwachsener Mann immer wieder auf das intensivste die Beziehung zur eigenen Kindheit zurückzuverfolgen. Nicht nur das Kind, sogar der Jüngling *Marcel Proust* wird als so nervös geschildert, daß es nur eines etwas rauhen Wortes bedurfte, damit er die ganze Nacht weinte. Auch später, als er älter war, wurde von *Maurois* die Frage gestellt, war er ein Kind? Ein Jüngling? Man wußte es nicht. Und eine ältere Bekannte sagte von ihm: „Mein kleiner Marcel, mein kleiner Porzellanpsychologe."

Mit dem letztgenannten Wort wird auch die hohe Empfindlichkeit angesprochen, die von sämtlichen Bekannten und Verwandten bis zu der kritisch und sachlich beobachtenden Haushälterin *Céleste* in schriftlichen Dokumenten dargelegt ist. Er selbst hat allerdings in einer unwahrscheinlich diffizilen Weise diese hohe Sensibilität gegenüber jeglichen Reizen zum Ausdruck gebracht und, um hier eine gewisse Übersicht zu erreichen, würde es zweckmäßig sein, die verschiedenen Empfindlichkeiten auf Sinnesempfindungen, auch die Synästhesien mit einer gewissen Reihenfolge durchzugehen.

Ganz vordergründig schien eine ungewöhnliche *Geruchsempfindung* zu sein. Er ertrug keine Parfüms, weder natürliche noch künstliche. Er konnte nicht einmal Blumen ertragen, selbst wenn sie gar nicht oder nur schwach dufteten. Kerzen durften nicht in seiner Gegenwart angezündet werden, weil der geringste Geruch nach Schwefel oder nach Streichhölzern überhaupt ihn irritierten. Er wollte nicht, daß für Beleuchtung oder Heizung Gas verwendet wurde, das er des Geruchs wegen hatte abstellen lassen. In all seinen Briefen klagt er deshalb über seinen eisernen Ofen, der fast bis zum Ersticken hitzte.

Was den *Geschmackssinn* betraf, so hatte er eine Ablehnung gegen viele Speisen, nährte sich ausschließlich von Kaffee mit Milch, nur manchmal hatte er Appetit auf eine gebackene Seezunge oder auf ein Brathühnchen, das er sich von auswärts holen ließ. In der Wohnung zu kochen war untersagt, weil der leiseste Geruch seiner Meinung nach seine asthmoide Komponente verstärkte, andererseits aber auch unabhängig davon ihn störte.

Die starke innere Auseinandersetzung mit dem Geschmackssinn und mit Nahrungsmitteln, die für ihn also in irgendeiner Form doch letztlich ein Problem bedeuteten, kommt sehr gut zum Ausdruck in seiner Tendenz, bestimmte anschauliche Bilder durch Geschmackssinn und Darstellung von Nahrungsmitteln gewissermaßen zu intensivieren: ein müdes Gesicht zieht „Falten wie gerührter Sirup"; bei Sonnenuntergang liegt am Horizont ein Streifen himmelrot, so kompakt und scharf „geschnitten wie Fleischsülze"; die Verzierungen am Trokadero wirken im letzten Abendlicht wie bei altmodischen Tortenbäckern wie „Wellenlinien aus Johannisbeergelee".

Seine Überempfindlichkeit gegenüber jeglichen *Geräuschen* und äußeren Störungen ist maximal. Das Zimmer, das er bewohnte und in das er sich von September 1914 an für die letzten 8 Jahre seines Lebens und seines Werkes zurückzog, um freiwillig das Leben eines Einsiedlers auf sich zu nehmen, dieses Zimmer war mit Korkplatten ganz ausgelegt, ringsum an den Wänden mit Leisten festgenagelt, um alle Geräusche fernzuhalten. Als *Marcel Proust* kurze Zeit vor seinem Tode noch einmal in eine andere Wohnung umziehen mußte und schließlich nach vielen Bemühungen eine sehr ruhige Wohnung gefunden hatte, mietete er eine Wohnung im 5. Stock, von der er wußte, daß die darunterliegende Wohnung im 4. Stock frei bliebe. Über seiner Wohnung lag lediglich ein kleines Appartement mit einzelnen Zimmern. Die Zimmer waren leer, das Appartement wurde von einer ruhigen Dame bewohnt, die im Grunde nicht störte. *Marcel Proust* ließ ihr jedoch Geld durch seine Haushälterin geben, wofür sie versprach, keinerlei Lärm zu machen. Trotz allem waren in seiner Wohnung als Lärmschutz überall Teppiche angebracht, die auf seine Anordnung hin angenagelt werden mußten.

Über seine starke *optische* Beeindruckbarkeit wissen wir von den intensiv, ja fast enthusiastisch nachempfundenen Schilderungen bestimmter Erlebnisse und Begegnungen, aber auch von Naturbeschreibungen (z. B. die klassischen Passagen über die Weißdornhecken bei Illiers, vgl. unten).

Was den *Hautsinn* betraf, so lag hier eine Überempfindlichkeit vor, die von seiner langjährigen Haushälterin und Betreuerin *Céleste* sehr eindringlich geschildert wird. Er selbst verabscheute kalte Leib-

wäsche. Pullover, Unterhose, Hemd durften wie das Wasser nicht
kalt sein. Eingewickelt in Frottiertücher legte die Haushälterin die
Wäsche in die Bratröhre, zum Waschen benutzte er einen Stoß von
etwa 20 feinen Handtüchern mit Gerstenkornmuster aus Leinen,
mit jedem tupfte er sich einmal ab, dann warf er es weg. „Meine
Haut springt auf und ich bekomme sogar Schrunden, wenn ich ein
feuchtes Handtuch ein zweites Mal gebrauche."

Seine ungemeine Sensibilität *(Mauriac)* kam auch besonders in
ausgeprägten *Synästhesietendenzen* zum Ausdruck. So schreibt
Mauriac: Genüsse, die verschiedene Sinne auf den Plan rufen und
an die raffiniertesten Eindrücke des Geistes rühren, faßte er in einer
gemeinsamen Orchestrierung symphonisch zusammen. Eines seiner
beliebtesten Verfahren, die eigenen Empfindungen in ihrer ganzen
komplexen Fülle wiederzugeben, besteht späterhin tatsächlich in
gleichzeitigem Appell an das Zeugnis mehrerer in sich selbständiger
Sinne. Es folgt dann ein Hinweis auf eine Stelle, in der Gesicht
und Geruch zusammenwirken „So sah er das zarte Haupt einer
jungen Fliederdolde, die mit jener unaussprechlichen Frische hinge-
malt war, von der ihr Duft eine jähe Vorstellung vermittelt, zugleich mit einem unerhörten Reiz, ohne daß man dieses bis in die
Tiefe nachgehen kann." An einer anderen Stelle heißt es bei *Marcel
Proust* „Nach den ersten Schneeballbüschen kam der Flieder und
mischte hier und da unter sein dunkles Laub seine aus feinem
Musselin gefertigten Blüten mit den blitzenden Sternen, die Jean
durch bloßes Berühren zum Herunterfallen brachte, wobei sie zer-
stoben und einen guten Duft, wie der von Backwerk es ist, verbrei-
teten. Überall lebten aus der Erde geborene, aus der Rinde hervor-
tretende, auf dem Wasser sich wiegende, weiche Geschöpfe in diesem Duft und verströmten ihren bezaubernden Farbton. Jene sanfte
mauvefarbene Tönung, die nach dem Regen in einem Bogen, der
ganz nah scheint, dem man aber nie näherkommen kann, sich uns
im Himmel zwischen den Zweigen in weiche, feingliedrige Blüten
verwandelt zeigt, konnte man hier anschauen, man durfte sich ihr
nähern, ihren Duft einatmen, der fein wie sie selbst an den Flieder-
zweigen hing, man konnte ihn mit sich nehmen . . ."

In einem Brief an Prinzessin *Bibesco* schreibt *Marcel Proust*
selbst „Eine Empfindung, sei sie auch noch so selbstlos, ein Duft,
ein Schimmer sind, solange sie gegenwärtig sind, noch zu sehr in
meiner Gewalt, als daß ich durch sie glücklich zu sein vermöchte.
Wenn sie mich an eine andere Empfindung erinnern, wenn ich sie

zwischen Gegenwart und Vergangenheit auskoste (und nicht in der Vergangenheit, es ist unmöglich, das hier zu erklären) machen sie mich glücklich."

Aus diesem Selbstzeugnis, wenn man es so sagen darf, wird auch verständlich, daß die *Überempfindlichkeit* gegenüber verschiedenen Sinnesreizen, auch gegenüber Geruchsreizen *in der Erinnerung* positiv und teilweise *enthusiastisch verdichtet* wird. So muß in diesem Zusammenhang eine Stelle wieder einmal wörtlich zitiert werden, zumal sie sich auch als klassisches Charakteristikum der hochdifferenzierten Sprachweise *Prousts* zu erkennen gibt, nämlich die schon des öfteren angedeutete Passage über die blühenden Weißdornhecken bei Illiers.

„Aber ich mochte mich noch so lange vor dem Weißdorn aufhalten, ihn riechen, in meinen Gedanken, die nichts damit anzufangen wußten, seinen unsichtbaren, unveränderlichen Duft mir vorstellen, ihn verlieren und wiederfinden, mich eins fühlen in dem Rhythmus, in dem sich seine Blüten in jugendlicher Munterkeit und in Abständen, die so unerwartet waren wie gewisse musikalische Intervalle, hierin und dorthin wendeten; sie entfalteten für mich auf unbestimmte Zeit hin den ganzen Reiz unerschöpflicher Fülle, aber ohne daß ich tiefer in ihn einzudringen vermochte, sowie es gewisse Melodien gibt, die man hundertmal hintereinander spielt, ohne in der Entdeckung ihres Geheimnisses einen Fortschritt zu machen. Ich wendete mich von ihnen einen Augenblick ab, um sie dann mit frischen Kräften wieder anzugehen . . .

Ich kehrte zu dem Weißdorn zurück wie zu einem Kunstwerk, von dem man meint, man werde es besser sehen, wenn man es einen Augenblick inzwischen nicht angeschaut hat; aber es nützte nichts, daß ich meinen Blick mit den Händen abschirmte, um nichts weiter zu sehen. Das Gefühl, das er in mir weckte, blieb dunkel und unbestimmt, versuchte vergebens, sich loszulösen und die Verbindung mit den Blüten einzugehen. Sie verhalfen mir nicht dazu, es wirklich deutlich zu machen, und von anderen Blumen erreichte ich nicht, daß sie es mir verschafften."

Aus seinen eigenen Darstellungen ließen sich noch weitere Stellen zitieren, die sowohl seine intensive Sinnesempfindung wie die Tendenz zu synästhetischen Empfindungen und Wortbildungen erkennen lassen. Doch soll hier davon Abstand genommen werden, zumal in Kapitel 5.1 immer schon einmal diese oder jene Äußerung von *Proust* zitiert wurde. Es darf dabei auch auf die Textstelle ver-

wiesen werden, wo *Marcel Proust* bei einer Verbindung von Kuchengeschmack (Madelaine) und einem Schluck Tee intensive visuelle Erinnerungen aus seiner Kindheit „mit einem Schlage" erlebte und nachempfand.

Zweifelsfrei wissen wir aus vielfachen Erzählungen einiges über
das bei *Marcel Proust* bestehende Krankheitsbild des Asthma und
die Tendenz dieses Sichzurückziehens, die starke Labilität der Emp-
findungswelt mögen z. T. durch diese Erkrankungen mitgefördert
sein. Aber — wie *Mauriac* sicher zu Recht sagt — nur zum Teil.
Denn schon „ganz unabhängig von Krankheit und Arbeit entdecken
wir an *Proust* schon zur Zeit seiner Muße und (relativen) Gesundheit die *Neigung zu abgeschlossenen Räumen,* die Sehnsucht nach
dem Umfriedeten, das Bedürfnis, sich gesichert und nach allen
Seiten gegen materielle Hindernisse abgeschirmt zu fühlen." In seinem Buch „Jean Sauteuil" läßt *Proust* den Hauptdarsteller sagen
„Die Wände, die so liebevoll dieses Zimmer zu umschließen, es von
der übrigen Welt zu isolieren schienen und die man da so dicht vor
sich sah, wie sie sich mit allem beschäftigten, über einen wachten,
rasch von den Ecken sich wegwendeten, um dem Tisch, den Ses-
seln Platz zu machen oder dem kleinen Bücherregal den Vortritt
zu lassen . . . Die fröhliche Heimkehr in sein Zimmer, während er
selbst verspürte, wie ein lächelndes Glück seine Züge überflutete
und er unwillkürlich vor Freude umhertanzte bei dem Gedanken
an das große von Eigenwärme aufgeheizte Bett, das brennende Ka-
minfeuer, die Wärmflasche, die Federkissen und Wolldecken . . ."

Der letzten Schilderung entspricht, wenn auch in einer düsteren
Umkehr, das Zimmer von *Marcel Proust,* das *Mauriac* beschrieben
hat, „den schwarzen Ofen, das Bett, auf dem der Mantel als Decke
fungierte, die wächserne Maske, mit der unser Gastgeber uns beim
Essen zusah, und das Haar, das allein zu leben schien. Mit der
Speise dieser Welt hatte er nichts mehr zu tun . . ." So wissen wir,
daß *Proust* selbst sich in dieser seiner „Arche aus Korkeiche" wohlfühlte und besonders dann, wenn sein Dienstpersonal sich auf seine
vielfachen und nur mit großer Geduld zu erfüllenden Wünsche eingespielt hatte, Wünsche, die von einer Unzahl fast marottenhafter
Handreichungen begannen bis zu dem Sicheinstellen auf seine extreme Schamhaftigkeit. Er selbst beschreibt nicht ohne kritische
Einsicht diesen seinen Zustand „Ich, das seltsame menschliche Wesen, daß, während es darauf wartet, daß der Tod es erlöst, bei geschlossenen Fensterläden, abgeschieden von der Welt, unbeweglich

wie eine Eule lebt und wie jene einigermaßen klar nur im Dunkel sieht."

Diese sich selbst etwas belächelnde resignierende Haltung hat *Bollnow* außerordentlich gut beschrieben mit dem Satz „Diese *dekadente Müdigkeit,* in der Proust rein passiv auf die inneren Zustände seines Seelenlebens zurückgewandt war, hat ihm eine ungeheuere Hellhörigkeit für die feineren Schattierungen dieser Zustände verliehen und hat ihm gewisse Erfahrungen noch zugänglich gemacht, die sich der Beachtung eines gesunderen und kräftigeren Lebens entziehen, sowie überhaupt der Kranke seelisch noch zu empfinden vermag, was dem Gesunden in der Regel verborgen bleibt." So schreibt auch *Maurois* „Sein Verstand war in der Einsamkeit überempfindlich und unbestechlich geworden".

So verdanken wir *Marcel Proust* unbestechlich *klare* und *präzise Aussagen,* die fast den Charakter wissenschaftlicher Abhandlungen tragen, z. B. über das Lesen. Er schildert nicht nur sich selbst in der Begeisterung, in der er als Kind hinter einer Hagedornhecke, wo er sich unauffindbar niederließ, las. Er schildert darüber hinaus nicht nur das Lesen als eine Art heilende Disziplin — und zwar mit Formulierungen, die fast den Grundstein zu einer psychiatrisch ausgerichteten Bibliotherapie hätten darstellen können —, sondern er weist auch auf die gefährliche Seite des Lesens hin, „wenn die Wahrheit uns nicht mehr als ein Ideal erscheint, das wir nur durch das innere Fortschreiten unseres Denkens und durch die Bemühung unserer Seele verwirklichen können, sondern als etwas Materielles, das auf den Seiten der Bücher abgelagert ist wie ein von anderen fertig zubereiteter Honig, den wir nur aus den Regalen der Bibliothek zu nehmen und dann passiv in vollkommener Ruhe des Körpers und des Geistes zu verzehren brauchen."

In ähnlicher Weise — wenn auch auf einem ganz anderen Sektor — ist seine sehr *diffizile Beobachtungsgabe* und kritisch analysierende Einstellung Ärzten und der Medizin gegenüber zu erwähnen. Hier ist vielleicht eine kritische und manchmal etwas belächelnd humorvolle Art der Darstellung leichter verständlich, wenn man bedenkt, daß der Vater wie der um 3 Jahre jüngere Bruder *Marcel Proust*s bedeutende Professoren der Medizin waren. Er bleibt Ärzten gegenüber immer wohlwollend reserviert, und es bedarf bei dieser Gelegenheit der Erwähnung, daß *Marcel Proust* auch nur einem Arzt, einem Hausarzt, sein Leben lang sein Vertrauen in den Grenzen des für ihn Möglichen geschenkt hat. Diese Konstanz des zu einem Arzt Haltens würde auch gegen die sicherlich nicht zutreffenden Mutmaßungen sprechen, es habe sich bei *Proust* um einen reinen Hypochonder gehandelt. Es war sogar so, daß *Marcel Proust* in den Tagen seines Sterbens nicht über seine körperliche Befindlichkeit klagte und nur den Hausarzt und seinen leiblichen Bruder später — und das auch nur ungern — an sein Sterbebett ließ.

Diese scharf analysierende Einstellung, mit der er anderen Menschen teils verächtlich, teils überschwenglich, teils bespöttelnd begegnete, hatte er aber auch sich selbst gegenüber. *Maurois* schreibt, daß aus ihm ein subtiler, minutiöser Analytiker der Gefühlsregungen wurde. Er registrierte noch kleinere Schwankungen als . . . (es folgen ein paar Literaten), weil er selbst noch sensibler war. Er weiß um die Stärke, die er dieser Schwäche verdankt.

So schreibt *Marcel Proust* selbst, „nur das Leiden an einer Sache macht uns möglich, deren Mechanismen, welche man sonst gar nicht kennen würde, zu bemerken, zu begreifen und zu analysieren. Wird ein Mensch, der jeden Abend schwer in sein Bett sinkt und bis zu dem Augenblick des Erwachens und Aufstehens gleichsam nicht mehr lebt, jemals daran denken, wenn schon keine großen Entdeckungen, so doch wenigstens kleine Beobachtungen über den Schlaf anzustellen? Er weiß ja kaum, ob er schläft. Ein geringes Maß an Schlaflosigkeit ist nicht ohne Nutzen dafür, den Schlaf richtig schätzen zu lernen und außerdem sein Dunkel ein wenig aufzuhellen. Ein lückenloses Gedächtnis ist kein sehr mächtiger Anreger, um die Phänomene des Gedächtnisses zu studieren . . .“ „Die großartige und beklagenswerte Familie der nervösen Menschen ist das Salz der Erde. Sie und keine anderen haben Religionen begründet und Meisterwerke hervorgebracht. Niemals wird die Welt genügend wissen, was sie ihnen verdankt, noch vor allem, was sie gelitten haben, um es ihr zu schenken . . .“ Diese Gedanken kamen ihm besonders dann, wenn er unter der Last seiner starken gefühlsmäßigen Beeindruckbarkeit litt und „die Formen, Farben und Düfte, die er von seinen Spaziergängen heimbrachte, ordnen mußte“.

Vielleicht noch einige Stichworte zur *äußeren Erscheinung,* wie ihn die Zeitgenossen gesehen haben.

Marcel Proust wird als mittelgroß geschildert und immer ungewöhnlich jung aussehend, jünger als alle anderen Männer, als alle anderen jungen Frauen desselben Alters. Große, umschattete, melancholische Augen, ein bald rosig überhauchter, bald völlig bleicher Teint, ein Mund, der im Schweigen zusammengepreßt erschien. Immer ein Gesellschaftsanzug und eine etwas unordentliche Tolle waren charakteristisch für ihn . . . Er konnte sich niemals entschließen, auf die Moden seiner Jugendzeit endlich zu verzichten. Er trug noch immer den sehr hohen steifen Kragen, das gestärkte Vorhemd, die weitausgeschnittene Weste und den geraden Selbstbinder dazu. Auffallend war immer wieder sein passiver Blick, er wirkte dadurch verhalten, zeigte etwas Geistesabwesendes und ging mit Höflichkeiten verschwenderisch um, damit er sich desto besser entziehen und seine geheimen Schlupfwinkel aufsuchen konnte. Sein Wesen, so heißt es an anderer Stelle, atmete bittere Güte. Später, als er durch seine lange Zurückgezogenheit und durch Schlafentzug blaß und kränklich aussah, heißt es bei *Bibesco:* „Ich stellte sein Erscheinen mit Unbehagen fest. Weshalb hatte er bei Betreten des Ballsaals den Mantel anbehalten? In dieser Bekleidung verbreitete er ein Gefühl von Kälte . . . In seinem zu weiten Abendumhang wirkte er, als sei er mit seinem Sarg erschienen. Es war die Zeit, als er immer weniger ausging. Man sah ihn nur noch allein in einem verdunkelten Salon eines Hotels speisen, um ihn herum Bedienstete, die er anwies, wie sie die Lichtschalter bedienen sollten, deren Lage er kannte." „Auf seinem Totenbett hätte man ihn nicht für 50, sondern kaum für 30 gehalten, als hätte die Zeit ihn nicht antasten gewagt, ihn, der sie gemeistert und bezwungen hatte . . ." *(Jaloux).*

Als 13jähriger hatte er bei einem Fragespiel als Lieblingsbeschäftigung geschrieben: lesen, träumen, Verse. Die Tendenz bei der Intensität seiner Empfindungen, der Realität auszuweichen, bestand ein ganzes Leben. „Wonne, dem Leben entrückt zu sein . . ." Am Anfang war Illiers, so schreibt *Maurois,* eine kleine Stadt an der Grenze der Provinzen La Beauce und Le Perche, so sich ein paar Franzosen um eine alte Kirche drängten, deren Glockenturm wie ein Kragenmantel wirkte; wo ein nervöses und sensibles Kind an schönen Sonntagsnachmittagen unter den Kastanienbäumen des Gartens las . . . Am Ende ein großer Kranker und ein großer Künstler.

Diese umfassende Darstellung eines großen Mannes, der sich selbst als so sensibel einschätzte, daß er sein erstes nervliches Versagen in die Zeit verlegte, als seine Mutter ihm eines Tages keinen Gute-Nachtkuß gab, diese Darstellung mußte in dieser Ausführlichkeit erfolgen, weil wohl sehr selten ein Künstler — vielleicht abgesehen von *Rilke* — in dieser immer sachlich bleibenden kritischen und distanzierten Form seine Gefühlsregungen, insbesondere seine Empfindungen und Empfindlichkeiten, dargelegt hat. Die Glaubwürdigkeit seiner Angaben ist durch zahllose Bekundungen seiner Umgebung längst gesichert und literarisch fest zementiert. Es wird bei dieser hochsensiblen Form eines Menschen die ganze Skala der Symptome noch einmal vor unseren Augen ablaufen, die wir in Kapitel 5 vermerken konnten, die Überempfindlichkeit gegenüber jeglichen Sinnesreizen, die Empfindsamkeit im allgemein menschlichen Umgang, die Sachlichkeit und das Fehlen hypochondrischer Einlagerungen, die Tendenz zum Ästhetisieren und gelegentlich auch Kokettieren mit den Symptomen, schließlich hier die ganz ausgeprägte Tendenz, sich in eine innere Emigration zurückzuziehen mit dem von *Bollnow* so treffend charakterisierten Akzent der „dekadenten Müdigkeit".

Das Transponieren dieser Erlebnistiefe einer sensiblen Persönlichkeit ins Künstlerische und Literarische ist verständlicherweise nur Wenigen vorbehalten. Der Charakter des Erfolglosen oder auch des Glücklosen, von dem wir früher sprachen, ist daher hier an keiner Stelle vordergründig. Daß sich selbst in der großen Pathobiographiensammlung von *Lange-Eichbaum* über *M. Proust* nur an der Hand zu zählende pathobiographische Daten finden, die im wesentlichen auf die ja auch bekannte Mutterfixierung hinweisen und das gleichfalls bekannte Asthma, mag ein Beleg dafür sein, daß *Marcel Proust* mit Recht nie als psychiatrischer Fall deklariert wurde, sondern daß eben jene hier aufgezeigte Sensibilität als wesentliche Wurzel des teilweise sonderlingshaft wirkenden Verhaltens anzusehen ist. *Marcel Proust* wurde auch nie von einem Nervenfacharzt behandelt. Er verspürte lediglich, als er am Ende seines Lebens noch einmal die Wohnung wechseln mußte, das Bedürfnis, für einige Wochen in ein Sanatorium zu gehen, in die Klinik von Dr. Sollier, die ihm epfohlen war, weil ein Freund von ihm dort einmal bei Sollier während seines Medizinstudiums gearbeitet hatte.

Rainer Maria Rilke (1875–1926)

Die Literatur um und über *Rilke* geht ins Unermeßliche. Sie ist
außerdem vielfach gefärbt durch eine Neigung zur Verherrlichung
des Dichters, so daß starke subjektive Momente nie ganz auszu-
schalten sind. Davon sind selbst manche literaturwissenschaftliche,
philosophische und theologische Untersuchungen nicht ganz frei.
Von medizinischer Seite kann man sich am verläßlichsten auf die
umfassende psychopathologisch phänomenologische Studie von
I. Klages über *Rainer Maria Rilke* stützen, die sich von Deutungen
frei hält und auf den zahllosen Selbstzeugnissen ruht, die *Rilke*
in vielen tausend Briefen hinterlassen hat. Diese Studie soll auch
zur Grundlage unserer Betrachtungen werden, wobei wiederum —
ähnlich wie bei der Darstellung von *Marcel Proust* — speziell die
Fragestellung der Mentalität eines hochsensiblen Künstlers im
Vordergrund stehen soll.

Zunächst ein paar äußere Daten als knappes Gerüst: *Rilke* wurde
1875 in Prag geboren. Mit seinem Vater, der die Offizierslaufbahn
begann, aber das Offizierspatent nicht erreichte und später Beamter
einer Eisenbahngesellschaft wurde, verband ihn ein freundschaft-
liches Verhältnis. Im Gegensatz dazu blieb das Verhältnis zu seiner
Mutter immer gespannt und problematisch. Sie selbst verzärtelte
den Jungen sehr und hielt ihn 5 Jahre in Mädchenkleidern, da sie
ihm nie verzieh, daß er kein Mädchen war. *Rilke* selbst empfand
gegen diese Frau, die für ihn ein „Puppenhaus” ist, „auf dem Türen und Fenster nur aufgemalt sind”, eine unwiderstehliche Ab-
neigung. *Rilke* selbst galt als ein übersensibler Junge, der, als einziges Kind von den Eltern verwöhnt und verzärtelt und eifersüchtig
von anderen Kindern abgesondert, ängstlich und kränklich war.
Seine Kindheit empfand er als etwas ungemein Schweres und nie
Bewältigtes, als einen Felsblock undurchdringlichen Elends, der
über die zartesten Keimblätter seines Wesens gewälzt worden war.
Er kam als 10jähriger auf eine Militärschule, scheiterte dort bei
seiner Mentalität des Einzelgängers an der Gesellschaft, fand keinen
Freund, fühlte sich verletzt durch den Spott seiner Kameraden,
war häufig krank und „das kleine Spitalbett wurde bald zu einer
Insel des Friedens”. In diese Zeit fällt auch der Abschnitt seiner
ersten dichterischen Versuche, aber auch seines ersten Ansatzes
einer Phantasiewelt, in der er sich als Held fühlte. In dieser beginnenden Pubertätszeit, in der er sich allen realen Anforderungen

unterlegen fühlte, wurde er in seiner Phantasiewelt zum Sieger. Er verließ dann die Militärschule wegen dauernder Kränklichkeit und „starker Nervosität". Wir finden also schon wesentliche Charakterzüge vorgeprägt, die Überempfindlichkeit, die Ängstlichkeit, die Neigung, sich den Anforderungen des realen Lebens und der Gemeinschaft zu entziehen, die äußere Kühle bei einer durchaus lebhaften Phantasie.

Was den weiteren Lebensweg betrifft, so brachte ihn dieser Lebensabschnitt seiner negativen Eindrücke aus Kinder- und Jugendzeit, die er als „gewaltige Heimsuchung" bezeichnete, zu einer inneren Umkehr, zum „Weg nach innen bis in die innerste Mitte". Studienansätze in Richtung der Philosophie, der Rechtswissenschaft und Kunstgeschichte kamen nie zum Abschluß. Von einer Ehe erhoffte er sich den Schutz seiner Einsamkeit vor der Außenwelt. Nach 1 1/2 Jahren mußte er sein Scheitern eingestehen. Er blieb ruhelos, ständig auf der Suche nach etwas, „Wirklicher unter Wirklichen zu sein", aber im Grunde fand er keinen Kontakt. "Was sind mir die nahen Menschen mehr als ein Besuch, der nicht gehen will." Nur die letzten 5 Jahre vor seinem Tode fand er seine Ruhe auf Schluß Muzot in der Schweiz, unterbrochen von verschiedenen Kur- und Sanatoriumsaufenthalten.

Schon aus dem kurz angedeuteten Rohbau seiner Lebensgeschichte wird seine *erhöhte Überempfindlichkeit* aus zahllosen Briefen und aus zahllosen Beschreibungen von Bekannten, insbesondere von ihm verehrenden Frauen, deutlich. *I. Klages* schreibt: *Rilke* gehört zu jenen extrem empfindsamen, überzarten Naturen, die „ganz Nerven" sind. Diese mimosenhafte Feinfühligkeit erreicht oft extreme Grade; schon der kleinste Außenreiz kann ihn nach seinen Worten vor fast unüberwindliche Schwierigkeiten stellen; ein fremder Mensch, eine Landschaft, ein neues Zimmer, ein Bild, das Wetter vermögen ihn mit Schrecken zu erfüllen. *R. von Salis* schildert, wie ein Zimmer im Freundeshaus, dessen Möbel anders gestellt worden waren, den Dichter plötzlich mit einer unheimlichen Angst erfüllt habe. In seinem Arbeitszimmer in Muzot hing kein Bild, „damit es ihn nicht zur Unzeit anrede". Er selbst äußert: „Ich bin so übertrieben empfindsam, und wenn ein Auge auf mir ruht, so lähmts mich schon an einer Stelle." – „Ich bin auch so heillos nach außen gekehrt . . . meine Sinne gehen, ohne mich zu fragen, zu allem Störenden über . . ."

Aus dieser Überempfindlichkeit heraus ist auch das *Bedürnis Rilkes nach Einsamkeit* verständlich, nach unbedingtem Alleinsein gleichsam als ein Schutzmantel für sein überempfindsames Wesen. Er möchte Mauern aufrichten, dahinter leben, nicht zerstreut an die Geräusche der Außenwelt. „Ich muß sehen, nach und nach zu einem Kloster auszuwachsen und so dazustehen in der Welt, mit Mauern um mich . . ." – „Vor dieser Öffentlichkeit hat sich irgendein Leben in mir gerettet, hat sich an eine innerste Stelle zurückgezogen und lebt dort, wie die Leute während einer Belagerung leben . . . denn draußen ist immer die gleiche Preisgegebenheit."

Der hohe Grad der Sensiblität erreicht bei *Rainer Maria Rilke* schließlich Ausmaße, die sehr scharf an die Grenze des Krankhaften gehen. Es werden Punkte höchster Intensität des Erlebens in einer vorgeschobenen psychischen Gefährdungszone erreicht. *Kretschmer* schreibt, daß „Rainer Maria Rilke wie ein Nachtwandler durch viele Jahre am Abgrund hingeht, immer hart am Rand der schizophrenen Katastrophe, ohne aber, wie Hölderlin, ganz zu versinken . . ."

Diese bedrohliche Nähe psychischer Krankheit empfinden wir besonders bei der guten Selbstschilderung seiner ausgeprägten Erlebnisse des *Verschwimmens der Ichgrenzen* sowie der Entfremdungsgefühle. Da diese beiden psychopathologisch wertbaren Phänomene einen Teil der sogen. thalamischen Trias *(W. Klages)* bilden und im Abschnitt über ätiologische Probleme eine besondere Rolle spielen werden, werden wir hier präziser darauf eingehen.

Das Verschwimmen der Ichgrenzen, daß sich der Mensch seines eigenen geschlossenen Bestandes nicht mehr sicher ist, die Grenzen seines Körperschemas fließen fühlt und sich schutzlos und ohne Grenze an die fremd und feindlich empfundene Außenwelt ausgeliefert fühlt, dieses Phänomen finden wir schon erstmals bei *Rilke* im Stundenbuch:

„Ich war zerstreut; an Widersacher
in Stücken war verteilt mein Ich.
O Gott, mich lachten alle Lacher
und alle Trinker tranken mich."

Ohne scharfe Trennung gehen hier Subjekt und Objekt ineinander über; bis zur Selbstaufgabe verliert sich das Ich an das „Draußen": „Ist da ein Geräusch, so gebe ich mich auf und bin das Geräusch". Die Ichgrenzen verwischen sich, was *Rilke* in Worten wie etwa den folgenden auszudrücken versucht: „Ich teile mich immer wieder und fließe auseinander." Alles Mögliche geht durch ihn hindurch, „wie Wasser durch ein Spiegelbild", seine „Umrisse in ein Fließendes auflösend".

Auch die ausgeprägten *Entfremdungsgefühle* (Depersonalisationserlebnisse) werden gut von *Rilke* geschildert. „Wie oft geschieht es mir nicht, daß ich gewissermaßen als ein Chaos aus meiner Stube trete, draußen, von jemandem aufgefaßt, eine Fassung finde, die eigentlich die seine ist, und im nächsten Moment, zu meinem Staunen, gut geformte Dinge ausspreche, während doch eben noch alles in meinem Bewußtsein völlig amorph war . . . In diesem Sinne werden die Menschen immer das Falsche für mich sein, etwas, was meine Leblosigkeit galvanisiert, ohne hier abzuhelfen."

Unter der Berücksichtigung dieses Gequältseins eines Menschen durch eine zutiefst verankerte und fast ins Pathologische reichende Überempfindlichkeit ist der Umfang des großen schöpferischen Werkes *Rainer Maria Rilke*s immer wieder erstaunlich. Der psychische Tatbestand, daß *Rilke* mit seinem Wesen bis in die dunkelsten Bereiche menschlicher Existenz hinabreicht, ist nicht nur seine große Not, sondern dieser Tatbestand wird zugleich auch zum entscheidenden dynamischen Faktor seines künstlerischen Schaffens und verleiht aller Schwere seines Lebens Inhalt und Sinn. Wir finden hier viele Parallelen zu *Marcel Proust,* der ja auch trotz oder wegen seines Leidens ein gewaltiges Werk der Nachwelt überließ, ein Werk, an das er noch bis zum Tag seines Todes Hand anlegte. Für beide berühmte und letztlich genialen Menschen *(E. Kretschmer)* gilt, daß sie bei ihrer unwahrscheinlichen Sensiblität im Künstlerischen unglaublich feinfühlig die Grenzen des Sagbaren wesentlich erweitert haben.

Nicht nur aber die große schöpferische Leistung der hier herausgegriffenen beiden berühmten Künstler läßt sich vergleichen, sondern es finden sich — wie der Leser empfinden wird — eine Unzahl von Ähnlichkeiten auch in den einzelnen Persönlichkeitszügen und Verhaltensweisen, die die bei beiden primär vorhandene Überempfindlichkeit bedingt. Bei *Marcel Proust* wie bei *Rilke* besteht das Leiden durch die Übermacht der Außeneindrücke, bei beiden besteht die Tendenz, sich zurückzuziehen, beide verherrlichen das Bett als eine Insel des Friedens, beide meiden die Menschen oder lehnen sie ab (*C. Albaret* über *Marcel Proust:* „In Wirklichkeit konnte er mit größter Leichtigkeit ohne die Menschen auskommen", *Rainer Maria Rilke:* „Was sind mir die Menschen mehr, als ein Besuch, der nicht gehen will . . .") Beide hatten ein letztlich gestörtes

Verhältnis zu Frauen, beide entwickelten extrem eigenwillige und teilweise sonderlingshafte Noten in ihren Verhaltensweisen. Beide machten schwere neurasthenische Versagenszustände durch, die in beiden Fällen Sanatoriumsaufenthalte zur Folge hatten. Bei beiden fließen in extremer Form autobiographische Darstellungen in ihre Werke und beide haben aus der Tiefe ihres Erlebens eine Unzahl von Briefen und damit Selbstzeugnissen der Nachwelt überlassen. Bei beiden wird wie selten deutlich, daß der Künstler mehr oder weniger mittelbar sein Erleben gestaltet und dabei seiner Eigengesetzlichkeit unterstellt ist, da er nur das ihm Gemäße erleben kann, das, woran er selbst teilhat. Das eigene Erleben als „Maß aller Dinge" wird hier im künstlerischen Bereich deutlich.

Lediglich im konstitutionsbiologischen Bereich gibt es geringe Unterschiede. Hier muß man wohl *Rainer Maria Rilke* in extremerem Maße als den leptosomen Typ von unterdurchschnittlicher Körpergröße mit sehr schlanken, zartgliedrigem Bau ansehen. Der lange, schmale Kopf war betont durch die sehr lange Nase, so daß wir — in Verbindung mit dem zurückfliehenden Kinn — das für den Leptosomen typische Winkelprofil finden.

Bei einer kritischen Betrachtung und Aufzählung der Gemeinsamkeiten ist jedoch weiter zu betonen, daß *Rainer Maria Rilke* Züge zeigte, die — wie schon gesagt — sehr deutlich in die Gefährdungszone des Psychotischen hinüberreichten. Diese Ansätze waren in dieser Form bei *Marcel Proust* sicherlich nicht vorhanden.

Wie schon eingangs dieses Kapitels gesagt, wollten wir nur zwei Persönlichkeiten herausgreifen, um den Spuren des sensiblen Menschen nachzugehen. Wenn wir das Werk eines Künstlers auch als Aussage seiner Persönlichkeit nehmen und als vielfaches Spiegelbild seines inneren Erlebens, so müßte man auch *Kafka* (1883—1924), *Baudelaire* (1821—1867), *Gottfried Benn* (1886—1956), *Rimbaud* (1854—1891), *Georg Trakl* (1887—1914) und vielen anderen nachgehen und dürfte auch bei so feinfühligen Künstlerpersönlichkeiten der jüngsten Zeit, wie *Paul Celan, Véra Linhartová, Ilse Aichinger, Nelly Sachs* und anderen nicht haltmachen. Doch muß man dieser Versuchung widerstehen, um nicht den Rahmen des Buches zu sprengen.

8. Überlegungen zu ätiologischen Problemen, unter besonderer Berücksichtigung der Thalamusschwäche

Nun sind die hier im einzelnen genau beschriebenen *Phänomene* des sensiblen und hochsensiblen Menschen natürlich keine frei im Raum schwebenden Reaktionsweisen und Eigenschaften, sondern diese im psychologischen und psychopathologischen Bereich zu beobachtenden Kriterien sind *letztlich biologisch verankert* und verwurzelt. Daher sei es erlaubt, einigen Überlegungen nachzugehen, die uns auch auf der hirnphysiologischen und hirnlokalisatorischen Ebene das Verständnis der sensiblen Reaktionsweise erleichtern helfen.

Es kann nach allen gründlichen Untersuchungen der letzten Jahrzehnte über die *Klinik des Thalamus* unter Einbeziehung der neuroanatomischen, neurophysiologischen und neurochirurgischen Beiträge als gesichert gelten, daß der Thalamus nicht nur eine unbedeutende und inaktive Passage für die somatosensorischen, akustischen und optischen Reize darstellt, sondern daß es zu den Leistungen des Thalamus gehört, die verschiedenen aus der Peripherie kommenden Sensationen zu mischen, in ihrer Intensität zu dämpfen und dann — somit individuell vorbereitet — der Großhirnrinde weiterzuleiten, welche die persönliche Repräsentation unserer Empfindungen gewährleistet und auch für die bewußte Lokalisation dieser Empfindungen im Rahmen unseres Körperschemas mitverantwortlich ist. Inzwischen sind die Kernbereiche und die Repräsentationsfelder im Bereich des Thalamus von *Hassler, Grünthal, Feremutsch, Simma* und anderen so gründlich erforscht, daß man von dieser wissenschaftlichen Basis als einem gegebenen Faktum ausgehen kann.

Ewald hat — von einem ganz anderen Ansatz kommend, nämlich von einer Untersuchung der Kausalgie — ausarbeiten können, daß bei der Kausalgie eine offenbar thalamisch bedingte sensorielle Übererregbarkeit besteht und daß es hier zu Persönlichkeitsvarianten kommen kann, die mit den übersensiblen, überreagiblen Menschen Ähnlichkeit haben. *Ewald* konnte folgern, daß starke Empfindsamkeit von seiten des Auges oder Ohres „mit ihrer Kopplung an die Thalamuserregbarkeit" und an die Sympathikusfunktionen auffällt und er deutete schon an, daß *ästhetische Menschen* eine gewisse „*thalamisch-sympathiktonische Überempfindsamkeit angeboren in sich tragen*" müssen. Mit dieser Empfindsamkeit, so folgert er, sei erst künstlerisches Erleben ermöglicht. Die lebhafte Funktion des Thalamus, des Tores der Umwelt, sei zwar nicht für diese Welt immer sehr geeignet, es komme zu „allzu weichen Persönlichkeiten, jedoch nicht immer nur zu Minusvarianten"; es komme, so überlegt *Ewald* weiter, auf die „kortikale Beisteuer" an. *Ewald,* primär aus dem neurologischen Bereich kommend, schloß diesen bedeutenden Beitrag 1947 mit dem Satz ab, „mag mancher es Hirnmythologie nennen, es sei ihm unbenommen. Mitunter sind trotzdem neurologische Aspekte und Theorien in der Praxis schon von Vorteil gewesen".

In der Zwischenzeit haben wir durch viele eigene Untersuchungen in den letzten beiden Jahrzehnten immer wieder — besonders im Vorfeld schizophrener Psychosen — das *Anspringen thalamischer Mechanismen* im Sinne eines Überschwelligwerdens eines bestimmten hirnphysiologischen Musters beschrieben (1954, 1959, 1965, 1968, 1969). Diese Studien haben sich im Rahmen der Lehre der endogenen Psychosen unter den Begriffen der „Thalamischen Trias" und des „Thalamustyps" niedergeschlagen.

Bei den Sensiblen und besonders bei den Hochsensiblen nun meinen wir, daß hier die *Reizschwelle des Thalamus* sehr viel niedriger ist, und daß daher eine *Durchlässigkeit der vielen Afferenzen* aus der Umwelt besteht, die nunmehr ungefiltert und *ungehindert,* sozusagen nicht vorher denaturiert, *an die kortikalen Bereiche* gelangen können.

Die inzwischen von meiner Mitarbeiterin *Czernik* durchgeführten Untersuchungen bei hochsensiblen Jugendlichen über die *primäre Thalamusschwäche* und nicht zuletzt auch unsere Betrachtungen in dem vorliegenden Beitrag über einzelne psychopathologische Ausläufer bei hochsensiblen Persönlichkeiten und Künstlern haben gezeigt, daß noch eine weitere Reihe von Phänomen die Annahme einer besonderen thalamischen Affizierbarkeit und Empfindlichkeit zu unterstützen scheint. Dazu gehört vor allen Dingen, daß wir heute wissen, daß Depersonalisationsgefühle sowie das psychopathologische Phänomen des Verschwimmens der Ich-Grenzen, aber auch schwere Störungen des Körperschemas, des Gefühls der Körperschwere, des Gefühls der Körpermediane auf thalamische Leistungen zu beziehen sind. Bei einer erhöhten Störbarkeit des gesamten afferenten thalamischen Systems ist auch mit einem schnelleren Dekompensieren dieser normalen Leistungen des afferenten thalamischen Bereichs zu rechnen. Der Gedankensprung wird besonders leicht, wenn man sich an die im letzten Kapitel ausführlich beschriebenen Phänomene der Depersonalisation und des Verschwimmens der Ich-Grenzen bei *R. M. Rilke* noch einmal erinnert.

Durchmustert man die schöngeistige Literatur im Hinblick auf *„thalamische Sprengstücke"*, also in den Text eingelagerte oft für den Leser skurril wirkende Passagen, die einfach nicht nur eine Erfindung des jeweiligen Autors sein können, sondern doch zum überwiegenden Teil aus der Skala des eigenen Erlebens mitgespeist sind, so wird man immer wieder auf klassische Körperschemastörungen, Schilderungen von ausgefallenen Mißempfindungen stoßen, auf Darstellungen von Depersonalisationserlebnissen, die ebenso exakt und charakteristisch wiedergegeben sind, wie wir es von Kranken mit organisch faßbaren Thalamusstörungen zu hören gewohnt sind. Sie können also nicht allein einem rational konstruierten Konzept entspringen, sondern müssen Erlebens- und Empfindungsbereiche zur Grundlage haben. Hier sei z. B. auf die Darstellung „Das Zimmer" (*Véra Linhartová*) hingewiesen, eine Darstellung, bei der unsere Patienten mit primärer Thalamusschwäche ein ausgeprägtes Evidenzerlebnis hatten; man könnte Passagen von *Ilse Aichinger, H. J. Jahnn, Bruno Schulz, Dylan Thomas, Hélène Cixous* zitieren, es würde eine weitere Monographie erforderlich sein. Lediglich der klassische Hinweis soll auch hier nicht fehlen, nämlich auf die „Die Verwandlung" von *Franz Kafka,* eine Erzählung mit Depersonalisations- und bei thalamischen Syndromen auch häufig beobachteten Identifikationserlebnissen *(W. Klages, A. Czernik).* Sie beginnt mit den Worten: „Als S. eines Morgens aus unruhigen Träumen erwachte, fand er sich in seinem Bett zu einem ungeheuren Ungeziefer verwandelt . . ."

Ist eine solche thalamische Störung noch ausgeprägter, so finden wir Körpermißempfindungen, Geruchs- und Geschmacksveränderungen, Zeiterlebensstörungen, ausgeprägtere Ausfallserscheinungen im Bereich des Ich-Umweltverhältnisses, wir nähern uns damit schnell dem Begriff der „thalamischen Trias" *(W. Klages),* die aus Körpermißempfindungen, Depersonalisationserscheinungen und Geruchshalluzinationen besteht, und man hat den Eindruck, daß es nur noch weniger Schritte bedarf, bis sich die Symptomatik Symptomen aus dem Bereich des schizophrenen Formenkreises annähert.

Wir wissen aus vielfachen Untersuchungen bei hirnorganisch Kranken wie bei schizophrenen Patienten mit einer coenästhetischen Schizophrenieform (bei der thalamisch akzentuierte Körpermißempfindungen im Vordergrund stehen), daß eine *thalamische Überempfindlichkeit* häufig *gepaart* ist *mit einer vegetativ-dienzephalen*

Labilität. Auch bei den Sensiblen wie bei den in der Fachliteratur von *Czernik* beschriebenen thalamisch stärker affizierbaren jugendlichen Patienten finden wir Hinweise für eine vegetative Labilität und gelegentliche Dysregulationen. Sie reichen von Schlafstörungen, ausgeprägter Müdigkeit, Blutdruckschwankungen, zum Teil extremer Hypotonie, Schwindel, Kopfschmerzen, Herzklopfen, Tachykardien, Appetitlosigkeit, Gewichtsreduktion, Erbrechen, vermehrtem Durstgefühl, Änderung der bevorzugten Geschmacksrichtung, Obstipation, Diarrhöen, Miktionsbeschwerden, vermehrtem Schwitzen, feuchten Händen, Erröten, verstärkter Talgsekretion, gesteigertem Dermographismus, Chvostek und Reflexverhalten bei verbreiterten reflexogenen Zonen bis zu vegetativen Zeichen im gynäkologischen Bereich wie ausgeprägtem Zyklus, Unregelmäßigkeiten, starken dysmenorrhoischen Beschwerden, vermehrtem Fluor und spastischer Pelipathia vegetativa.

Je mehr man sich also in die Pathophysiologie und Klinik des Thalamus einarbeitet und je mehr gründliche auch vergleichende psychopathologische Untersuchungen bei hirnorganisch Kranken und bei endogenen Psychosen vorliegen, um so sicherer kann man in seiner Aussage werden, daß bei einer normalpsychologisch oder klinisch zu konstatierenden *erheblichen Sensibilität eines Menschen* eine *Schwäche,* um es ganz einfach zu sagen, *des thalamischen Systems* vorliegen muß. Diese kommt in einer Herabsetzung der thalamischen Reizschwelle zum Ausdruck und diese Erhöhung der thalamischen Durchlässigkeit muß man letztlich als *konstitutionelle Eigenart* ansehen.

Den Mut zu dieser Aussage nehmen wir von früheren Untersuchungen zum Thema „Psychiatrische Krankheitsbilder und Hirnentwicklung" (1958). Auch damals konnten wir schon Überlegungen zu einer Schwäche eines hirnanatomisch und entwicklungsgeschichtlich klar präzisierten Hirnsystems, nämlich des Orbitalhirns, annehmen, und zwar bei bestimmten Formen hebephrener Entwicklungen. Man muß auch im hirnanatomischen Bereich dann von einer Schwäche eines Systems ausgehen, so wie es in der Gesamtmedizin anerkanntermaßen eine primäre Schwäche bestimmter anderer Organsysteme oder Funktionskreise gibt, die somit störanfälliger und im Sinne des Wortes vulnerabler sind. Mit dieser Formulierung einer konstitutionell akzentuierten Schwäche des thalamischen Systems ist letztlich das Angeborene gemeint, wir sehen auch bei den vielen innerhalb dieses Beitrags dargestellten Fällen,

daß die Sensibilität sozusagen vom ersten Tage an, vom Embryonalalter bis ins Greisenalter, wie ein roter Faden die Lebensgeschichte begleitet.

Nicht dagegen bedeutet diese Formulierung, daß wir bei sensiblen und hochsensiblen Menschen immer einen ganz bestimmten
Konstitutionstyp (jetzt nach *Kretschmer* gemeint) vorfinden können. Hier kann nach unseren Erfahrungen der etwas pointierte Satz
aufgestellt werden: Die *Sensibilität kann* grundsätzlich *in jeder
Konstitution wohnen.* Damit ist gemeint, daß nicht nur der Leptosome mit seinem schizothymen und teilweise schizoiden Wesen,
das ja der Mentalität des Sensiblen fast ein Stück des Weges entge-
genkommt, unter den Sensiblen zu finden ist, sondern genauso der
Athletiker und der Pykniker, wie infantil retardierte Formen, endokrine Varianten sowie intersexe Konstitutionsvarianten. Wir dürfen
in diesem Zusammenhang gerade auf den Fall 9 verweisen, der sich
durch eine extrem athletisch-dysplastische Konstitutionsform aus-
zeichnete.

Dagegen kann man sagen, daß die *Leptosomen* mit ihrer schizothymen Charakterologie stärker vertreten sind und daß als zweite
Beimischung, wenn man es so formulieren darf, *infantil retardierte
Züge* in sehr großer Häufigkeit zu vermerken sind. Relativ häufig
werden auch Varianten der Sexualkonstitution beobachtet, auf die
in ihren Untersuchungen über die primäre Thalamusschwäche schon
Czernik hinwies.

Fassen wir somit die ätiologischen, somatisch ausgerichteten
Überlegungen *zusammen,* so muß man von der Hypothese ausgehen, daß die Sensiblen, insbesondere aber auch die hochsensiblen
Menschen, deren Sensibilitätsgrad Züge des Psychopathologischen
zeigen kann, durch erhöhte thalamische Affizierbarkeit und − pa-
thophysiologisch gesagt − durch eine funktionelle Herabsetzung
der thalamischen Reizschwelle ausgezeichnet sind. Es kommt somit leichter zu einer thalamischen Durchlässigkeit, d. h. die Unzahl
der Außenreize aus der Umwelt werden ungefiltert und somit von
ungeminderter Intensität der Hirnrinde zur Verfügung gestellt. Daß
diese Schwäche des thalamischen Funktionssystems kein düsteres
Fatum ist, das den Menschen nicht mehr lebensfähig sein läßt, sondern daß es viele Kompensationswege gibt und die vom Thalamus
mit gefühlsmäßiger Wertung belegten Sensationen auch sehr positiv
umgeformt werden können, haben wir an eigenen Fällen und Beispielen aus der Literatur gesehen.

Man muß so ehrlich sein zu sagen, daß diese Schwäche eines Hirnsystems ganz offensichtlich eine angeborene Note hat. Selbstverständlich fehlen bisher große hereditäre Untersuchungen und Beiträge von humangenetischer Seite. Doch läßt die Gesamtverhaltensweise des Sensiblen durch ein langes Leben hindurch fast keine anderen Thesen offen.

Die konstitutionsbiologische Seite läßt sich nicht so bindend festlegen, wie es sich früher bei den Untersuchungen *Kretschmers* für die Schizophrenen, die Manisch-Depressiven oder die Epileptiker korrelieren ließ. Hier gilt, daß die Sensibilität in jeder Konstitution wohnen kann, wenn auch ausgeprägter in leptosom-schizothymen und infantil-retardierten Persönlichkeiten.

9. Diagnose und Differentialdiagnose

Wenn wir noch einmal aus dem Ergebnis unserer Untersuchungen und der Darstellung der einzelnen Phänomene des sensiblen Menschen die entscheidenden, man möchte sagen, fast pathognomischen Kriterien eliminieren, so meinen wir, daß man drei Kriterien — einer *Symptomtrias* gleich — herausarbeiten kann, die im wesentlichen das *„sensible Syndrom"* markieren. Es sind dieses an erster Stelle die *Reizüberempfindlichkeit,* an zweiter Stelle die *affektive Störbarkeit* und an dritter Stelle die fast immer zu beobachtende eigene *Tendenz zur Kompensation,* d. h. die Suche nach einer Anpassungsform an die Umwelt, ob sie nun im Rahmen des Psychologischen oder des fast an das Psychopathologische Grenzenden gefunden wird.

Zu den übrigen *Symptomen,* sozusagen *zweiter Art,* würden wir die allgemeine Instinktunsicherheit zählen, die schnelle Ermüdbarkeit und die Antriebsschwäche nach dem Modell der dienzephalen Antriebsschwäche, die Sachlichkeit, die Tendenz zu literarischer und künstlerischer Begabung, das gelegentliche Kokettieren mit den Symptomen. Dagegen darf noch einmal erwähnt werden, daß wir nicht fanden: eine Ausweitung in das Hypochondrische, eine vermehrte Tendenz zum Suicid und schließlich beobachteten wir auch keine hysteriformen Entgleisungslinien. Wenn es sich um solche Verhaltensweisen zu handeln schien, so waren es eindeutig sogen. pseudohysterische Verhaltensweisen, wie sie auch von *Trostdorf* bei Krankheitsbildern mit vegetativ-thalamischen Erscheinungen (Porphyrie) beschrieben sind und wie wir sie häufig finden, wenn Reizüberempfindlichkeit mit einer thalamischen Verankerung vorliegt *(Stoerring).*

Was nun die *Differentialdiagnose* betrifft, so bedürfen doch eine Reihe in der Literatur geschilderter Entwicklungen, Typologien oder auch Syndrome der vergleichenden Betrachtung.

An erster Stelle soll die *„Nervosität"* genannt sein. Dieser aus der älteren Psychiatrie stammende Begriff (*Saury, Binswanger, Möbius, Kraepelin* usw.) wird immer noch benutzt, und die damals von den Autoren erarbeiteten und auch in die internationale Literatur eingegangenen Symptome sind so diffizil dargelegt und in mancher Hinsicht auch so handlich, daß wir hier diesen Begriff nicht außer acht lassen dürfen.

Bei der Nervosität handelt es sich nach *Kraepelin* um „die dauernde Beeinträchtigung der Lebensarbeit durch unzulängliche Veranlagung auf dem Gebiet der gemütlichen und namentlich der Willensleistungen". *Kraepelin* fiel schon auf — wie auch schon an früherer Stelle erwähnt —, daß es sich häufig um sprachlich, dichterisch, schriftstellerisch und überhaupt künstlerisch veranlagte Menschen handelt, die sich allerdings durch eine gesteigerte Ermüdbarkeit auszeichnen. Ferner vermerkt er eine erhöhte Ablenkbarkeit und eine außerordentlich starke Einbildungskraft. Wir erwähnten schon in unserem Kapitel über die Phantasiewelten der sensiblen Persönlichkeiten, daß *Kraepelin* bei den Nervösen die Tendenz zur Phantasie als ein besonders auffälliges Kriterium beachtete und angesichts der fast realistisch wirkenden Phantasiewelt sogar in seinen früheren Jahren annahm, daß es sich hier um beginnende Wahnbildungen handeln könnte. Er betont weiter, daß das Wirklichkeitsbewußtsein verloren geht, daß ein Gefühl des Fremdseins vorhanden sein kann, daß dagegen Denken und Urteilen überraschend scharf und geistreich sind. Die große Empfindlichkeit, wie das oft verstiegene Ästhetentum, wird herausgearbeitet und hinsichtlich der Reizempfindlichkeit schreibt er, daß es sich in der Regel um „weichliche, wehleidige empfindliche Naturen handelt, für die ihre innere Unzulänglichkeit wie die Berührung mit der rauhen Außenwelt eine Quelle dauernder Unlustgefühle wird". Er betont, daß den Nervösen vielfach der Gedanke naheliegen würde, das Leben von sich zu werfen und führt weiter aus, daß sie häufig ihre Schwäche mit einem gewissen hysterisch gefärbten Stolz zur Schau tragen. Ferner schließlich erwähnt er die ausgiebige hypochondrische Verwertung. Was die Instinktunsicherheit betrifft, so geht er in erster Linie auf Störungen der Sexualität, aber auch auf die hohe Ledigenquote (fast 2/3 seiner Kranken) ein.

Differentialdiagnostisch muß dazu ausgeführt werden, daß sicherlich der sensible Mensch manche Züge des nervösen Menschen in der geschilderten Fassung haben kann und daß auch umgekehrt sicherlich in nervösen Menschen stark sensible Züge verankert sein können. Doch kann zur Abgrenzung klar herausgestellt werden, daß die Sensiblen, wie schon erwähnt, weder die Tendenz zur Hypochondrie noch zum echten hysterischen Verhalten noch zu Suicidansätzen haben. Gerade was die Hysterie betrifft, so schildert *Kraepelin* sehr eindringlich bei den nervösen Patienten die Tendenz, wie er sagt, hysterischer Maßlosigkeit: die Kranken verfallen in Weinkrämpfe, sinken vor Schreck zusammen, schlottern am ganzen Körper, wälzen sich am Boden, schlagen um sich, schreien, raufen sich die Haare. Bei anderen finden sich schwer ausrottbare Angewohnheiten, Nägelkauen, Neigung zum Kratzen, Hautzupfen, Haarebeißen oder einförmige gewohnheitsmäßige Bewegungen (Ticks), Gesichterschneiden, choreaartige Zuckungen, Kopfschütteln, Blinzeln, Schnüffeln oder Gauzen, Schnalzen mit der Zunge, Räuspern, Spucken, Leckbewegungen, Achselzucken, Aufspringen. In der Regel handelt es sich, so schreibt *Kraepelin* weiter, um erstarrte Reste von Ausdrucks- und Verlegenheitsbewegungen, in denen sich die innere Unruhe und Spannung entlädt. Eine solche innere Spannung und Unruhe ist jedoch ein Symptom, was wir bei unseren sensiblen Patienten und auch den sensiblen Menschen überhaupt an keiner Stelle gefunden haben.

Als nächstes bedarf auch der *,,gehemmte Mensch" (Schultz-Hencke)* der besonderen differentialdiagnostischen Betrachtung. Allerdings läßt schon die Definition von *Schultz-Hencke* über die Kernstruktur des gehemmten Menschen erkennen, daß allzuviele Berührungspunkte nicht zu erwarten sind. So schreibt *Schultz-Hencke* „Gehemmtheit, Bequemlichkeit und Riesenansprüche bilden den Kern der Struktur des gehemmten Menschen. Diese Trias von Erscheinungen wird immer wieder sichtbar. Die Gehemmtheit allein würde oft nur ein geringes Gewicht haben, wenn ihre beiden Begleiterscheinungen nicht wären. Diese drei gemeinsam tragen erst all das, was am gehemmten Menschen dann wie Blüte und Frucht zutagetreten kann: die neurotischen Symptome."

Es sind lediglich zwei Bereiche, die hier sich überschneiden: das eine ist die Tendenz zu Konflikten im Sexualleben, die beim Erforschen der Welt des gehemmten Menschen ja auch *Schultz-Hencke* zunächst auffiel. Das zweite ist auch beim gehemmten Menschen die Tendenz zum Tagträumen „Je gehemmter er ist, desto mehr wird er darüber hinaus zu dem neigen, was wir Tagträumen nennen." Was dagegen die Sensibilität betrifft − und *Schultz-Hencke* benutzt diesen Ausdruck wörtlich −, so heißt es, daß beim Überblick einer größeren Zahl schwer gehemmter Menschen sich eindeutig ergibt, daß unter ihnen Empfindsamkeit, Empfindlichkeit, Sensibilität eine größere Rolle spielen als bei den übrigen Menschen. Vor zwei Mißverständnissen müsse aber gewarnt werden: Der gehemmte Mensch sei nicht etwa durch seine Sensibilität „erklärt". Die Überempfindsamkeit müsse nicht zu Hemmungen führen, geschweige denn zu all den Folgeerscheinungen der Gehemmtheit, es bleibe nur, daß das Vorliegen solcher erhöhten Sensibilität die Wahrscheinlichkeit kommender Gehemmtheit steigere.

Suchen wir unter *Kretschmers* Konstitutionstypen, und zwar hier weniger unter dem morphologischen Aspekt, sondern unter den einzelnen schizoiden Temperamenten, welche Mentalität dem sensiblen Menschen aus der Schilderung der *Kretschmer*schen *schizoiden Typen* am nächsten kommt, so wird hier — wenn überhaupt — der *empfindsam affektlahme Typ* anzuziehen sein. Er ist unter der Gruppe der vorwiegend hyperästhetischen Temperamente bei *Kretschmer* aufgeführt, und ein sehr anschaulich dargestellter Fall ähnelt in einigen Zügen in der Tat Fällen, wie sie auch hier in unserer Kasuistik beschrieben wurden. Zur Verdeutlichung darf hier eine kurze Passage zitiert werden:

„Der Junge E. H. . . . war still für sich, weinte gleich, wenn man ihn schalt. Schulkameraden hat er nie gehabt, auch mit den Geschwistern fehlte mehr und mehr die engere Fühlung. Wenn er mit einem anderen Jungen zusammen kam, lächelte er schüchtern. An groben Spielen beteiligte er sich nie. Die Kameraden hänselten ihn oft, er ließ sich viel gefallen, litt aber darunter. Mit den Geschwistern bekam er leicht Streit wegen seiner Eigenart . . . Sein Gemüt war überaus zart, fein und empfindlich, wie er älter wurde, aß er nie mehr Fleisch, weil es von getöteten Tieren stamme. Er hielt es für ein Unrecht. Er konnte es nicht mit ansehen, wenn Tieren oder Menschen Gewalt geschah. Keiner Fliege durfte man etwas zuleide tun . . . Er dachte gern flüchtig phantastische Empfindungen aus, z. B. einmal einen Wagen, der mit Rädern auf dem Wasser läuft . . . Noch lieber aber phantasierte er mit seiner Schwester in einer stillen Ecke, abseits von den anderen Kindern. Sie dachten sich Fürstentümer in prächtigen Zonen aus, die sie beherrschten, Jachten und zauberhafte Tiere, Wunderwelten und ein Ätherschiff, das hinausfährt, die Sterne im Weltenraum zu besuchen.

Er liebte es nicht, wenn man ihn anrührte. Manchmal hatte er das Gefühl, als ob er von Glas wäre . . ."

Kretschmer schreibt dann epikritisch: „Wir sehen an diesem begabten Jungen besonders schön, wie hinter der affektlahmen Außenseite das hyperästhetische Seelenleben treibhausartig nach innen zu blühen beginnt, in zärtlichster Innigkeit für einzelne Personen, in empfindsamen Humanitätsidealen, schwärmerischer Religiosität, Erfinderideen und träumender, dichterischer Phantastik."

Zweifellos erkennen wir hier bei dieser Schilderung manche Ähnlichkeiten mit Sensiblen, doch sind bei diesem ausgeprägten „affektlahmen Typ" die Züge des Lebensuntüchtigen und des Erfolglosen deutlicher, und es handelt sich nach *Kretschmer* hier auch um eine ausgeprägte präpsychotische Temperamentsart. Wir sehen zwar bei unseren sensiblen Patienten eine affektive Störbarkeit, aber keine affektlahme Note.

Kurt Schneider hat, wie wir wissen, im Rahmen seiner unsystematischen Typenlehre unter den abnormen Persönlichkeiten und Abweichungen von einer uns vorschwebenden Durchschnittsbreite von Persönlichkeiten keinen Typ deklariert, der Züge eines sensiblen Syndroms erkennen ließe. Der von ihm geschilderte *asthenische Psychopath* ist ganz anders geartet und nach der Auffassung von *Kurt Schneider,* die er in Forschung und Lehre vertrat, sind auch Persönlichkeitstypen und deren Darstellung nicht aus seiner Feder im einzelnen zu erwarten gewesen. Er selbst sagt kritisch, daß es wegen der Fülle der individuellen Ausgestaltungen und Verbindungen eine Seltenheit sei, daß nur *eine* Eigenschaft so ganz vorherrscht und den Menschen so kennzeichne, daß man ihn dadurch treffend benennen könne.

Auch bei *Leonhard,* der nun im Gegenteil zu *Kurt Schneider* eine gewisse Typenfreudigkeit zeigte und zu einer Aufstellung von im klinischen Bereich teilweise sehr handlichen Persönlichkeitstypen kam, findet sich jedoch keine Charakterisierung eines Persönlichkeitsbildes, das differentialdiagnostisch zu der sensiblen Grundpersönlichkeit mit ausgewertet werden könnte.

Abgesehen aber von den verschiedenen evtl. vergleichbaren Persönlichkeitstypen, die ja, wenn man so will, Dauerhaltungen ein Leben lang sind, bedarf doch ein Syndrom noch der vergleichenden differentialdiagnostischen Betrachtung, obwohl es nur episodenhaft und passager bei bestimmten Erkrankungen auftritt, nämlich das sogen. *emotional-hyperästhetische Schwächesyndrom.* Dieses von *Bonnhoeffer* nach Infektionskrankheiten zunächst beschriebene Syndrom ist — wie der Name schon sagt — vor allen Dingen durch eine erhebliche Reizüberempfindlichkeit und auch emotionale Schwäche gekennzeichnet. *Stoerring* hat in einer sehr umfassenden Studie zur Psychopathologie des Zwischenhirns (Thalamus und Hyperthalamus) ausgearbeitet, daß hier mit den Symptomen der Affektlabilität, der Reizbarkeit, der Schreckhaftigkeit eine besonders nahe Beziehung zu Erkrankungen des Thalamus besteht. Wir

werden mit diesem Syndrom sehr häufig nach schweren Infektionskrankheiten, aber auch häufig im Rahmen des Wochenbetts konfrontiert. Immer aber hat dieses Syndrom eine passagere Nuance,
es ist sozusagen ein „hirnorganisches Durchgangssyndrom", obwohl
es — wie besonders die Studien von *Stoerring* ergeben — sehr viele
Ähnlichkeiten naheliegenderweise mit dem ja auch thalamisch bezogenen sensiblen Syndrom hat. Allerdings könnte man das hyperästhetisch emotionale Schwächesyndrom gewissermaßen als „sensibles Syndrom auf Zeit" ansehen, letztlich immer exogen verur-
sacht. Wir sehen dabei einmal ab von den Fällen, wo z. B. nach
Typhusenzephalitis nun als chronischer Zustand ein hyperästhetisch
emotionelles Schwächesyndrom verbleibt. In jedem Falle handelt
es sich aber um etwas Exogenes und nicht um ein anlagemäßig vor-
geprägtes Verhaltensmuster.

10. Therapie

Die Erarbeitung des Persönlichkeitsbildes von sensiblen Menschen hätte ganz sicherlich zu stark theoretische Akzente, wenn man sich nicht gleichzeitig ausführlich um eine Darstellung therapeutischer Ansätze bemühen würde. Das berühmte Buch von *H. Schultz-Henke* „Der gehemmte Mensch" bringt nur wenige Seiten über die Therapie, und uns liegt sehr daran, daß die Aufstellung eines Persönlichkeitstyps eben auch praxisbezogen realistisch verankert bleibt, und im Rahmen eines letztlich ja klinischen Beitrags, um den es sich hier in diesem Buch handelt, sollte man sich nicht nur auf das diagnostisch analytische Bein stellen, sondern auf das sehr realitätsbezogene Bein der therapeutischen Erfahrung.

Dabei ist eine gewisse Tragik — wie in der Einleitung schon erwähnt —, daß die Sensiblen mit ihren Beschwerden gewisse „Gratwanderer" zwischen der Allgemeinmedizin, der Inneren Medizin und der Psychiatrie sind. Sie pendeln zwischen den Fachgebieten hin und her, sind aber letztlich doch, wenn die Symptome psychopathologisches Gepräge tragen, ein sehr dankbares Behandlungsgebiet für die Psychiatrie und für die Psychotherapie. Daß oft auch eine gute psychagogische Beratung Wesentliches für den Sensiblen erleichtert, werden wir nachher noch hören.

Wenn wir im folgenden die Therapie besprechen, so werden Reichweiten und Grenzen der Psychopharmakologie abgehandelt, die Möglichkeiten der Psychotherapie und im Rahmen der letztgenannten eine Sonderform, die sich bei Sensiblen ganz besonders bewährt hat, nämlich die Bibliotherapie. Wenn der letzteren angesichts ihrer Wichtigkeit ein sehr eigenständiges Kapitel gewidmet wird mit grundsätzlichen Aussagen zur Bibliotherapie, so möge es die Bedeutung gerade dieser Form erkennen lassen.

Das wichtigste ist natürlich — wie bei jeder Therapie, besonders wenn sie psychotherapeutische Akzente trägt —: Leidet der betreffende Mensch wirklich? Steht er wirklich unter einem echten Leidensdruck, der ihn zum Arzt treibt? Oder hat er vielleicht schon geeignete Kompensationsformen gefunden, so daß eine Therapie eher dem Wegziehen einer Stütze gleichkommt?

Die zweite Frage, die mehr für den Arzt auftritt, ist die: Gibt es überhaupt Möglichkeiten, die Mentalität eines Sensiblen, wie sie nun einmal angelegt ist und ganz offensichtlich vergleichbar mit konstitutionsbiologischem Konzept verankert ist, durch eine Therapie, gleich welcher Art, zu ändern oder zu beeinflussen? Hier darf aber der Satz von *Kretschmer* zitiert werden, daß auch alle Persönlichkeitszüge, die nun einmal konstitutionell in irgendeiner Form verankert sind oder sich durch gewisse Präzision auszeichnen, durchaus kein Fatum sind, sondern daß der klassische Satz gilt: „Alles Lebendige ist letztlich formbar". Nach diesen Präliminarien sei nunmehr mit dem praktischen, aus jahrzehntelangen Erfahrungen erwachsenen Teil begonnen.

10.1. Psychopharmakologie

Hier gilt es, einige Spielregeln zu beachten. Zunächst muß gesagt werden, daß die meisten Sensiblen *höher dosierte Psychopharmaka nicht vertragen*. Das gilt praktisch für alle hochpotenten Neuroleptika. Sie reagieren bereits auf relativ – gemessen an der Psychosenbehandlung – zarte Dosierungen mit starken Müdigkeiterscheinungen, Konzentrationsschwäche oder in paradoxer Form mit Unruhe, Getriebenheit, Hektik und agitierter Note. Hochdosierte Psychopharmaka sind lediglich dann unterstützend günstig einzusetzen, wenn es sich um Patienten mit einem oben beschriebenen ausgeprägten psychophysischen Erschöpfungszustand und neurasthenischen Syndrom handelt, bei dem ein extremes Bedürfnis nach absoluter Abschaltung und Ruhe besteht und bei dem eine heilschlafähnliche Behandlung opportun ist.

Beim Gros der Fälle jedoch ist eine *unterstützende Behandlung mit Tranquilizern* entschieden günstiger. Sie werden gut vertragen, von den Patienten meist mit großer Regelmäßigkeit, Verläßlichkeit und Präzision genommen, und wir haben bei primär sensiblen Patienten kaum stärkere Gewöhnungserscheinungen, geschweige denn Suchterscheinungen feststellen können. Es besteht meist eine sehr vorsichtige Kritik, meist überhaupt eine sehr kritische Haltung gegenüber Medikamenten, und in ähnlicher Weise, wie wir bei den sensiblen Patienten auch keine Sucht- und Rauschmittelkranken gefunden haben, so scheint sich zu bestätigen, daß diese Tendenz, sich der Realität zu entziehen, kaum je gewählt wird.

Aber selbst die Dosierung mit Tranquilizern muß sorgsam auf die praktischen Bedürfnisse des Patienten eingestellt sein. Die sensiblen Patienten sind ja überwiegend ambulante Patienten, die im übrigen durchaus nicht etwa krankgeschrieben sind, sondern meist mit großer Gewissenhaftigkeit unverändert ihrem Beruf nachgehen. Sie legen stets Wert darauf, daß sie berufsfähig bleiben, falls es nicht dann schließlich nach einem früher beschriebenen Summationseffekt zu dem ausgeprägten, für die Sensiblen charakteristischen neurasthenischen Versagenszustand kommt.

Bei diesem *neurasthenischen* und *psychophysisch geprägten Versagenszustand,* bei dem eine stationäre Behandlung (vgl. Fall 10) meist unvermeidlich ist, sollte man neben einer Ruhigstellung mit Tranquilizern oder im Bedarfsfalle auch hochpotenten Neuroleptika vor allen Dingen *auch* gleichzeitig eine *gründliche somatische Therapie* treiben. So haben sich uns Infusionen mit entsprechenden die Stoffwechseltätigkeit und den Vitaminhaushalt günstig beeinflussenden roborierenden Lösungen außerordentlich bewährt. Außerdem fühlt sich der Patient auch wirklich „klinisch anerkannt", ein Faktum, das ja auch dann der Wahrheit entspricht, denn wir erleben hier häufig auch somatisch stark erschöpfte, reduzierte Menschen bei der Einweisung.

10.2. Psychotherapie

Man sollte sich zur Grundregel machen, daß kein sensibler Mensch ohne gleichzeitige Psychotherapie ambulant oder klinisch behandelt wird. Nach welchen Techniken der einzelne Arzt vorgeht, sollte ihm überlassen bleiben. Hier können nur die Methoden geschildert werden, die sich außerordentlich bewährt haben, und es können auch die Methoden nur — ganz ohne Wertung — angedeutet werden, die unserem Eindruck nach nicht infrage kommen. So lehrt die Erfahrung, daß die sogen. zweigleisige Standardmethode nach *Kretschmer,* die aus einer gezielt psychoanalytischen Behandlung, verbunden mit autogenem Training und evtl. später gestufter Aktivhypnose mit formelhafter Vorsatzbildung besteht, sich als die dankbarste Technik erwiesen hat. D. h. mit anderen Worten, daß man nach Möglichkeit einem *zudeckenden Psychotherapieprinzip* und nicht einem aufdeckenden Psychotherapieprinzip huldigen sollte. Damit ist ausgesagt, daß sich psychoanalytische Langstreckenverfahren, bei denen, gleich ob in sehr orthodoxer oder weniger orthodoxer Weise den Spuren der Persönlichkeit bis in die ersten Winkel von Kindheit und geradezu Embryonalalter nachgegangen wird, nicht bewährt haben. Die Tendenz der sensiblen Patienten zur

Steigerungsfähigkeit, zur Empfindsamkeit jedem Wort gegenüber, zum oft selbstquälerischen Nachdenken über sich selbst – ohne hypochondrisch zu entgleisen – verbietet eigentlich solche Anwendungen. Das, was man sonst vielleicht aufdeckend psychoanalytisch als Psychotherapeut betreiben würde, sollte man lieber auf die Ebene einer *geschickten Psychagogik* mit gewichten. Mit dem letzteren ist auch gemeint, daß es für den sensiblen Menschen oft auf sehr viele praktische Vorschläge seines Verhaltens im Alltag und im Leben überhaupt ankommt und daß gerade solche Vorschläge, wenn sie gut durchdacht sind, gierig und bereitwillig, mit großer Haltung, alles dafür zu tun, aufgenommen werden.

Eine Therapie muß natürlich immer wie ein Schlüssel zum Schloß passen. Es gibt sicher Fälle, bei denen psychogogische dezente Führung und ganz schlichte Rücksprache mit dem Patienten über jeweilige Tagesereignisse ihm eine entscheidende Hilfe bedeutet und ihn nach einiger Zeit sozusagen wieder entspannt und frei im Umgang mit sich selbst werden läßt. Bei anderen wieder muß man den Akzent der Psychotherapie stärker einsetzen und hier ähnlich vorgehen wie bei der Psychotherapie von Neurosen, obwohl *primär der sensible Mensch nicht als Neurotiker anzusehen* ist. Er ist selbstverständlich genauso neurosefähig, wie jeder Mensch grundsätzlich neurosefähig ist und hat sozusagen das Anrecht auf Konflikte und damit entstehende Neurosen, d. h. also auf seelische Fehlhaltungen bei einer gestörten Erlebnisverarbeitung.

Wenn wir uns daran erinnern, daß man bei dem Begriff der Neurose immer von einem Leitsymptom, einem aktuellen Konflikt und einem pathogenen Hintergrund ausgeht, so wird man sich natürlich trotzdem fragen müssen, wo liegt hier bei einem sensiblen Menschen ggf. der „aktuelle Konflikt"? Wenn man bedenkt, daß Konflikt ja eine echte Ambivalenz, ein echter Zwiespalt zwischen Ja und Nein ist, häufig ein Ja und Nein zugleich im Denken und im Handeln, dann wird diese Frage noch berechtigter. Hierzu muß man sagen, daß in der Tat nicht immer eine Ambivalenz zu sich, d. h. in diesem Falle zu der besonderen Veranlagung des Sensiblen, vorliegt, sondern in vielen Fällen schon ein ganz hartes Ja oder ein ganz hartes Nein zu der entsprechenden eigenen Veranlagung erwachsen ist. In vielen anderen Fällen aber muß man davon ausgehen, daß doch die Sensiblen Ambivalenzzüge zu dieser ihrer eigenen nun einmal festgeprägten Eigenart haben, wobei sie häufig die extreme Überempfindlichkeit gegenüber der Umwelt leidend und zerquält mit einem Nein beantworten und die gelegentlich stärkere Erlebnistiefe mit einem Ja.

Gleich, wie es auch immer sei, ob nun ein gewisses Neurosemuster hinter der jeweiligen Persönlichkeitsstruktur liegt oder nicht, in jedem Falle wird eine geschickte psychotherapeutische Führung erforderlich werden und lediglich die Intensität oder die Anwendung der jeweils praktizierten Methodik wird sich danach ändern müssen.

Es ist sicher zweckmäßig, wenn wir die im Kapitel Psychopathologie aufgereihten krankhaft auswuchernden Formen des Sensiblen unter dem therapeutischen Aspekt durchgehen.

Vergegenwärtigen wir uns, daß wir als erste Form dieser Art die Möglichkeit erwähnten, in eine *Maske des veränderten Verhaltens* zu schlüpfen, in eine Haltung, die langsam zum Schutz gegen die Umwelt, die als stimulationsreich empfunden wird, aufgebaut wird. Bei einer, wenn man es einmal so bildlich sagen darf, gutsitzenden Maske kommt der Patient natürlich nicht in eine ärztliche oder fachärztliche Behandlung. Es ist alles gut kompensiert und weder für den Laien noch für den Arzt ist letztlich diese Kompensationsform erkennbar.

In den meisten Fällen kommt es ja aber doch bei den Tendenzen, sich eine Maske, d. h. ein ganz anderes Verhaltensmuster rational einzuüben, zu einer deutlichen *Tendenz der Überzeichnung*. Wir wissen um diese psychologisch immer wieder außerordentlich interessanten Gegebenheiten von Untersuchungen an Transvestiten, die in dem Bedürfnis, die Kleidung des anderen Geschlechts anzunehmen, zu extremen bis ins Karikaturhafte gehende Überzeichnungsformen neigen. Wir kennen diese Überzeichnungstendenzen, wenn Gefangene versuchen, bewußt eine Psychose zu spielen, um nunmehr aus einer Haftsituation herauszukommen, und wir kennen aus der Graphologie die klassischen Beispiele, wenn jemand versucht, seine Handschrift absichtlich − und sei es auch nur zum Spaß − zu verändern. Auch dann besteht eine so ausgeprägte Tendenz der Überzeichnung und des Übertreibens, daß eine solche „verstellte Handschrift" schnell für den Fachmann erkennbar ist.

So erleben wir bei unseren Patienten die Versuche, durch eine betont burschikose, forsche, vital-drahtige Art die Spanne zwischen hoher Sensibilität und Realität der Welt zu überbrücken, aber wir sehen eben vielfach, daß diese Brücke den Belastungen nicht standhält und daß es zu akuten, ja geradezu „blitzartigen" Zusammenbrüchen (Fall 6) kommt.

Die Frage, die sich jeder Arzt natürlich stellen muß, sollte man dazu beitragen, jemandem die Maske zu nehmen, die ihm lange Zeit Selbsthilfe gab und die weitere Frage, wen würde eine solche Maske überhaupt stören, wird von selbst beantwortet, weil diese Maske bei unserem angeführten Fall eben Bruchlinien zeigte. Sie schien also für diesen betreffenden Patienten nicht die geeignete Form zu sein.

Nun kann man natürlich nicht nach einer ungewollten Dekompensation mit pauschalen Allgemeinplätzen den betreffenden Patienten tröstend behandeln. Hier bedarf es in der Tat einer sorgsamen psychoanalytisch gezielt ausgerichteten Aufarbeitung seines Wesens, wobei sich außerordentlich bewährt, vom ersten Tage an die Technik des autogenen Trainings, sei es in der Einzeltherapie oder sei es in der Gruppentherapie, mit dem Patienten einzuüben. In vielen Fällen wird es zum Abschluß des autogenen Trainings und der Beherrschung der entscheidenden Übungen erforderlich, im Rahmen einer gestuften Aktivhypnose einen bestimmten formelhaften Vorsatz zu setzen, der im positiven Sinne eine deutliche Vertiefung der inneren Ruhe, die ja angestrebt werden soll, herbeiführen kann. So lautete beispielsweise der zusammen mit der Patientin erarbeitete formelhafte Vorsatz bei einer hochdifferenzierten, sehr sensiblen Pädagogin: „Ich meistere mein Leben mit ruhiger Gelassenheit", bei einem Architekten, der durch seine große Sensibilität fast bis an die Grenze der Arbeitsunfähigkeit gelangt war, wurde gemeinsam mit ihm der formelhafte Vorsatz erarbeitet: „Ich meistere alles mit gelöstem Schwung".

Man möge also daraus ersehen, daß man selbstverständlich an die Stelle des bis jetzt als Selbsthilfeprinzip anzusehenden Einsetzens einer rational geschaffenen, aber biologisch nicht gewachsenen maskenhaften Verhaltensweise natürlich etwas Neues setzen muß. Daher ist eine psychotherapeutisch ausgerichtete Behandlung und geschickte psychagogische Führung eben auch weiterhin noch erforderlich. Ein zu frühes Aussetzen der Behandlung ist hier genauso ungünstig wie ein zu frühes Absetzen von Psychopharmaka bei endogenen Psychosen. Ähnlich wie beim Drehtürprinzip in der Psychiatrie im engeren Sinne würde man auch hier die Patienten sonst zu Dauerpatienten erziehen, die aus verständlichen Gründen immer wieder die Hilfe des Arztes aufsuchen müssen. Wir sprechen in der Klinik von einer „Orthopädie der Seele", die eben genau wie die orthopädische Behandlung eines verletzten Körperteils doch einer längeren Zeit bedarf, um eine Stabilität und Festigkeit zu erreichen.

Diese Orthopädie der Seele wird darin bestehen müssen, daß man dem Patienten einerseits Methoden und Techniken an die Hand gibt, um mit der Sensibilität leichter fertig zu werden (Psychopharmakologie, autogenes Training, formelhafter Vorsatz in gestufter Aktivhypnose, psychotherapeutisch gewonnene Erkenntnisse u. a.), auf der anderen Seite aber wird man ihn auch zu einer Bejahung und positiven Einstellung zu dieser seiner nun einmal fest zu ihm gehörenden Grundhaltung der sensiblen Verhaltensweise bringen müssen. Ein ständiges Hadern mit dem Schicksal, ein ständiges Hadern mit dieser ihm nun einmal weitgehend angeborenen Sensibilität würde ein langer ermüdender und vor allen Dingen im Sinne des Wortes antriebszehrender Prozeß sein, der vielfältige neurotische Ausläufer bekommen könnte. Ohne daß man den Patienten stärker beeinflussen sollte und zu stark in seine Persönlichkeit eingreift, sollte man ihm die *Entscheidung erleichtern zu einem Ja zu seiner nun einmal gegebenen Persönlichkeit* mit allen ihren Schwächen und Stärken. Bleibt eine Ambivalenzhaltung bestehen, so ist ein Nährboden vorbereitet, der einfach bei jeder lebensgeschichtlichen Krise schneller störanfällig und dekompensationsbereit ist.

Hier würde man psychotherapeutisch so verfahren, wie wir es bei den nicht immer sehr glücklich veranlagten Varianten der Sexualkonstitution tun, also bei Frauen mit ausgeprägten Maskulinismen und bei Männern mit ausgeprägten Feminismen, bei denen die Behandlung auch entscheidend auf ein Anerkenntnis ihrer jeweiligen Konstitutionsform mit allen ihren Schwächen eingestimmt werden muß. Hier wie dort wird man mit seiner Mentalität leben müssen und das Ja zu dieser Mentalität erleichtert auch die Nichtbeachtung vieler Einzelsymptome.

Dagegen sollte man sich als Psychotherapeut *nicht* zum *Ziel* setzen, nun *sämtliche Konflikte auszuräumen* und nunmehr eine emotional sterile Landschaft entstehen zu lassen. Die lange Erfahrung lehrt, daß man den Mut haben sollte, *einige kleine Konflikte ruhig stehen zu lassen.* Sie sorgen für eine gewisse innere Spannung, einen gewissen inneren Antrieb und im guten Sinne auch für Kreativität, und die Bereitschaft zur Kreativität liegt ja bei den sensiblen Patienten in gesteigertem Maße — auch in künstlerisch literarischer Richtung — wie wir des öfteren betont haben, vor. Es erfordert natürlich eine relativ geschickte Hand zu wissen, welche Konflikte man wie die Äste eines Baumes unbeschadet stehen lassen kann.

Bei der zweiten von uns beschriebenen Form, sich in Tagträu-mereien und *Phantasiewelten* zu flüchten, mag es zunächst verwun-dern, daß hier überhaupt therapeutische Ansätze zur Diskussion stehen, denn es mag so erscheinen, als ob die schwierige sensible Mentalität sozusagen in Phantasiewelten mit Erfolg ausgelagert sein kann. Das ist aber letztlich nicht der Fall. Aus der Unzahl von Pa-tienten mit Phantasiewelten, die letztlich gequält und doch immer selbstkritisch bleibend mit diesem ihrem Symptom in die Klinik kamen, wissen wir, daß das Bedürfnis nach einer therapeutischen Behandlung außerordentlich groß ist. Es darf hier auf Fall 9 ver-wiesen werden, der durch viele Jahre hindurch mit seinem System, die Heldenrolle sowohl im Schwurgericht wie als Liebhaber in einer großen Phantasiewelt zu spielen, schließlich nicht zurecht kam und in einer ausgeprägt gequälten Verfassung mit extremem Leidens-druck sich zum Arzt begab. Dasselbe gilt für die von *Löcker* 1969 beschriebenen Fälle in seiner Arbeit über Phantasiewelten und ihren Stellenwert in der psychopathologischen Symptomatik.

Hier ist allerdings die Behandlung nicht ganz einfach. Auf der einen Seite empfindet der Patient diese seine Phantasiewelt als krankhaft. Es ist ihm peinlich, er sieht sich als Außenseiter und Randerscheinung der Gesellschaft an — wenn auch nicht psychia-trisch krank im engeren Sinne des Wortes —, auf der anderen Seite aber wünscht er sich manchmal doch wieder mit fast triebhaftem Verlangen in die Phantasiewelt zurück. Auch bei Fall 9 war es so, daß *nur* unter einer *jahrelangen konsequenten psychopharmakolo-gischen Behandlung* als eine Art der Stütze eine langsame Distanz von dieser Tendenz der Phantasiewelt erreicht werden konnte. Bis zuletzt wurden immer noch einmal wieder Situationen genutzt, wenn z. B. die Ehefrau nicht zu Hause war, eine absolute Stille im Hause herrschte: „Es war so still im Haus, daß ich meinen ei-genen Pulsschlag klopfen hörte. Sicherlich ist die Bereitschaft zum Denken und auch zum halblauten Denken dann schon besonders groß. In wenigen Sekunden war ich wieder in meine Welt versun-ken und ich führte wieder die Schwurgerichtsverhandlung als Präsi-dent durch oder kämpfte feurig für meine Frau gegen einen imagi-nären Liebhaber."

Kommen wir nun als drittes zur Frage der Behandlung bei Pa-tienten, die die *innere Emigration* als Suchtform aus ihrer sensiblen Veranlagung sehen. Hier schilderten wir schon, daß es eine Form gibt, die mit dem Einsamkeitserleben in einer sehr glücklichen ausgewogenen und entspannten Form fertig wird und die eigentlich mit sich und der Welt in einem absoluten Einklang ist. Es sind die Patienten, die das Einsamkeitserlebnis für sich produktiv umzugestalten wissen. Für sie gilt im positiven Sinne der Satz von *Hermann Hesse* „Einsamkeit ist der Weg, auf dem das Schicksal den Menschen zu sich selber führen will", und es ist verständlich daß diese Menschen natürlich auch nicht den Arzt aufsuchen.

Häufiger kommen jedoch die Sensiblen in die Sprechstunde, die ihre innere Emigration resignierend und verbittert erleben. Wir sagten schon, daß sie dabei keinen starken querulatorischen Zug tragen, dazu ist die asthenische Beimischung dieser Sensiblen viel zu groß. Wohl aber tragen sie gelegentlich ihre Beschwerden, wenn auch undramatisch, aber mit leichter Vorwurfshaltung und eben einer resignierenden Verbitterung vor. Durch das lange Hadern mit ihrem Schicksal wirken sie häufig früher verbraucht, sehen deutlich vorgealtert aus und der vitale Tonus wirkt insgesamt gering. Sie kommen eigentlich erst in die Sprechstunde, wenn sie schon Jahre dieser Haltung des Sichzurückziehens, des Vermeidens sämtlicher Sozialkontakte hinter sich haben. Sie haben gelegentlich schon sonderlingshafte Züge angenommen, werden von den Nachbarn als Original angesehen, das man zwar freundlich grüßt, aber doch etwas belächelt.

Der *Umgang mit diesen Patienten* ist zweifellos *der schwerste.* Sie sind häufig sehr differenziert, sind durch das lange Allein- und Einsamsein hellhörig geworden, haben sehr vieles schon in langer Zwiesprache mit sich selbst durchdacht und sind daher vorsichtig abwartend, manchmal sogar eher mißtrauisch auch dem Arzt gegenüber. Gerade bei diesen Patienten ist es daher sehr wichtig, daß sich der *Arzt jedes Wort überlegt.* Hier gilt insbesondere der Satz, den wir an der Klinik sehr beachten und der eigentlich für jeden Psychotherapeuten gelten sollte, auch für den Arzt, nämlich: „Denken, Schweigen, druckreif Sprechen". Mit anderen Worten: Jedes etwas lässig oder nicht durchdacht hingesetzte Wort kann hier bei den Patienten mehr Schaden anrichten, vor allen Dingen aber ziehen sich die Patienten sofort wieder zurück und begeben sich damit jeglicher Ansätze, sich helfen zu lassen.

Gerade bei dieser passivsten Form der Verhaltensweisen Sensibler, bei dieser Form sich resignierend in die Einsamkeit zurückzuziehen, gibt es aber auch Ansätze, die nicht nur psychotherapeutisch, sondern vor allen Dingen *psychagogisch akzentuiert* sind.

Die Erfahrung lehrt, daß diese Patienten gerade oft in einer sehr ungeschickten Weise mit ihrem eigenen ja nicht sehr stark ausgeprägten Antrieb umgehen. Wir haben an anderer Stelle (1967) schon darauf hingewiesen, daß es angesichts der engen Verflechtung von Antrieb und Persönlichkeit in gesunden und kranken Tagen ein anzustrebendes und für sozialhygienische wie ärztlich therapeutische Gesichtspunkte dankbares Ziel sei, ein „Antriebsmuster" des jeweiligen Menschen in aller Präzision und Aussagekraft zu erhalten. Denn viele Ansätze helfender Art — und darin liegt ja auch die praktische Seite der Antriebsforschung — würden sich entwikkeln lassen, um einer gestörten Antriebsdynamik oder einer völlig unökonomischen Verhaltensweise der Antriebsregulation zu steuern. Beachtet man nämlich das Antriebsmuster bei diesen jetzt zu beschreibenden sensiblen Patienten, so finden wir geradezu eine „Verwilderung" des Antriebs, der völlig unökonomisch eingesetzt wird. Gerade diese Patienten zeigen in ihrer Arbeitsweise eine Tendenz, den schon schmal angelegten Antrieb schnell durch eine gewisse innere Hektik verpuffen zu lassen. Sie arbeiten sehr hastig mit einem Bedürfnis nach Überkorrektheit und schneller Erledigung und sind anschließend sehr schnell verbraucht und erschöpft. Hier ein ruhiges Zeitgitter des Verhaltensmusters des Antriebs für den Alltag zu erarbeiten, gehört bei diesen Sensiblen zu einer dankbaren, letztlich ja mehr psychagogisch ausgerichteten Aufgabe. Dazu gehört auch, daß man bei diesen Patienten im beruflichen wie im privaten Bereich einen möglichst „alternierenden Arbeitsstil" findet, wie wir ihn in unseren Untersuchungen über das Thema Antrieb, Stimmung, Leistung 1972 beschrieben haben.

Man sieht also, daß man bei der Behandlung dieses Persönlichkeitstyps keine Riesenerwartungen an den Patienten stellen darf. Den grundsätzlichen Zug zum Einzelgängertum sollte man belassen und nur die ins psychopathologisch gehenden Auswüchse, die sich gelegentlich auch in einem Aufstocken von echten paranoiden Ideen zu erkennen geben, sollte man behutsam beschneiden.

10.3. Bibliotherapie

Wir deuteten schon an, daß das Thema Bibliotherapie hier einer breiteren Darstellung bedarf, nicht nur, weil es eine ganz wichtige Schlüsselfunktion in der Behandlung sensibler Menschen einnimmt, sondern weil die Bibliotherapie als Methode auch durch eine sehr exakte und breit angelegte Fassung auf eine solide wissenschaftliche Basis gestellt werden muß. Der Leser möge also Nachsicht üben, wenn dieser Abschnitt aus den genannten Gründen mehr Raum einnehmen wird.

Bei der Behandlung des Themas Bibliotherapie taucht sofort für den Arzt, den Pädagogen, den Psychologen und auch verständlicherweise den interessierten Bibliothekar eine Reihe von Fragen auf, die der Klärung bedürfen: Was ist zunächst präzise mit diesem Begriff gemeint? Welche Patienten sind besonders geeignet und dankbar für eine Bibliotherapie? Sollte man eine individuelle Therapie oder eine Gruppentherapie durchführen? Sollte man Prosa vermitteln oder moderne Lyrik? Muß der Arzt oder Bibliotherapeut selbst ein besessener Leser oder vielleicht begeisterter Anhänger moderner Lyrik sein? Welche intrapsychischen Abläufe werden durch eine solche Therapie in Gang gesetzt und schließlich die Frage, besteht die Gefahr, daß man durch eine Bibliotherapie einen Menschen auch zu sehr — insbesondere in einer labilen Phase — in diese oder jene Richtung ungünstig beeinflussen kann? Es tauchen also auch die Probleme des Mißbrauchs auf und schließlich die Fragen einer kritischen Grenzziehung der Bibliotherapie zu anderen therapeutischen und psychotherapeutischen Maßnahmen in der Medizin und speziell bei der Behandlung unserer sensiblen Patienten.

Um das Verständnis des Textes zu erleichtern, dürfen wir — gewissermaßen als geistiges Konzept — andeuten, in welcher Reihenfolge die verschiedenen Bereiche behandelt werden: Es soll zunächst auf die Definition und Entwicklung der Bibliotherapie eingegangen werden; dann wird zu analysieren versucht, in welcher Weise die Bibliotherapie auf das Erleben des Menschen einwirkt. Als drittes werden die Anwendungsbereiche generell besprochen und im speziellen im Hinblick auf die sensiblen Patienten und auch die erklärten therapeutischen Absichten. Schließlich wird als vierter Abschnitt zu den Methoden Stellung genommen, ob sie als individuelle Methode oder als Gruppentherapie zur Anwendung kommen soll und ob z. B. auch eher eine Prosatherapie oder eine Dichtkunsttherapie indiziert ist. Schließlich sollen noch ein paar Leitlinien und Gesetzmäßigkeiten, die sich bisher aus der Erfahrung und im ständigen Umgang mit dieser Therapie ergeben haben, deklariert werden.

Bei der Bibliotherapie handelt es sich um „gezieltes Verleihen" *(Teirich)* von Büchern, wobei das Buch die Rolle des Mittlers übernimmt. Etwas weiter gefaßt — und die Erlebnisseite des Kranken mit einbegriffen — könnte man auch im Sinne von *Leedy* formulieren, daß die Bibliotherapie den Prozeß der Assimilierung der psychologisch-soziologischen und ästhetischen Werte aus Büchern in den menschlichen Charakter, die menschliche Persönlichkeit und das menschliche Verhalten darstellt.

Zur historischen Seite darf gesagt werden, daß nach unserer Auffassung die Bibliotherapie im engeren Sinne des Wortes, also im Rahmen eines gezielten Verleihens von Büchern, in den europäischen Ländern erst in den letzten 3 Jahrzehnten, zum Tragen gekommen ist. Wenn in der medizinischen Literatur das Wort Bibliotherapie auch bis zum Jahre 1800 *(Rush)* zurückzuverfolgen ist, so standen früher mehr pädagogische Zielsetzungen und Aspekte der Wissenschaftsvermittlung sowie auch der ganz einfachen, zwanglosen und leicht aktivierenden Unterhaltung im Vordergrund. Mit dem gezielten Verleihen von Büchern aber tritt der Patient ja in einen sehr engen, auch geistigen Kontakt mit dem behandelnden Arzt und — wie wir später sehen werden — die moderne Methodik führt zu viel intensiveren intrapsychischen Auseinandersetzungen.

Nun zu den *intrapsychischen Vorgängen bei der Bibliotherapie,* die uns vom Medizinischen und Psychologischen her natürlich außerordentlich interessieren.

Zunächst darf einmal gesagt werden, daß sich die wenigsten Menschen Gedanken darüber machen, welch einen intensiven tiefen Vorgang das Lesen eigentlich darstellt. Würde man unter physiologischem Aspekt — sozusagen verhaltensbeobachtend — an einen Menschen herangehen, der sich in ein Buch versenkt, so wird man feststellen, daß er zunächst einmal im psychomotorischen Bereich ruhiger und gesammelt wird, daß seine Haltung entspannter wird, daß viele Züge der Hektik oder des vermehrten Bewegungsluxus von ihm abfallen. Besonders eindringlich ist ein solches äußeres Geschehen zu beobachten, wenn man Kindern, die über viele Monate im Gipsverband liegen müssen, z. B. in einer Orthopädischen Klinik, erstmals gut ausgewählte Bücher gibt und sehen kann, wie das starke und durch den Gipsverband gebremste Bewegungsbedürfnis nunmehr zurückgeht und — bildlich gesprochen — in die Bereiche des Denkens, der Sammlung, der Konzentration und der Phantasie einfließt.

Aber nicht die *äußere Ruhigstellung* soll das Entscheidende bei einer Bibliotherapie sein, sondern der Einfluß auf die intrapsychische Gesamtlage. Hier muß man zunächst einmal ganz generell sagen, daß das Lesen, und vor allen Dingen auch das *erste Leseerlebnis,* für den Menschen von einer viel größeren Bedeutung ist, als bisher angenommen. Über die starke intrapsychische Wirkung des Lesens schlechthin bei einem gesunden Leser haben jetzt gerade in jüngster Zeit namhafte Autoren im Suhrkamp-Verlag *(Unseld)* berichtet. Hier wurde u. a. ausgeführt, daß das erste Leseerlebnis in der Kindheit mindestens dieselbe Rolle in der Naturgeschichte des Lebens spielen könne wie z. B. die Rolle des Vaters, des ersten Gewitters oder der ersten Eisenbahnfahrt.

Lesen ist immer ein *individuelles Erlebnis.* Das Lesen zwingt zu einer Art inneren Einkehr, es zwingt dazu, das Wesentliche in einem Text zu empfinden und es zwingt vor allen Dingen zum Durchhalten, zur Ausdauer, besonders bei Prosaliteratur. Es zwingt aber auch zu einer Auseinandersetzung mit dem geschriebenen Wort. Der Leser beginnt einen Dialog mit dem Autor und, im Falle der liebsten und wesentlichsten Bücher, den Dialog mit sich selbst. Schon *Descartes* hat gesagt, daß das Lesen guter Bücher wie eine Unterhaltung mit gebildeten Leuten der vergangenen Jahrhunderte sein kann. ,,Der wesentliche Unterschied aber'' — so sagt *Marcel Proust* in seinem Buch ,,Tage des Lesens'' — ,,zwischen einem Buch und einem Freund ist nicht die mehr oder weniger große Klugheit, sondern die Art und Weise, in der man mit ihnen verkehrt, da das Lesen im Gegensatz zur Unterhaltung für jeden von uns darin besteht, die Übermittlung eines anderen Denkens entgegenzunehmen, wobei man jedoch allein bleibt, d. h. fortfährt, weiter die intellektuelle Kraft zu genießen, über die man in der Einsamkeit verfügt, die aber bei einer Unterhaltung unverzüglich zerstreut wird.'' Wir erlaubten uns, diesen Autor hier im Wortlaut zu zitieren, weil *Marcel Proust,* wie ja schon an anderer Stelle angegeben, sicher derjenige ist, der von lebensphilosophischer Seite sich in besonders tiefgründiger Form mit dem Problem des Lesens auseinandergesetzt hat, und zwar gerade mit therapeutischen Ansätzen, wenn wir bei ihm weiter hören: ,,Es gibt Fälle, bei denen das Lesen eine heilende Disziplin werden und beauftragt sein kann, durch wiederholte Anreize einen trägen Geist ständig wieder in das Leben des Geistes zurückzuführen.'' Die Bücher, so schreibt er, spielen dann bei ihm eine Rolle, die dem Psychotherapeuten bei manchen Neurasthenikern gleichkommt. Es ist außerordentlich interessant, daß *Marcel Proust,* den wir ja hier unter den hochsensiblen Künstlern ausführlich beschrieben haben, diese Technik des Lesens und auch die positive Seite des Lesens so eindringlich beschreibt und den therapeutischen Faktor — sicherlich auch nicht zuletzt auf sich selbst bezogen — so kristallklar darzustellen weiß.

Das Positive am Buch und damit auch eine Möglichkeit, ein Buch zu therapeutischen Zwecken zu verordnen, ist, daß man es jederzeit aus der Hand legen kann, gleich welche Emotionen selbst beim Lesen einer Prosa oder welche Stimmungen beim Lesen einer Lyrik in Gang gesetzt werden. Es bleibt eine Neutralität, manchmal eine Anonymität erhalten und nicht zu Unrecht hat *Marcel Proust* den Umgang mit dem Buch als eine reine und ruhige Freundschaft bezeichnet. Dieser Faktor des Ruhigen, Ausgeglichenen, den ein Buch vermitteln kann — und das sind ja gerade Fragen, die uns intrapsychisch interessieren — findet sich immer wieder in der Literatur, angefangen von Philosophen wie *Guardini* (Lob des Buches) bis zu Volksweisheiten eines jeden Landes — es sei an das arabische Sprichwort erinnert: „Ein Buch ist wie ein Garten, den man in der Tasche trägt."

Wir kommen nunmehr zum Thema der *Indikation* und der therapeutischen Absicht bei der Bibliotherapie. Von vornherein muß klar sein, welche therapeutischen Absichten hinter dem gezielten Verleihen bei dem jeweiligen Patienten stehen. Es kann sich z. B. um Bücher belehrenden Inhaltes handeln (Ernährung, sexuelle Aufklärung, Geburtsvorbereitung u. a.), um Bücher, die die spezielle Problematik anschneiden (z. B. bei Suchtkranken, bei körperlich Entstellten) oder im Gegenteil um Bücher, die das „Interesse von den persönlichen Reizquellen wenigstens temporär ablösen", wie *C. G. Jung* einmal formulierte, weiterhin auch um Bücher, die ganz neue Interessenbereiche erschließen.

Häufig handelt es sich aber besonders im psychiatrischen und psychotherapeutischen Bereich auch um ein notwendiges *Steuern der Literatur,* wenn es z. B. gilt, extrem Schizoide oder Hochsensible auf einfachere, nicht zum Grübeln und autistischen Meditieren anregende Literatur umzuleiten oder andere Oberflächliche, Konzentrationsschwache an differenziertere Lektüre zu gewöhnen und zu verankern. Diese Steuerung besteht also im Vergröbern, Verfeinern, Umlenken oder Aktivieren, wobei es in allen Fällen nicht das erklärte Ziel ist, etwa in irgendeiner Hinsicht einen Einfluß auf die geistige Gesamthaltung eines Menschen, z. B. zu seinen religiösen oder ethisch motivierten Fragen oder sozialen Einstellungen zu erwirken. Dieses wäre ein Verhalten an der Grenze eines ärztlichen Kunstfehlers und somit ein Verhalten, wie es auch sonst in der Psychotherapie verständlicherweise niemals angewandt wird.

Was nun die Indikation und Gegenindikation betrifft, so liegen die meisten Erfahrungen bei neurotischen und auch psychotischen Patienten vor, und hier kann vom behandelnden Arzt nur von Fall zu Fall entschieden werden, wann und in welchem Abschnitt der Erkrankung mit einer Bibliotherapie eingesetzt werden kann. Es wäre völlig realitätsfremd, würde man bei einer akuten Psychose mit Bewußtseinseinengung und schwerer Desintegrierung der Persönlichkeit in irgendeiner Weise versuchen, durch eine Bibliotherapie Kontakte herzustellen oder Wesensänderungen hervorzurufen. In einem solchen Abschnitt haben selbstverständlich die Methoden moderner Psychopharmakologie und viele andere Techniken den Vorrang. Die Bibliotherapie gehört meistens bei Psychosen in den allerletzten Abschnitt, häufig im Rahmen rehabilitativer Maßnahmen. Bei Neurosen kann die Bibliotherapie meist noch nicht in der Initialphase benutzt werden, wenn die gezielt psychoanalytische Behandlung von Aktualkonflikten noch den Vorrang haben muß. Das gilt auch bei den sensiblen Patienten. Nur bei Fällen von Neurosen mit einer negativen Übertragungssituation zum Therapeuten hat sich die Bibliotherapie als Mittler durch den sachbezogenen Neutralitätscharakter bewährt. Was die Psychosen im engeren Sinne betrifft, so sind die Schizophrenen in besonderem Maße einer Bibliotherapie zugängig in ihrer oft sehr introvertierten Bereitschaft, ein Buch anzunehmen. Hier muß man jedoch auch die Gefahr sehen, daß es zu einer Sublimationsform, zu einer Flucht aus der Realität kommen kann, die durch ein Buch zweifelsfrei gefördert wird. *Graber* hat einmal geschrieben, daß das „Versenken in ein Buch symbolisch einer Regression in den Mutterleib" gleichkomme. Wenn wir auch dieser mutigen Deutung nicht das Wort reden wollen, so muß man jedoch auch die Gefahrenmomente solcher Rückzugtendenzen durch die meditative Versenkung in ein Buch einkalkulieren, und das gilt verständlicherweise für den Personenkreis, der hier zur Diskussion steht, für die Sensiblen, ganz besonders.

Im Gegensatz zu den schizophrenen Psychosen sind die Psychosen aus dem Formenkreis der Zyklothymie sehr selten einer Bibliotherapie zugängig. Hier muß gesagt werden, daß die Manien nicht lesefreudig sind trotz ihres immensen Betätigungsdranges, weil ihnen jegliche Ruhe zur Sammlung in der fast im Zeitraffer ablaufenden Temperaments- und Bewußtseinslage fehlt. Die depressiven Kranken, bei ihrer extremen Antriebsarmut und ihrer Hemmung sämtlicher Gefühls-, Denk- und Handlungsabläufe nehmen zwar willig ein Buch entgegen, können jedoch nicht in produktiver Weise lesen, d. h. den Autor nachempfinden. Für sie sind die geschriebenen Worte leere, unbeseelte Hülsen.

Die Domäne der Bibliotherapie neben den Neurosen und den o. a. schizophrenen Formen ist dagegen eher der große Bereich der neurotischen Depression und der Bereich der neurasthenischen Versagens- und Erschöpfungszustände im mittleren Lebensalter. Auch ist die Bibliotherapie im Rahmen der Psychotherapie des höheren Lebensalters ein ganz wesentlicher Faktor geworden, der u. E. außerordentlich zukunftsbezogen ist. Einen ganz wesentlichen Beitrag stellt im Rahmen einer gesamt-ärztlichen Therapie die Bibliotherapie aber innerhalb der Behandlung der Sensiblen dar. Daher auch diese breiten Ausführungen, die zunächst den Gesamtrahmen der Psychiatrie betreffen und nun langsam eliminiert werden sollen auf den engeren Bereich der Behandlung Sensibler.

Gerade im Hinblick auf die Behandlung Sensibler sind die Methoden der Bibliotherapie außerordentlich wichtig zu besprechen, weil sehr sorgsam dosiert werden muß, welche Technik für diesen oder jenen sensiblen Menschen die richtige ist.

Zur Methodik gehört einmal die Frage, ob man sich für eine Individualtherapie oder eine Gruppentherapie entscheiden soll und zum zweiten die Frage, ob ein Buch bestimmten Inhaltes mit bestimmter Problematik oder aber ob moderne Lyrik in irgendeiner Form angeboten werden sollte.

Zunächst zur ersten Frage. In den angloamerikanischen Ländern sind in der letzten Zeit eine Reihe von interessanten Studien (*Monroe* 1974 u. a.) erschienen. Aus diesen Beiträgen ist ersichtlich, daß dort die *gruppentherapeutischen Techniken* entsprechend der ja im Augenblick stark gruppentechnisch orientierten psychologischen und medizinischen Behandlungsformen im Vordergrund stehen. Auch *Teirich,* der ja im europäischen Bereich zweifellos im Rahmen der Bibliotherapie den führenden Namen hat, weist auf gruppentherapeutische Ansätze der Innsbrucker Klinik seit 1947 hin.

Abgesehen von diesen insgesamt relativ wenigen Veröffentlichungen steht jedoch die *individuelle Therapie* ganz im Vordergrund. Die diffizilen Fragen und Probleme, die es durch Bibliotherapie mit zu klären oder mit zu beeinflussen gilt, sind zu speziell, als daß sie im Rahmen einer Gruppensituation und somit auf breiter überindividueller Basis abgehandelt werden könnten. Daher stützen sich die eigenen Erfahrungen an den Universitätskliniken in Tübingen, Düsseldorf und Aachen auch in erster Linie auf individualtherapeutische Fälle.

Was nun die Frage der *Buchtherapie oder* der *Dichtkunsttherapie* betrifft, so hängt es neben dem geistigen Differenzierungsgrad des Patienten und der Grunderkrankung auch entscheidend davon ab, welchen therapeutischen Ansatz man verfolgt, ob man durch die Konfrontation mit einem Buch bestimmte Probleme anklingen lassen will und sozusagen die Bücher als Vergrößerungsgläser unserer eigenen Nöte, Gefühle und Gedanken benutzen möchte, oder ob Konzentration und Sammlung geschärft werden sollen. Leichter wird für den Arzt selbst die Entscheidung, wenn man einmal überlegt, welche Anforderungen ein Buch und welche Anforderungen eine lyrische Aussage an den Leser letztlich stellen.

Zweifelsfrei ist die *Konfrontation mit* einem modernen *Gedicht* etwas Anspruchsvolleres und den Denkvorgang stärker Forderndes als das Lesen eines Prosatextes. Das Gedicht stellt ja schließlich eine Übersetzung gedanklicher Konzentrate in feine sprachliche Miniaturen dar. Wenn man ein Gedicht liest, eröffnet man ja dieses Konzentrat. Man erlebt das Tiefgedachte nach, es kann lange in einem nachschwingen, es können Deutungen offenbleiben, es werden Denkimpulse angeregt, man kann sich mit dem Gedicht identifizieren, z. B. mit einem depressiven Gedicht, man kann sich selbst der Stimmung eines Gedichts ganz hingeben.

Das gilt besonders für die sicherlich kürzeste Form eines Gedichtes, das sogen. Haiku, auf das wir später zu sprechen kommen.

Denn der große Vorteil der Dichtkunsttherapie ist, daß das Gedicht natürlich gegenüber dem Buch den Vorteil der Kürze hat, der schärfer herauspolarisierten geistigen Leistung, der größeren Anregung zur eigenen präzisen Formulierung und daß für den Kenner moderner Lyrik in den verschiedenen Gedichtformen die vielfältigsten Facetten menschlichen Lebens und Erlebens enthalten sind. Wir kennen die mehr meditativen Gedichte von *Peter Huchel, Günter Eich, Manfred Hausmann,* die mehr die menschlichen Probleme ansprechenden Gedichte von *Hilde Domin,* die oft etwas verächtlich aggressiven dichterischen Gedanken bei *Gottfried Benn* und *Henry Michaux* und wir kennen Gedichte, die gerade durch ihre große Gelassenheit das ausdrücken, was die Patienten häufig in sich vermissen, die Ruhe und souveräne harmonische Haltung. Gerade zu dieser letzten Gruppe darf ein Gedicht von *Christoph Meckel* einmal zitiert werden, mit dem sich sehr viele, besonders sensible Patienten geradezu wunschhaft identifizieren:

„Rauchend wie häufig"

Rauchend wie häufig, saß ich
am Ecktisch eines kleinen Cafébalkons
als man mir sagte, meine künftigen Tage
wären eben eingetroffen.

Gut, sagte ich, heißt sie willkommen,
sagt, ich hätte nun davon gehört,
gebt ihnen was zu leben, zu sterben,
zu lachen, zu hoffen —

Weiterrauchend, beschäftigt
mit diesem und jenem und mancherlei
sah ich hinaus in den schon
kühleren Nachmittag.

Über ein solches Gedicht würde man dann mit den Patienten sprechen, und das ist ja das Entscheidende, daß die Reflektion mit dem Arzt ständig über das Objekt, Buch oder Gedicht, vorliegt, und es hat sich uns persönlich eigentlich bewährt, zweigleisig zu verfahren, sowohl mit einer reinen Buchtherapie wie auch mit dieser Dichtkunst- oder Lyriktherapie, die zweifellos als eine Art „oberes Seminar" anzusehen ist.

Die Bibliotherapie hat sich im Gegensatz z. B. zur Musiktherapie bisher nur langsam durchgesetzt. In den einschlägigen neuesten Handbüchern über Neurosenlehre findet die Bibliotherapie, z. B. selbst in dem Beitrag von *Heyer* über künstlerische Verfahren, keine Erwähnung. Dabei ist es so naheliegend, das Buch, dessen Ausstrahlungskraft für den Menschen in so eindrucksvoller Weise von *Guardini* beschrieben und dessen Gewicht für sämtliche Lebensalter von *Spranger* gründlich untersucht worden ist, als Mittler im Arzt-Patientenverhältnis heranzuziehen. Vor allen Dingen handelt es sich ja um eine durchaus aktive Behandlungsmethode.

Diese aktive Note hat schon *v. Weizsäcker* in seinem Buch über „Fälle und Probleme" erkannt, in dem er auf den Begriff der „Bewegung des Patienten durch die Literatur" hingewiesen hat. Es ist aber nicht nur so, daß das Buch den Menschen bewegt, sondern daß umgekehrt der Mensch auch das Buch erst sozusagen in Gang setzen muß. Erinnern wir uns der Formulierung in dem arabischen Sprichwort „Das Buch ist wie ein Garten, den man in der Tasche trägt", so erscheint das Buch als etwas ganz Persönliches, Internes, ja Intimes, das man wie einen Garten jederzeit aufblühen lassen kann. Man kann ein Buch erwecken, das geistige Konzentrat, das zwischen zwei Deckeln sozusagen wie in einer Konserve kondensiert ist, kann man zum Leben bringen. Dieses ist aber ein aktiver Vorgang. *Guardini* sagt, „das Buch ist zum Stehen gekommenes Sprechen . . ." Man kann wieder Bewegung hineinbringen, aber eben durch Eigenaktivität, die dazu erforderlich ist, durch Elan. Man macht so Bücher wieder lebendig und zum Bestandteil seines erlebten Lebens. Dieser Hinweis ist wichtig, weil es auch Situationen gibt, in denen das Antriebsniveau des jeweiligen Patienten so gering ist, daß selbst das wieder Lebendigmachen eines Buches durch Lesen und Nachempfinden gar nicht mehr möglich ist.

Teirich hat in einer Bibliotherapie die Möglichkeit gesehen, „Lastendes zu entschweren, Beengtes zu entbinden und Widerstrebendes zu lösen". Damit weist er unwillkürlich auf die wichtige Möglichkeit hin, die die Bibliotherapie besonders bei sensiblen Grundpersönlichkeiten hat. Dieser speziellen Anwendung wollen wir jetzt nachgehen.

Bibliotherapie speziell bei Sensiblen

Zunächst sei einmal an den Anfang gestellt, daß die Frage, ob Individualtherapie oder Gruppentherapie sich relativ schnell entscheiden läßt. Der Sensible in seiner scheuen und Zwiesprache mit sich selbst gewohnten Mentalität wird unfrei sein, im Rahmen einer Gruppe Themen, Problemstellungen, Krisenpunkte frei zu diskutieren und hier dialogartig Stellung zu nehmen. Er würde sofort — wenn man eine soziometrische Untersuchung durchführen würde — in die Rolle der Passivität und damit für sich selbst in die Rolle der gewissen Unfruchtbarkeit in einer Gruppe gedrängt.

Hier muß man schon der Mentalität des Sensiblen dadurch gerecht werden, daß man ihm eine *Einzeltherapie* auch im Hinblick auf die Bibliotherapie zukommen läßt. Bei der weiteren Entscheidung, ob eine reine Buchtherapie oder mehr eine Lyriktherapie infrage kommt, muß man beides letztlich bejahen. Hier haben sich bei der Buchtherapie Bücher, die im positiven Sinne eine Vertiefung und innere Sammlung anstreben, wie Werke von *Hesse, Hausmann*, Bücher über östliche Weisheit und bei entsprechenden geistigen Voraussetzungen Bücher von *Ortega y Gasset* oder Aphorismensammlungen z. B. von *G. C. Lichtenberg* bewährt. Je nach Stärke der inneren Selbstunsicherheit waren auch denkerische Aussagen, die tief historisch sind und weit zurückliegen, von großem Einfluß, z. B. die Selbstbetrachtungen von *Mark Aurel* oder die ausgewählten Schriften von *Seneca*. Nicht opportun waren Bücher von Selbstschilderungen von durchgestandenen Erkrankungen und nicht opportun waren auch besonders bei stärker schizoid gefärbten Patienten Literatur von *Hölderlin, Trakl* u. a., Dichtern also, deren hohe eigene Sensibilität ein „Einspinnen in die Seide der eigenen Seele" förderte.

Trotz der sonst oft heraufbeschworenen Gefahr, vielleicht die Tendenz zur meditativen und passiven Einkehr des sensiblen Patienten zu vermehren, hat sich doch eine *Lyriktherapie* ganz außerordentlich *bewährt*. Man muß in dem Falle durchaus den Mut haben, die sensiblen Patienten mit ihrer feinen Antenne für literarisch-künstlerische Bereiche auch auf dieser Wellenlänge anzusprechen. Sie sind über diese Wellenlänge am leichtesten erreichbar und steuerbar.

So konnten wir im Rahmen der Lyriktherapie z. B. mit dichterischen Aussagen von *Elisabeth Borchert, Hilde Domin, Peter Huchel, Karl Krolow, Guiseppe Ungaretti* u. a. viel erreichen. Wie schon angedeutet, genügt den Sensiblen oft eine möglichst kurze Form der lyrischen Aussage, um diese Aussage als Anstoß nehmend nunmehr weiter zu denken und sich nachempfindend an das Gedachte zu verlieren.

Zu diesen kürzesten Formen dichterischer Aussagen gehören aber anerkanntermaßen die sogen. *Haikus*, die nur aus ganz wenigen gezählten Worten und meistens drei extrem kurzen Zeilen bestehend eigentlich nur ein Stimmungsbild kurz aufreißen, fast wie eine Zeichnung in wenigen Strichen zu sehen sind. Sie öffnen aber ein weites Feld für Stimmungsbilder, die weit über den ersten lyrischen Impuls hinausgehen. Ein Beispiel sei der besseren Verständigung wegen einmal zitiert:

Im Herbstwind zittert
das Blatt noch am Baum:
Ist denn
mein Jahr schon vorbei?

Shichiro Chidani

Zum Wesen einer solchen japanischen Kurzform eines Sprachkunstwerks gehört es nach *Kasdorff*, daß es sich nicht in der realistischen Beschreibung eines Vorgangs oder Eindrucks erschöpft. Immer schwingt etwas Ungesagtes mit. Die Kürze der Form begünstigt einen Stil des Andeutens, des bloßen Hinweisens. Im Ausdruck überwiegen leise Klänge, verhaltene Töne. Vieles muß ausgespart bleiben. Das Haiku ist nicht ein Foto, sondern ein Sprachbild, das sich an alle Sinne wendet. Am Anfang steht ein Geräusch, ein Duft, ein Geschmack, ein Gefühl, ein Gesicht, ein Augenblick, mit dem man eins geworden ist, weil es einen ganz ausfüllte, und dem man nachgesonnen, nachgedacht hat. Das Symbolträchtige mancher Kurzzeiler dieser Art, ja auch das Hintergründige regt zur inneren Teilnahme an, und man muß *Kasdorff* Recht geben, wenn er schreibt, daß ,,man die Fähigkeit entwickelt, zeitweise von sich abzusehen". Der Themenkreis der Haikus ist unerschöpflich und es gibt auch Sammlungen aus dem deutschen Sprachbereich, es sei an *Imma Bodmershof* (1962) erinnert, aber auch an *Kasdorff* selbst, dem wir als Kenner der Materie nicht nur eine philosophische Abhandlung, sondern auch Haikus aus eigener Feder verdanken (1975).

Wir erleben sehr häufig, daß Sensible, die mit dieser Sprachform im Rahmen der Bibliotherapie und speziell der Lyriktherapie umgehen, selbst die Tendenz haben, solche ,,Haikus" zu entwerfen. Man stellt dann als Arzt staunend fest, daß sehr viel Sensible eine, wie *Pitt Morell* es einmal gesagt hat, poetische Grundsubstanz haben, gleich ob sie nun Gedichte machen oder nicht. So mag es überhaupt sein, daß der sensible Mensch eine starke Beziehung zur Sprache hat, sowie er auch eine starke Beziehung zur Phantasie hat, also zu einem Spiel mit Vorstellungen, einer Basis, die ja auch der Sprache mit zugrunde liegt. Wir haben im Rahmen der von uns durchgeführten Therapie manche Huldigungen — möchte man geradezu sagen — von Sensiblen an die Sprache und an die Wörter gehört. Eine Huldigung, wie ja in einer ganz bestechenden Weise *Neruda* in seinem Buch „Ich bekenne, ich habe gelebt" als alleinstehende Passage hat einfließen lassen: „. . . Es sind die Wörter, die singen, die steigen und fallen . . . Vor ihnen werfe ich mich nieder . . . Ich liebe sie, ich schätze sie, verfolge sie, zerbeiße sie, lasse sie im Mund zergehen . . . Geliebte Vokabeln . . . Sie glänzen wie bunte Steine, hüpfen wie Fische aus Platin . . . Manche Wörter verfolge ich . . . Sie sind so schön, daß ich sie alle in meinem Gedicht verwenden will . . . Ich fange sie im Flug, wenn sie summen und halte sie fest, reinige sie . . ."

Es soll noch ein Fall demonstriert werden, der den Gang der Bibliotherapie bei einer sensiblen Patientin kurz andeutet:

Fall 11

L. O., 30 Jahre, Hausfrau. Familienvorgeschichte o. B., eigene Vorgeschichte: normale Schulentwicklung bis zum Einjährigen, Kunststudien, relativ frühe Heirat, 3 Kinder, extrem sensibel veranlagt, hochempfindlich gegenüber jeglichen Außenreizen, schwere Dekompensation im Rahmen einer Ehe mit einem sehr kontaktarmen und unterkühlt wirkenden Ehemann.

Klinikaufnahme wegen schwerer Dekompensation in einem neurasthenischen Zustand mit fast stuporösem Verhalten. Bei dieser rational sehr gut gesteuerten Patientin konnte ohne jegliche medikamentöse Therapie und ohne weiteres psychoanalytisches Eingehen auf Primärkonflikte lediglich durch eine mehrmonatige Bibliotherapie eine Stabilisierung des Selbstwertgefühls und der Anpassungsformen an die Umwelt erzielt werden. Die Patientin erlebte positive Identifikationen mit bestimmten Gedichten von *Hilde Domin,* die vom Arzt ausgesucht waren, und ordnete ihre desintegrierte Gefühlswelt anhand moderner philosophischer Literatur von *Bollnow* (Wesen der Stimmungen, Neuer Geborgenheit).

Fassen wir *abschließend einige Grundregeln* zusammen, die sich aus der klinischen Erfahrung mit der Bibliotherapie bei psychiatrisch Kranken, insbesondere aber auch bei sensiblen Patienten ergeben, so läßt sich folgendes sagen:

1. Ist daran festzuhalten, daß die Bibliotherapie aus der Sicht, wie sie hier geschildert wurde, in die Hand des Arztes gehört, im Idealfall in Zusammenarbeit mit einem Fachbibliothekar, der bei der Buchauswahl durch seine besonderen Sachkenntnisse beratend hinzugezogen wird. Hier wird sicherlich in der Zukunft durch besonders enge Zusammenarbeit zwischen Arzt und Bibliotheksspezialisten noch sehr viel Positives zu erwarten sein.

2. müßten die therapeutischen Zielsetzungen und die Indikation vor allen Dingen dem behandelnden Arzt ganz klar sein. Die prämorbide Persönlichkeitsstruktur und die geistigen Interessengebiete müssen dem Arzt geläufig sein.

3. Das Entscheidende der Bibliotherapie ist die eingehende Diskussion über das Buch oder über das Gedicht, die von ärztlicher Seite erfolgt, um die Erlebnistiefe abzuloten und die weitere Therapie sachgemäß und dem therapeutischen Ziel angemessen zu steuern.

Es können dann wirklich *Bücher Brücken* sein und zwar nicht etwa alleine zum anderen Menschen, sondern vor allen Dingen auch Brücken *zu sich selbst,* und diese Brücken zu sich selbst braucht der sensible und der hochsensible Mensch in ganz besonderem Maß.

? vielleicht doch besser · zum "Selbst" (C.G. Jung) oder zum "Sein" (Heidegger)

11. Sozialmedinische Aspekte

Man würde der heutigen modernen Entwicklung, daß man nicht nur den Menschen als Ganzes sieht — wie seit Jahrzehnten schon mit Erfolg durchgesetzt —, sondern, daß man den Menschen auch in seiner Verankerung in seinem auf ihn zugeschnittenen Umweltgerüst sieht, nicht gerecht, wenn man neben der Stellung des jeweiligen Patienten und seinem Umweltverhalten, nicht auch die Reaktion der Umwelt auf ihn einer besonderen Betrachtung unterziehen würde. Wir deuteten schon mehrfach an, daß der sensible Mensch in der etwas tragischen Situation ist, daß er unter medizinischem Aspekt sich auf einer Gratwanderung zwischen dem internistischen oder allgemeinmedizinischen und fachpsychiatrischen Gebiet oder auch psychotherapeutischen Gebiet befindet, und was den Einbau in die Umwelt betrifft, so befindet er sich auf einer genauso unglücklichen Gratwanderung zwischen den menschlichen Verhaltensnormen, die noch von der kritischen Gesellschaft als zugehörig anerkannt werden und zwischen den Randzonen menschlichen Verhaltens, wie es *Bürger-Prinz* einmal für die Bereiche der seelisch Kranken gut charakterisiert hat.

Im Grunde sind die Reaktionsweisen des sensiblen Menschen weitgehend einfühlbar und verstehbar, es treten niemals Züge des Verhaltens auf, die wie bei schizophrenen Psychosen z. B. die Grenze der Verstehbarkeit überschreiten, uneinfühlbare Kennzeichen tragen und damit auch im Volksmund in den Geruch des Verrückten, des Verschobenen und Verschrobenen geraten. Aber selbst diese noch verstehbaren Verhaltensweisen der sensiblen Menschen, die unter dem Druck der heute reizüberfluteten Umweltsituation sich zurückziehen, sind der problemlos, unkompliziert und natürlich empfindenden Umgebung oft fremd. Selbst wenn immer wieder erkannt und anerkannt wird, daß der Sensible hohe Sensibilitäts- und Realitätsbezogenheit nicht immer in Einklang bringt, sondern mit Mühe diese Spanne durch verschiedene, nicht immer sonderlich glückliche Techniken zu überwinden trachtet, besteht doch immer wieder eine ablehnende Haltung der Umgebung, die sich in der privaten Sphäre wie im Berufsleben deutlich charakterisiert. Vergleicht man einmal die großen und umfassenden Untersuchungen über das Bild des seelisch Kranken in der Öffentlichkeit, wie sie von *Schulte, Jäckel* und *Wieser,* von *v. Baeyer* und *Sattes* bearbeitet sind, so muß man nüchtern feststellen, daß das negative Stereotyp des seelisch Kranken, was sich in den Ergebnissen der angeführten Untersuchungen immer wieder feststellen ließ, auch bei der Bewertung des sensiblen Menschen in seinen ins Psychopathologische gehenden Verhaltensweisen findet. Auch hier ist es so, daß die Grenzen der Verständlichkeit, die empfundene Unsicherheit des Sensiblen, die oft vermerkte geringe Aktivität und das schwache Potential als solches negativ registriert werden. *Wieser* schreibt in seinem letzten Beitrag über den psychisch Kranken in den Massenmedien, daß diese gerade genannten Komponenten grundsätzliche Störungen des sozialen Lebens darstellen, indem sie wichtigen Voraussetzungen für ein reibungslos funktionierendes Zusammenleben zuwiderlaufen. Dies hat zur Folge, schreibt *Wieser* nach seinen reichen Erfahrungen nüchtern, daß die Bevölkerung den Ausschluß des seelisch Kranken von der Teilnahme am Sozialleben für notwendig erachtet.

Diese Reaktion der Umwelt wird natürlich deutlich vom sensiblen Patienten empfunden. Es wird vor allen Dingen sehr deutlich vom Patienten registriert, daß sein „Beliebtheitsgrad" nicht sehr groß ist. Der Beliebtheitsgrad aber, der ja ein wesentlich feines Reagenz für das Selbstwertgefühl mit darstellt und der gerade den sensiblen Patienten in seiner Tendenz, mit allen Menschen in einer harmonischen Haltung auszukommen, besonders tangiert, ist auch deutlich angetastet innerhalb des engsten Familienkreises und nicht nur innerhalb der breiteren neutralen anonymen Umwelt. Die ständige Rücksichtnahme auf die vielen kleinen Besonderheiten und persönlichen Attitüden des Sensiblen können in der Tat immer wieder auch bei sehr wohl abgestimmten Familienkonstellationen zur Dekompensation führen, und wir haben aus den unzähligen Gesprächen mit Angehörigen auch sehr gute und wertfreie Darstellungen über den erschwerten Umgang mit den Eigenheiten Sensibler erhalten.

Natürlicherweise ist die Reflexion des Sensiblen auf die meist sehr spürbare und auch fein empfundene Ablehnung durch die Umwelt eine Tendenz zum weiteren Rückzug auf sich selbst. Die Tendenz zur Einsamkeit wird deutlich größer, und diese Tendenz zur Einsamkeit wird im Zuge der zeitgeschichtlichen und damit auch kulturgeschichtlichen Entwicklung wahrscheinlich von der modernen Gesellschaft immer negativer beurteilt werden.

Diese Bemerkung soll nicht ohne feste Basis in den Raum gestellt werden. *Czernik* hat in ihren Studien über das Einsamkeits-

erleben Gesunder, Neurotiker und über das Einsamkeitserleben im
Verlaufe endogener Psychosen darstellen können, daß Einsamkeit
unter philosophischem Aspekt *(Bloch, Jaspers, Lotz, Ortega y Gasset)*
ja meist positiv bewertet wird als Bedingung und Ermöglichung von
Selbstverwirklichung und Personhaftigkeit, damit letztlich also auch
als ein Brückenschlag zu einem vertieften sozialen Verständnis des
Phänomens Einsamkeit, nämlich als Begründung echter Kommunikation in personaler Tiefe und nicht leerer Verflachung in Form
von Geselligkeit und Vermassung, wie sie von *Ortega y Gasset* —
vielleicht zu einseitig — angeprangert wurden.

Im Gegensatz zum Alleinsein (als objektive Tatsache) wurde also
die Einsamkeit (als subjektive Tatsache) positiv gewertet, und es
erhebt sich die Frage, inwieweit diese positive Sicht der Einsamkeit
heute noch nachvollziehbar erscheint und gelebt wird.

Sucht man auf diese Frage eine Antwort unter soziologischem
Aspekt, so muß bekannt werden, daß über Einsamkeit unter soziologischem Aspekt nur relativ wenig ausgesagt wurde. Obwohl Einsamkeit eine durchaus soziale Erscheinung mit ihrem Wissen um
den Anderen darstellt und die Soziologie es nach *A. Weber* „mit
der Struktur und Dynamik des menschlichen Daseins" zu tun hat,
finden sich unter diesem Begriff der Einsamkeit auch in soziologischen Wörterbüchern nur wenig aussagekräftige Zeilen, aber es läßt
sich aus einigen soziologischen Studien (vgl. *Hofstätter* u. a.) schon
vorsichtig abschätzen, daß die Tendenz größer werden wird, die
Einsamkeit negativer zu betrachten. So ergab schon ein Polaritäten-
profil 1957 bei Studenten, daß in Amerika der Begriff Einsamkeit
sehr viel negativer bewertet wurde und daß es im mitteleuropäi-
schen Bereich noch eher möglich ist, die produktiven kreativen und
positiven Aspekte der Einsamkeit zu sehen und zu erleben.

Ganz grundsätzlich hat natürlich der Sensible — schon von seiner
Struktur her — kein starkes Bedürfnis zur Masse. Es ist auch einfach
bei Kenntnis seiner Mentalität gar nicht zu erwarten, daß er sich in
der Menge mit hektischem Bedürfnis nach immer neuen Sozialkon-
takten ansiedeln würde. Den Zug zum Einzelgängerischen sollte
man daher respektieren und keine Riesenerwartungen an ihn in
diesem Sinne stellen. Für ihn selbst gilt dabei, einen Verlust des
Beliebtheitsgrades in Kauf zu nehmen, aber auch den Ruch des
Dünkelhaften, der dem individualistischen Einzelgänger in Ver-
kennung der Situation häufig pauschal nachgesagt wird.

Diese Einlassung soll kein Plädoyer für das Verständnis des Einsamkeitsbedürfnisses des Sensiblen darstellen, sondern soll nur einen weiteren Punkt verständlich werden lassen, der uns aus der klinischen Erfahrung immer wieder beschäftigen mußte, nämlich die Frage, ist es opportun, einen sensiblen Menschen mit seinen vielfältigen Reaktionsweisen im Rahmen der Psychotherapie in der Einzeltherapie zu betreuen oder in der Gruppentherapie sozusagen anwachsen zu lassen. Hier lehrt einfach die Erfahrung, daß es zwar gelingt, einige soziale Verhaltensweisen „einzuüben" und eine größere Realitätsbezogenheit des sensiblen Menschen zu erreichen, daß aber im Grunde die Tendenz zum Individuellen und Einzelgängerischen erhalten bleibt. Dazu kommt, daß sensible Patienten oft im Sinne des Wortes noch nicht die Reife haben, um einer in der Tat belastenden Situation, wie sie durchaus in einer aktiven heterogen zusammengesetzten Gruppe in der Psychotherapie auftreten kann, gewachsen zu sein. Wir haben hier besonders häufig echte „Weglaufreaktionen" erlebt, wenn hier nicht sehr sorgsam ausgewählt wurde oder solange eine Individualtherapie durchgeführt wurde, bis wirklich die Belastungssituation durch eine Gruppe vertretbar war.

Diese Überlegungen sind wichtig, weil ja in den meisten Fällen doch eine Psychotherapie zum Ansatz kommt und man sich hier mit *Kretschmer* in dessen Beitrag „Das Menschenbild in der Psychotherapie" fragen muß: Nach welchem Endziel hin soll gestaltet werden? Denn die Aufgabe der Psychotherapie ist hier nur streckenweise und nur als Mittel eine analytische, im Endziel letztlich eine gestaltende und bildnerische. Man muß sich daher als Arzt der Aufgabe kritisch bewußt sein, daß nicht ein sensibler Mensch in einen extravertierten „Sympathiehamster" umfunktioniert werden kann, es käme einfach einer Verunstaltung seines nun einmal biologisch verankerten Lebensentwurfes gleich und würde die schon vorhandene Zerrissenheit weiter verschärfen. Die richtige Dosierung einer ärztlichen Einhilfe und auch das Erkennen der Grenzen setzt eine große Erfahrung voraus. Daß der Auftrag an den Arzt, wenn es einmal so gesagt werden darf, im Zuge der Zeit immer größer wird, sich gerade mit diesem Personenkreis auseinanderzusetzen, steht außer Frage. Die moderne technische Entwicklung mit ihrer Fülle von Außenreizen und hektischen Momenten verlangt praktisch eine Anpassung des Jetztmenschen, der schon der Gesunde mit einer ganz gesunden „biologischen Ausrüstung" kaum so schnell folgen kann. Mit dieser Differenz aber wird im Zuge der technischen Entwicklung auf der einen Seite und der besonderen Persönlichkeitsstruktur auf der anderen Seite bei diesem Personenkreis immer mehr und deutlicher eine Lücke klaffen. Hier immer wieder Brücker zu schlagen und zu erreichen, daß auch die Sensiblen in gewissem Rahmen mit sich und der Welt im Einklang sind und die Außenseiterrolle verlieren, wird eine der wichtigsten ärztlichen Aufgaben in unserem Fachbereich in der Zukunft sein und sicher auch eine der dankbarsten Aufgaben.

Wenn somit das vorliegende Buch nicht nur die diagnostischen Seiten aufzuhellen verhalf, sondern auch praktische therapeutische Ansätze vermittelte, dann ist damit vielleicht auch eine kleine „Ehrenrettung" der vielfach verkannten Sensiblen erfolgt.

12. Ergebnisse und Probleme

Der sensible Mensch beschäftigt uns in Klinik und Praxis in zunehmendem Maße. Es erscheint daher lohnend, seiner Spur nachzugehen. Wenn wir das tun, so erheben wir keinen Anspruch auf einen neuen Konstitutionstyp, aber es sind doch Verhaltensmuster beim sensiblen Menschen festzustellen, die in ihrer geprägten Art das Leben durchziehen und eine Dauerhaltung erkennen lassen. Insofern lassen sich Konstitutionstypologien doch vergleichsweise heranziehen, und man sollte sich den günstigen Erfahrungen, daß man sich an ein handliches Prinzip halten kann, um für den Arzt das Einordnen und Abschätzen psychopathologischer Störungen und therapeutischer wie prognostischer Überlegungen zu erleichtern, nicht verschließen.

Eine sorgfältige Zeichnung des diffizilen Filigranwerkes einer sensiblen Persönlichkeitsstruktur konnte nicht mit mathematisch-statistischen Methoden erfolgen, sondern nur in einer möglichst ausgefeilten Darstellung von Einzelfällen. Die Aussage, das Wort des Patienten war uns mehr wert als Zahlen. Wesentliche Äußerungen der Patienten wurden daher auch stets im Wortlaut — und in Parenthese gesetzt — wiedergegeben, um das ganz Unverfälschte der jeweiligen sprachlichen Bekundung zu erhalten.

Da schon die meisten Kapitel einige zusammenfassende Bemerkungen enthalten, sollen hier im letzten Abschnitt nur die wesentlichen Ergebnisse noch einmal kritisch zusammengefaßt werden:

Am Anfang aller Befunde stand die Überempfindlichkeit gegenüber konkreten Sinnesreizen jeglicher Provenienz, ein zu erwartendes Ergebnis, dem ja auch die Namensgebung des „sensiblen" Menschen zugrunde liegt. Als besondere Nuancierungen waren in einzelnen Fällen ein Konformlaufen zweier oder mehrerer Empfindungen (Synästhesien) und pathologische Schmerzreaktionen zu beobachten.

Ein Stockwerk weiter — nach dieser sinnesphysiologisch akzentuierten Basis — fanden wir im affektiven Bereich eine starke Empfindsamkeit und Verletzbarkeit mit einer Überdauer der intrapsychischen Verarbeitung. Das Antriebsniveau sank im Laufe des Tages langsam, aber beständig — wie wir es beim Typ der vorwiegend dienzephalen Antriebsschwäche zu sehen gewohnt sind. Praktisch gesprochen lief die Tagesration des Antriebs nach intensiverem, oft ökonomischem morgendlichen Einstieg gegen Abend bald aus. Ermüdbarkeit und Erschöpfbarkeit wurden subjektiv geklagt.

Hypochondrische, hysterische oder suizidale Züge fanden sich nicht. Das sind wichtige Feststellungen, weil der Sensible — auch in seinen psychopathologischen Ausläufern — scharf abgesetzt blieb von anderen Bildern, die differentialdiagnostisch mit in Erwägung gezogen werden mußten.

Eher fand sich einmal ein kleines Kokettieren mit der Empfindlichkeit in einzelnen Fällen. Das Gros der Sensiblen aber hatte einen Leidensdruck, der sie aus diesem oder jenem Anlaß zum Arzt führte.

Die sensible Mentalität konnte „in jeder Konstitution wohnen". Sie konnte unter dem Mantel eines jeden Konstitutionstyps verborgen sein, wenn auch häufiger unter dem des Leptosomen mit schizothym-schizoiden Zügen oder dem der Infantil-Retardierten.

Die Gesamtheit der veränderten Reizschwelle und Durchlässigkeit sensibler Afferenzen, die sich aus den Befunden des umfangreichen Materials ablesen ließ, mußte die Überlegung anklingen lassen, ob bei den Sensiblen evtl. primär eine Thalamusschwäche besteht, also eine besondere Labilität eines hirnorganisch umrissenen Teilsystems.

Zu dieser Annahme führten auch einzelne Beobachtungen im Rahmen der Psychopathologie der Sensiblen. Hier wurden im übrigen die Wege des Sensiblen zu einer Anpassung an die Welt behandelt, sozusagen Selbsthilfemechanismen, die von einer Überkompensation (Prinzip Maske) und einer Flucht in Phantasiewelten bis zu einer stillen Resignation und Einsamkeitssuche reichten.

Zur Annahme thalamischer Einfärbung des Geschehens bei Sensiblen führten aber auch die Untersuchungen hochsensibler Künstler, bei denen sich in prägnanten Selbstzeugnissen viele „thalamische Sprengstücke", Depersonalisationssyndrome, Verschwimmen der Ichgrenzen u. a. finden ließen. Teilsymptome, wie sie sich im Falle einer noch größeren Verdichtung auch im Vorfeld einer Psychose aus dem schizophrenen Formenkreis finden können.

Bei Sensiblen, aber besonders bei Hochsensiblen, stellt sich bei chronischer, streßähnlicher Belastung gelegentlich ein neurasthenischer Erschöpfungszustand ein, der als Antwort auf eine echte psychophysische Überforderung aufzufassen ist. Er ist abgesehen vom „vegetativen Beiwerk" relativ symptomarm, läuft eher still ab, nie mit dramatischem Gehabe, fast eher nach dem Prinzip des Totstellreflexes als Zeichen einer biologischen Abwehrreaktion. Nach der eingehenden Darstellung der Psychologie und Psychopathologie des sensiblen Menschen durfte die Therapie nicht zu kurz kommen. Hier wurden psychopharmakologische und psychotherapeutische Ansätze gegeneinander abgewogen und der Bibliotherapie wurde ein größerer Raum gegeben.

Der sozialmedizinische Aspekt sollte die Gefahr der Außenseiterstellung des Sensiblen erkennen lassen und die Bedeutung für den Arzt, sich diesem Bereich vermehrt zuzuwenden.

Zwar wurde schon vor über 100 Jahren geschrieben, „unsere Zeit ist rasch, stürmisch und leichtsinnig" (*E. v. Feuchtersleben* in seinem Werk „Zur Diätetik der Seele" 1865), aber es steht wohl außer Zweifel, daß die Entwicklung der Technik mit viel neuen und stärker aktivierenden Außenreizen den Jetztmenschen mit seiner gegenwärtigen biologischen Ausrüstung schwer nachkommen läßt. Daß für den Sensiblen sehr schnell seinem nun einmal mit auf den Weg gegebenem Nervensystem Grenzen gesetzt sind, leuchtet ein. Daher wird auch sicher in der Zukunft dieser Personenkreis für Arzt und Facharzt einfach schärfer ins Bild kommen, ein Personenkreis, der sich häufig schon durch die landläufigen Belastungen an die Erträglichkeitsgrenze versetzt fühlt.

Wenn nach dem Lesen des Buches nicht nur aus wissenschaftlicher Sicht hier und da Evidenzerlebnisse aufkamen, sondern sich auch in praktischer Hinsicht einige „Spielregeln im Umgang mit Sensiblen" herauskristallisierten, wäre viel gewonnen.

176

Literatur

Aichinger, I.: Wo ich wohne. S. Fischer, Frankfurt 1963
Albaret, C.: Monsieur Proust. Kindler, München 1974
Barlach, E.: Plastik. Piper, München 1979
Baeyer, W. v.: Die Schranke zwischen den seelisch Abnormen und der Gesellschaft. Nervenarzt 22 (1951) 457
Baudelaire, Ch. P.: Les fleurs du mal. Fischer, Frankfurt 1963
Benn, G.: Gesammelte Werke. Bd. I und Bd. III. Limes, Wiesbaden 1962 u. 1963
Bemman, H.: Aus dem Leben großer Clowns, Hegner, Köln 1963
Beringer, K.: Der Meskalinrausch. Seine Geschichte und Erscheinungsweise. Monograph. Neur. Psychiatr. 49. Springer, Berlin 1927
Bibesco, M.: Begegnung mit Marcel Proust. Bibl. Suhrkamp, Frankfurt 1972
Binder, H.: Psychopathien, Neurosen, abnorme Reaktionen, dort: Die psychopathischen Dauerzustände und die abnormen seelischen Reaktionen und Entwicklungen. In: Psychiatrie der Gegenwart, Bd. 2. Springer, Berlin–Göttingen–Heidelberg 1960
Binswanger, L.: Die Pathologie und Therapie der Neurasthenie. 1896
Bitter, W.: Einsamkeit in medizinisch-psychologischer, theologischer und soziologischer Sicht. Klett, Stuttgart 1967
Bloch, E.: Das Prinzip Hoffnung. Suhrkamp, Frankfurt 1969
Bodmershof, I.: Haiku. Langen-Müller, München 1962
Bollnow, O. F.: Das Wesen der Stimmungen. Klostermann, Frankfurt 1943
Bollnow, O. F.: Wesen und Wandel der Tugenden. Ullstein, Frankfurt 1958
Borchert, W.: Die traurigen Geranien. Rowohlt, Hamburg 1962
Bosch, G.: Der frühkindliche Autismus. Monographie. Ges.gebiet Neur. u. Psychiatr. 96. Springer, Berlin–Göttingen–Heidelberg 1962
Bracken, H. v.: Die Altersveränderungen der geistigen Leistungsfähigkeit und der seelischen Innenwelt. Z. Altersforsch. 1 (1939) 256
Bracken, H. v.: Wandlungen der menschlichen Persönlichkeit im mittleren und höheren Lebensalter. Studium generale 5 (1952) 306
Brim, O. G.: Soziologie des Erziehungswesens. Springer, Heidelberg 1963
Burkhardt, H.: Die Bedeutung der Sinne für das Menschenverständnis. Mater. Medica 15 (1963) 306
Bürger-Prinz, H.: Über Motiv und Motivation. Nervenarzt 18 (1947) 241
Bürger-Prinz, H.: Über Antriebe. In: *P. Kranz* (Hrsg.), Psychopathologie heute. Thieme, Stuttgart 1962
Bürger-Prinz, H.: Psychiatrie und Soziologie. Psychiatrie und Gesellschaft. Huber, Bern 1958
Cayrol, J.: Der Umzug. Fischer, Frankfurt 1962
Celan, P.: Gedichte in zwei Bänden. Suhrkamp, Frankfurt 1975
Cumming, B., J. Cumming: An experiment in Mental Health Education. Harvard Univ. Press, Cambridge 1967
Czernik, A.: Identifikationserlebnisse, ihre Struktur und psychopathologische Zuordnung. Diss. Düsseldorf 1967
Czernik, A.: Zur Psychopathologie und Persönlichkeitsstruktur der „primären Thalamusschwäche". Arch. Psychiatr. 216 (1972) 101

177

Czernik, A., E. Steinmeyer: Zur Frage des Einsamkeitserlebens Gesunder und Neurotiker. Arch. Psychiatr. 218 (1974) 141

Czernik, A., E. Steinmeyer: Beurteilung des Einsamkeitserlebens im Verlauf endogener Psychosen. Arch. Psychiatr. 219 (1974) 159

Deckert, Ch.: Psychologie und Psychopathologie der Varianten der Sexualkonstitution. Diss. Aachen 1977

Domin, H.: Rückkehr der Schiffe. Fischer, Frankfurt 1962

Domin, H.: Wozu Lyrik heute? Serie R. Piper, München 1975

Duensing, F.: Schreckreflex und Schreckreaktion als hirnorganische Zeichen. Arch. Psychiatr. 188 (1952) 162

Eibl-Eibesfeldt, I.: Grundriß der vergleichenden Verhaltensforschung. Piper, München 1969

Ewald, G.: Schmerz, Kausalgie, Nervosität. Dtsch. Med. Rundsch. 1 (1947) 1

Ewald, G.: Persönlichkeitsaufbau unter verschiedenen Aspekten. Nervenarzt 7 (1934) 275

Ewald, G.: Vegetatives System und Psychiatrie. Fortschr. Neurol. Psychiatr. 18 (1960) 577

Ewald, G.: Zur Theorie der Schizophrenie. Dtsch. Med. Wochenschr. 79 (1954) 1813

Faulkner, W.: Moskitos. Rowohlt, Hamburg 1960

Feuchtersleben, F. v.: Zur Diätetik der Seele. 26. Aufl. C. Gerolds Sohn, Wien 1865

Feremutsch, K.: Die Variabilität der cytoarchitektonischen Struktur des menschlichen Hypothalamus. Monatsschr. Psychiatr. 116 (1948)

Frisch, K. v.: Aus dem Leben der Bienen. Springer, Berlin (1927) 257

Freud, S.: Studienausgabe in XII. Bd. S. Fischer, Frankfurt 1969–1975

Giese, H.: Bei A. Vischer, Seelische Wandlungen beim alternden Menschen. Benno Schwabe, Basel 1949

Giono, J.: Der Träumer. Suhrkamp, Frankfurt 1949

Glatzel, J.: Das psychisch Abnorme. Urban & Schwarzenberg, München–Wien–Baltimore 1977

Glees, P.: Morphologie und Physiologie des Nervensystems. Thieme, Stuttgart 1957

Gottschick, J.: Die Leistungen des Nervensystems. G. Fischer, Jena 1952

Grünthal, E.: Über thalamische Demenz. Monatsschr. Psychiatr. Neur. 106 (1942) 114

Guardini, R.: Lob des Buches. Hess, Basel 1954

Hacke, W.: Über den Einfluß der Sinneseindrücke auf die Affektivität. Diss. Aachen 1975

Hartwich, P.: Rollenspiel als Rehabilitationstraining bei Psychose-Kranken. Psychother. Med. Psych. 24 (1974) 55

Hausmann, M.: Gedichte. S. Fischer, Frankfurt 1960

Hansen, M. A.: Der Lügner. Bertelsmann, Gütersloh 1952

Harlow, H. F.: Nature and development of the affectional system. In: *P. F. Secord, C. W. Backman,* Social Psychology. McGrawhill, New York 1964

Hassler, R.: Die pathophysiologische Bedeutung des Thalamus für einige psychische Erscheinungen. Ber. Kongr. Neur. Psychiat. Tübingen 1947. Hrsg. *E. Kretschmer.* Alma mater Verl., Tübingen 1948

178

Hassler, R., T. Riechert: Klinische und anatomische Befunde bei stereotaktischen Schmerzoperationen im Thalamus. Arch. Psychiatr. 200 (1959) 93
Hesse, H.: Vom Baum des Lebens. Ausgewählte Gedichte. Insel, Frankfurt 1961
Hesse, H.: Die späten Gedichte. Insel, Frankfurt 1963
Heidegger, M.: Sein und Zeit. Niemeyer, Tübingen 1963
Heidegger, M.: Holzwege. V. Klostermann, Frankfurt 1963
Henning, H.: Der Geruch. Leipzig 1924
Hofer, G.: Über die Erkenntnisbedeutung des Experiments in der Psychopathologie. Arch. Psychiatr. 193 (1955) 502
Heym, G.: Gedichte. Fischer, Frankfurt 1968
Hofstätter, P. R.: Gruppendynamik. Die Kritik der Massenpsychologie. Rowohlt, Hamburg 1957, rde 38
Irle, G.: Der Psychiatrische Roman. Hippokrates, Stuttgart 1965
Jäckel, M., S. Wieser: Das Bild des Geisteskranken in der Öffentlichkeit. Thieme, Stuttgart 1970
Jaloux, E.: Zitiert nach *Cl. Mauriac,* vgl. dort
Jahnn, H. H.: Die Nacht aus Blei. DTV, München 1966
Jaspers, K.: Allgemeine Psychopathologie. Springer 1946
Jaspers, K.: Philosophie, 2. Aufl. Springer, Berlin–Göttingen–Heidelberg 1948
Juhos, B.: Über Analogieschlüsse. Studium generale 9 (1956) 126
Jung, C. G.: Mensch und Seele. Walter, Olten–Freiburg 1971
Jung, C. G.: Gesammelte Werke, Bd. I–XVII. Walter, Olten–Freiburg
Kant, I.: Anthropologische Didaktik. Leopold Voss, Leipzig 1838
Kafka, F.: Zur Psychologie des Ekels. Z. Angew. Psychologie 34 (1930) 1
Kafka, F.: Die Erzählungen. Frankfurt 1961
Kasdorff, H.: Augenblick und Ewigkeit. Haiku. Privatdruck 1975
Klages, I.: Rainer Maria Rilke. Psychopathologische Studien zur Persönlichkeit. Studium generale 17 (1964) 628. Springer, Berlin–Göttingen–Heidelberg
Klages, W.: Körpermißempfindungen bei Thalamuskranken und bei Schizophrenen. Arch. Psychiatr. 192 (1954) 130
Klages, W.: Über Störungen der Vorstellungsfähigkeit. Ein Beitrag zur Psychopathologie des Stirnhirns. Arch. Psychiatr. 192 (1955) 243
Klages, W.: Psychiatrische Krankheitsbilder und Hirnentwicklung (Untersuchungen zum Orbitalhirnsyndrom und zur Hebephrenie). Arch. Psychiatr. 198 (1958) 122
Klages, W.: Konstitutionelle Grundprobleme der zweiten Lebenshälfte in charakterologischer und psychopathologischer Sicht. Z. menschl. Vererbungslehre und Konstitutionsforschung 35 (1970) 356
Klages, W.: Die Spätschizophrenie. Enke, Stuttgart 1961
Klages, W.: Lebensalter und Neurose. Med. Klinik 57 (1962) 497
Klages, W.: Die Thalamussymptomatik in ihrer Bedeutung für das Körperschema. Fortschr. Mediz. 81 (1963) 557
Klages, W.: Der Antrieb als psychische Grundfunktion. Arch. Psychiatr. 205 (1964) 513
Klages, W.: Zur Bibliotherapie bei psychiatrisch Kranken. Psychiatrica Neurologica 148 (1964) 178. Karger, Basel

Klages, W.: Entwicklungsbiologische Faktoren im Vorfeld der Psychosen. Z. Psychother. Med. Psych. 15 (1965) 225

Klages, W.: Über eine „Thalamische Trias" in der Symptomatik schizophrener Psychosen. Arch. Psychiatr. 206 (1965) 562

Klages, W.: Lebensalter und Psychose. Med. Klinik 61 (1966) 1169

Klages, W.: Der menschliche Antrieb. Thieme, Stuttgart 1967

Klages, W., A. Czernik: Identifikationserlebnisse und ihre Vorbedingungen. Psychiat. Cli. 1 (1968) 129

Klages, W.: Analogien zwischen schizophrener und hirnorganischer Symptomatik. In: *H. Huber* (Hrsg.), Schizophrenie und Zyklothymie. Thieme, Stuttgart 1969

Klages, W.: Antrieb, Stimmung, Leistung. Dtsch. Med. Wochenschr. 97 (1972) 1187

Klages, W., I. Klages: Über den Geruchssinn des Menschen und seinen Erlebniswert beim Gesunden und Kranken. Dtsch. Med. Wochenschr. 19 (1967) 871

Kraepelin, E.: Psychiatrie. Ein Lehrbuch für Studierende und Ärzte. J. A. Barth, Leipzig 1920

Kretschmer, E.: Körperbau und Charakter, 25. Aufl. Springer, Berlin–Heidelberg–New York 1967

Kretschmer, E.: Medizinische Psychologie. Thieme, Stuttgart 1971

Kretschmer, E.: Geniale Menschen. Springer, Berlin–Göttingen–Heidelberg 1958

Kretschmer, E.: Psychotherapeutische Studien. Thieme, Stuttgart 1949

Kretschmer, E.: Mensch und Lebensgrund. R. Wunderlich, Tübingen 1966

Kretschmer, W.: Abnormale Persönlichkeiten, abnormale Reaktionen. In: Klinik der Gegenwart. Urban & Schwarzenberg, München–Wien–Baltimore 1977

Kobi, E. E.: Das Tagträumen bei Kindern und Jugendlichen. Beitrag Heilpädagog., Bd. 1. Huber, Bern–Stuttgart 1963

Koch, M.: Konstitutionelle Varianten des Sinnes für Komik. Z. Psychother. Med. Psych. 5 (1955) 203

Kölbel, G.: Über die Einsamkeit. Vom Ursprung, Gestaltwandel und Sinn des Einsamkeitserlebens. Reinhardt, München–Basel 1960

König, O.: Urmotiv Auge. Piper, München–Zürich 1975

Krolow, K.: Gesammelte Gedichte. Suhrkamp, Frankfurt 1965

Krolow, K.: Landschaften für mich. Edition Suhrkamp, Frankfurt 1966

Künkel, H.: Die Lebensalter. Vieweg, Braunschweig 1948

Laird, D. D., K. Coye: Psychological measurements of annoyance as related to pitsch and loudness. J. Acust. Soc. Am. 1 (1929) 158

Lange-Eichbaum, W.: Genie, Irrsinn und Ruhm. Reinhardt, München–Basel 1967

Lehmann, G.: Zit. nach *A. Mayer, B. Herwig,* Handbuch der Psychologie, Bd. 9. Betriebspsychologie. Hogrefe, Göttingen 1961

Leonhard, K.: Akzentuierte Persönlichkeiten. Volk u. Gesundheit, Berlin 1968

Leedy, J.: Poetry Therapy. J. B. Lippincott Co., Philadelphia 1969

Lichtenberg, G. C.: Tag und Dämmerung. Dieterich, Leipzig 1941

Linhartová, V.: Geschichten ohne Zusammenhang. Edition Suhrkam 141, 1965

180

Linhartová, V.: Haus weit. Edition Suhrkamp 416, 1970
Linhartová, V.: Chimäre oder Querschnitt durch die Zwiebel. Literarisches Kolloquium, Berlin 1970
Linhartová, V.: Mehrstimmige Zerstreuung. Sonderreihe dtv 97, 1971
Löcker, L.: Über die Phantasiewelten und ihren Stellenwert in der psychopathologischen Symptomatik. Diss. Düsseldorf 1969
Lersch, Ph.: Aufbau der Person. Barth, München 1964
Lommel, A.: Masken. Atlantis, Zürich 1970
Lotz, J. B.: Von der Einsamkeit des Menschen. Knecht, Frankfurt 1955
Mauriac, C.: Marcel Proust. Rowohlt, Hamburg 1976
Maurois, A.: Auf den Spuren von Marcel Proust. Suhrkamp, Frankfurt 1971
Michaux, H.: Plume und andere Gestalten. Limes, Wiesbaden 1960
Müller-Suur, H.: Das psychisch Abnorme. Springer, Berlin–Göttingen–Heidelberg 1950
Musil, R.: Der Mann ohne Eigenschaften. Hamburg 1952
Ortega y Gasset, J.: Was ist Philosophie? dtv 403, München 1967
Ortega y Gasset, J.: Das Wesen geschichtlicher Krisen. Dtsch. Verlagsanst., Stuttgart–Berlin 1943
Pascal, B.: Eine Auswahl aus seinen Schriften. Schwann, Düsseldorf 1947
Planck, M.: Sinn und Grenzen der exakten Wissenschaft. Kindler, München 1971
Petrilowitsch, N.: Der Ganzheitsaspekt in der Altersforschung. Arch. Psychiatr. 196 (1957) 337
Petrilowitsch, N.: Charakterstudien. S. Karger, Basel–New York 1969
Pötzl, O.: Über Anfälle vom Thalamustypus. Z. Ges. Neur. Psychiatr. 176 (1943) 793
Pötzl, O.: Pathophysiologie des Uncussyndroms und der traumhaften Aura. Monatsschr. Psychiatr. 117 (1953) 153
Proust, M.: Auf der Suche nach der verlorenen Zeit. Suhrkamp, Frankfurt 1967
Proust, M.: Tage des Lesens. Suhrkamp, Frankfurt 1963
Rilke, R. M.: Sämtliche Werke. Insel, Wiesbaden 1955
Rilke, R. M.: Ausgewählte Werke. Insel, Leipzig 1942
Rimbaud, A.: Sämtliche Dichtungen. dtv, München 1963
Rimbaud, A.: Briefe, Dokumente. Rowohlt, Hamburg 1964
Rousseau, J. J.: Die Bekenntnisse. Fischer, Exempla classica, Frankfurt 1961
Sachs, N.: Ausgewählte Gedichte. Edition Suhrkamp, Frankfurt 1963
Sachs, N.: Späte Gedichte. Suhrkamp, Frankfurt 1968
Sattes, H.: Die hypochondrische Depression. Marhold, Halle 1955
Sattes, H.: Die Psychiatrie und die bürgerliche Gesellschaft. Mat. Med. Nordmark XVIII (1966) 1
Sauer, G. K.: Kindliche Utopien. Göttinger Studien z. Pädagogik, H. 34. Beltz, Weinheim–Berlin 1954
Schneider, H.: Ironie und Abwehr. Psychother. Psychosom 15 (1967) 326. Karger, Basel
Schneider, H.: Über den Autismus. Springer, Berlin–Göttingen–Heidelberg 1964
Schneider, K.: Klinische Psychopathologie, 7. Aufl. Thieme, Stuttgart 1966
Schneider, N., S. Wieser: Der psychisch Kranke in den Massenmedien. Fortschr. Neur. 40 (1972) 136

Schopenhauer, A.: Die Welt als Wille und Vorstellung. G. Müller, München 1913

Schultz-Hencke, H.: Der gehemmte Mensch. Thieme, Stuttgart 1969

Schulz, B.: Die Zimtläden und alle anderen Erzählungen. Hanser, München 1966

Schulte, W.: Die gesunde Umwelt in ihrer Reaktion auf Psychosen und Psychopathien. Psychiatrie u. Gesellschaft (Hrsg. *Ehrhardt, Ploog, Stutte*). Huber, Bern 1958

Schulte, W.: Die Reaktionsweisen der gesunden Umwelt auf einzelne seelische Krankheiten. Nervenarzt 28 (1957) 509

Schulte, W., H. Harlfinger: Seelisches Altern als Lebensproblem. Fortschr. Neurol. 24 (1956) 341

Sieburg, F.: Unsere schönsten Jahre. Deutsche Verlagsanstalt, Stuttgart 1973

Simma, K.: Die Ergebnisse der Thalamusforschung. Fortschr. Neurol. 20 (1952) 51

Spoerri, T.: Georg Trakl. Franke, Bern 1954

Stern, E.: Der Mensch in der zweiten Lebenshälfte. Rascher, Zürich 1956

Störring, G. E.: Zur Psychopathologie des Zwischenhirns (Thalamus und Hypothalamus). Arch. Psychiatr. 107 (1938) 786

Strauss, E.: Vom Sinn der Sinne. Springer, Berlin 1935

Teirich, H.: Musik und Literatur im Rahmen der Gruppentherapie. Vorträge Lindauer Therapiewoche. Thieme, Stuttgart 1954

Teirich, H.: Gezieltes und ungezieltes Verleihen von Büchern. Z. Psychother. Med. Psych. 12 (1962) 21

Tellenbach, H.: Die Bedeutung der Sinne für die menschliche Entwicklung. Nervenarzt 26 (1955) 65

Thomas, D.: Unter dem Milchwald. Rowohlt, Hamburg 1960

Trakl, G.: Gedichte. Fischer, Frankfurt 1964

Trostdorf, E.: Vegetativ-thalamische Erscheinungen bei akuter Porphyrie. Dtsch. Z. Nervenheilk. 170 (1953) 130

Ungaretti, G.: Gedichte. Suhrkamp, Frankfurt 1961

Ungaretti, G.: Die späten Gedichte. Piper, München–Zürich 1974

Unseld, S.: Erste Leseerlebnisse. Suhrkamp, Frankfurt 1975

Weinreich, H.: Linguistik der Lüge. Schneider, Heidelberg 1966

Wellek, A.: Zur Theorie und Phänomenologie des Witzes. Studium generale 2, 1949

Weyrauch, W.: Neue Expeditionen. Deutsche Lyrik von 1960–1975. List, München 1975

Weizsäcker, V. v.: Der Gestaltkreis. Thieme, Stuttgart 1950

Wieser, S.: Psychische Überforderungsreaktionen. Arch. Psychiatr. 206 (1964) 96

Witter, H.: Methodologische Probleme der Psychiatrie. Fortschr. Neurol. 31 (1963) 491

Wohlfahrt, T. A.: Analogie als Begriff und Methode der vergleichenden Anatomie. Studium generale 9 (1956) 135

Woolf, V.: Mrs. Dalloway. Berlin–Frankfurt 1955

Zerssen, D. v.: Biometrische Studien über „Körperbau und Charakter". Fortschr. Neurol. 33 (1965) 455

Zeh, W.: Die Psychiatrie und die Methodenfrage. Studium generale 24 (1971) 440

Ziolko, H. U.: Zur Bedeutung spontan-eidetischer Erscheinungen in der Psychiatrie. Z. Psychother. Med. Psych. 3 (1953) 171

Ziolko, H. U.: Über den emotionalen Untergrund visionärer Erscheinungen. Z. Psychother. Med. Psych. 10 (1960) 238

Zimmermann, J. G.: Von der Einsamkeit, 4. Aufl. Frankfurt–Leipzig 1783

Zucker, K.: Funktionsanalyse in der Schizophrenie. Arch. Psychiatr. 110 (1939) 465

Sachregister

Abnorm 15
Altern 75
Altersalleinsein 78
Analogie 4
Antrieb 52
Antriebsminderung 73
Asthenischer Psychopath 143
Athletisch 9

Beliebtheit 169
Bibliotherapie 154
Buchtherapie 161

Chronische Depressionen 13, 58

Demonstratives Verhalten 77
Depersonalisation 131
Diagnose 139
Dichtkunsttherapie 161
Dienzephale Antriebsschwäche 52, 73
Differentialdiagnose 139

Eidetisch 36
Eigengeruchsempfinden 27
Einsamkeitserleben 78, 169
Elternbindung 68
Empfindlichkeit 48
Empfindsam-affektlahmer Typ 142
Emotional-hyperästhetischer Schwächezustand 143
Emigration, Innere 108
Endokrine Varianten 11
Entwicklungsbiologie 60
Entwicklungspsychologie 61
Erblindung 34
Ermüdbarkeit 52
Erschöpfbarkeit 52, 67
Erwachsenenalter 71

Frühreife 67

Gefühlsverarmung 79
Gehemmter Mensch 141
Geruchssinn 19

Gehörssinn 32
Geschmacksempfindung 29
Gesichtssinn 35
Gestaltwandel 66
Gewissen 69
Gruppentherapie 160

Hautkontakte 40, 63
Heuchler 91
Höheres Lebensalter 78
Humor 55
Hypochondrie 76
Hypochondrische Depression 58

Identifikation 91
Individuelle Therapie 160, 164
Infantil-retardiert 10, 77, 137
Introvertiertheit 76
Intrapsychische Verarbeitung 173
Instinktunsicherheit 10, 70
Ironie 56, 89

Jugendzeit 69

Kindheit 62
Konflikt 151
Konstitutionstyp 5, 7
Künstlerische Begabung 59

Lebenslauf 60
Lebensphasen 61
Leptosomer Typ 7
Leidensdruck 112
Lüge 107
Lyrik 161

Maske 89
Meskalinrausch 34, 38
Methodik 3
Mimikry 89
Mittleres Lebensalter 72

Nachdauer 50
Nervosität 16, 139
Neurasthenischer Erschöpfungszustand 111

Optische Vorstellung 18, 37

Paranoide Haltung 77
Partnerfindung 70
Pathologischer Schreckreflex 46
Persönlichkeitsstruktur 47
Pervitinmißbrauch 39
Phantasie 95
Phantasiewelt 94, 97
Physiologische Ermüdung 52
Primär Antriebsgestörte 91
Proust, Marcel 118
Psychagogik 148, 153
Psychopharmakologie 146
Psychotherapie 147
Pyknischer Typ 8

Rauschzustände 34, 38
Reifungsgrad 10
Rilke, Rainer Maria 128
Rolle 90

Sachlichkeit 58
Schizothym 7
Sensible Afferenzen 18
Sensibles Syndrom 139
Sexualität 57, 69
Sinnliche Vorstellungsfähigkeit 18
Somatische Therapie 147
Sozialmedizin 168
Stimmung 53

Suizid 57
Synästhesien 42

Taktile Vorstellungsfähigkeit 40
Tastsinn 39
Terminologie 16
Thalamische Trias 135
Thalamusschwäche 134
Therapie 145
Tranquilizer 146
Trotzphase 64

Überempfindlichkeit 26, 120, 122,
129
Überforderungsreaktion 113
Unfällertendenz 50

Varianten der Sexualkonstitution 12
Vegetativ-dienzephale Labilität 135
Vegetative Krise 112
Verhaltensbiologie 40, 42, 89
Verzicht 70, 78
Viskös-enechetisches Temperament
9
Verschwimmen der Ichgrenzen 130
Verstehbarkeit 168
Vorstellungsfähigkeit 18

Witz 55

Zyklothym 8